D1877205

Woran glauben Sie?

Meinem Lehrer
Augustinus Karl Wucherer-Huldenfeld
in Dankbarkeit und Freundschaft

Johannes Kaup

Woran glauben Sie?

Gespräche mit Sinnsuchenden

:STYRIA

ISBN 3-222-13159-7
© 2004 by Verlag Styria in der
Styria Pichler Verlag GmbH & Co KG, Wien
Alle Rechte vorbehalten
Internet: www.styriapichler.at

Umschlaggestaltung: Bruno Wegscheider
Umschlagfoto: Gerhard Trumler
Foto von Johannes Kaup: Emanuel Sprosec
Layout und Produktion: Alfred Hoffmann
Druck und Bindung:
Druckerei Theiss GmbH, St. Stefan im Lavanttal

INHALT

FUGE 4

FUGE 5

POSTLUDIUM

PRÄLUDIUM

WARNHINWEISE DES AUTORS

Nein – bitte lesen Sie dieses Buch nicht!

Warum nicht? – Erstens gibt es zu viele Bücher auf dem Markt, viel zu viele. Denken Sie nur daran, wie kurz Ihr Leben ist, wie wertvoll Ihre Zeit. Sie müssen sich entscheiden, wofür Sie Ihre Zeit verwenden. Aber leider kostet das wiederum Zeit. Bei einem Buch, von dem Sie ja im Vorhinein nicht wissen können, ob es sich lohnt, entscheiden die ersten paar Zeilen darüber, ob Sie die nächsten und vielleicht sogar ein paar Seiten weiterlesen. Überlegen Sie sich bitte, ob Sie sich das wirklich antun wollen. Sagen Sie nicht am Ende, Sie seien vom Autor nicht gleich anfangs gewarnt worden.

Zweitens ist Lesen meist mühsam: Es erfordert Offenheit, Interesse und ein Mindestmaß an Selbstdisziplin. Warum sollten Sie sich das antun, wo einem doch ständig von aller Welt Aufmerksamkeit, Anpassung und Fügsamkeit abverlangt werden? Die Lektüre dieses Buches bietet Ihnen nichts davon. Liegt es da nicht viel näher, sich – selbstvergessen – von den frei zur Auswahl stehenden medialen Fertigprodukten verzaubern oder bei Bedarf einlullen zu lassen?

Drittens: Das Buch kostet Geld. Am aufwändigen Herstellungs- und Vermarktungsprozess sind viele Menschen beteiligt, die zumindest eine ganz kurze Zeit davon leben müssen, wenn sie es nicht – wie zumindest einige Autoren – fast zum Selbstkostenpreis veröffentlichen. Dieses Buch kostet Sie also etwa soviel wie ein Kinoabend zu zweit oder eine bessere Jahrgangsflasche eines Brunello di Montalcino.

„Zeit ist Geld und Geiz ist geil und wir alle müssen unsere Gürtel immer enger schnallen" – so werden wir ökonomisch zugerichtet und propagandistisch abgefertigt. Wenn dies aber stimmen sollte, dann ist dieses Buch für Sie in mehrfacher Hinsicht eine krasse Fehlinvestition. Lassen Sie lieber die Finger von bedrucktem Papier, dessen Schicksal es ist, als eventfreier Staubfänger auf den nächsten Frühjahrsputz zu warten.

Sollten Sie dennoch bis hierher weitergelesen haben, bitte: dann ist Ihnen in dieser Hinsicht wahrscheinlich nicht mehr zu helfen. Dann dürfen Sie eine anständige Flasche Brunello entkorken, es sich bequem machen und zur Einleitung übergehen.

Johannes Kaup
Wien, im September 2004

TOCCATA

EINLEITUNG

„Was ist der Mensch? – Ein Oberflächenprimat." – Diesem Urteil, ausgesprochen vor 200 Jahren von Georg Christoph Lichtenberg , könnte man sich heute in Bezug auf den Mainstream der deutschsprachigen Gesprächssendungen anschließen. Selten nur stehen die so genannten „Talk-Shows" in einem guten Ruf. Entweder wird seicht-belangloser Smalltalk inszeniert, bei dem zwei mehr oder weniger begabte Selbstdarsteller zur Unterhaltung des Publikums eine Show abziehen. Oder die Diskurse bewegen sich – meist zu später Stunde – auf dem dünnen Eis des Insiderjargons, wobei vorgeblich Wissende einander – unter augenzwinkernder Missachtung des Publikums – hochfliegende Federbälle zuspielen.

Dazwischen gibt es auch die unterschiedlich gut geführten Sach- und Meinungsinterviews mit Personen – die meist aus dem Kreis der kampfrhetorisch gedopten Interessenvertretungen in Wirtschaft und Politik stammen – und schon deshalb selten gut sind für wirkliche Überraschungen. Die mediale Gesprächskultur ist nicht selten ein Sittenbild des provinziellen Welthorizonts ihrer Protagonisten. Die oberflächliche Glattheit des Celebrity-Kults, die konstruierte Ereignisgeilheit und die Verweigerung des eigenständigen (Nach-)Denkens infolge künstlich verordneter „systemimmanenter" Knappheit – all das, auf vielen Kanälen, trägt bei zu einer Atmosphäre der traurigen Fadesse, der tiefempfundenen Enttäuschung und der existenziellen Erschöpfung. Das war's? War's das? Wirklich?

Nein, das war's natürlich nicht – dazu galt es aber mit diesem Buch den Gegenbeweis anzutreten. Es müsste doch andere Gespräche geben, echte Dialoge, die in der Tiefe auf einen offenen Raum für Neues, für Überraschendes stoßen.

Eros, Kunst und Religion – das sind die heute noch verbliebenen Gegenwelten zum „stählernen Gehäuse" der Moderne (Max

Weber). In ihnen ist noch ein anderes Menschenbild lebendig, das dem unter dem Individualitätsdiktat stehenden anonymen Massenmenschen und den schon erschöpft in den Seilen hängenden Erlebnis-Junkies glaubwürdig Paroli bieten könnte. Keine Frage, das geht nicht so einfach. Denn die heutige Weltsituation im Westen stellt sich als eine „postmoderne" dar. Postmoderne bedeutet nach der Definition des französischen Philosophen Jean-François Lyotard , dass alle großen Erzählungen ihre Glaubwürdigkeit verlieren würden, weil sie auf eine große Bedeutung fixiert sind. Unter die großen Erzählungen („grand recits") rechnete Lyotard nicht nur die politischen Ideologien, sondern auch die Religion. Ganz abgesehen von der Frage, ob diese These letztgültige Wahrheit für sich beanspruchen darf: Tatsache ist, dass der einzelne Mensch in der Postmoderne mit einem grundsätzlichen Pluralismus von Sprach-, Kultur-, Denk- und Glaubensformen konfrontiert ist. Darin müssen er und sie sich zurechtfinden und sich ihren eigenen Weg bahnen. Dabei fehlt es in dieser Weltsituation keineswegs an ideologischen Botschaften, an Marketing-Credos, an Glaubens- und Sinnangeboten. Im Gegenteil. Sie schwirren einem nur so um die Ohren. Doch sind sie – was ihren Bedeutungsgehalt angeht – zwiespältig, inhaltsleer und unglaubwürdig geworden. Bildlich gesprochen: Cola und Brunello, Armani und Che-Guevara-T-Shirts werden unterschieds- und bedeutungslos nebeneinander angeboten, individuell „supersized" und günstiger im Doppelpack. Manche konsumieren und kombinieren das – gut gelaunt – zusammen, erstens weil es todschick ist und zweitens angeblich ja nichts bedeutet.

Um nicht missverstanden zu werden: Die neue Vielfalt ist grundsätzlich positiv, aber sie erfordert existenziell waches Menschsein, das bereit ist zu kritischer Reflexion der pluralistischen Schattenseiten und gegebenfalls auch bewussten Verzicht auf Mach- und Kaufbares. Bereichernde Vielfalt kann nur aufgrund von selbstbewusster Identität und Einheit blühen. Wenn sie als Beliebigkeit missverstanden wird, führt sie ins nihilistische Chaos und endet geschichtlich meist im politischen oder religiösen Totalitarismus. Es darf daher nicht verwundern, wenn viele Menschen heute dem „Konsumistischen Manifest" misstrauen und die Frage stellen: Wo bleibt der Sinn? Wo ist Wahrheit zu finden? Ist davon nur mehr ein rein individuelles Konstrukt übrig geblieben? Was trägt wirklich? Worauf kann ich vertrauen? Was hat wirklich Wert und kann zumindest ansatz- oder probeweise übernommen und gelebt werden? Und was ist mit Gott? Ist er nur eine Projektionsgestalt aus künstlich überlagerten Bildern, ein Mythos aus vielschichtigen Erzählungen? Muss man ihn nicht endgültig verabschieden, wenn doch der Himmel leer ist? Oder: Könnte man als aufgeklärt Denkender glauben? Könnte man als Glaubender noch aufgeklärt denken? Was ist der Mensch? Tatsächlich der „Oberflächen-Primat", den Georg Christoph Lichtenberg konstatierte?

Das sind einige der Fragen, die ich ausgewählten Menschen gestellt habe, die den Diskurs in Kunst, Kultur, Wissenschaft, Wirtschaft, in den Medien und der Religion prägen. Die Frage, was einen Menschen im Leben existenziell trägt, woran er sich hält, wofür er kämpft, wogegen er anrennt, warum sich einer in einer bestimmten Lebenssituation so entscheidet und wodurch er zu dieser Seins- und Handlungsweise motiviert ist – das sind für mich die spannenden Fragen eines Gesprächs. Und das ist die eigentliche Zielrichtung der Dialoge, die hier unter dem Titel „Woran glauben Sie?" abgedruckt sind. Skeptische Agnostiker und ausgesprochene Atheisten werden dazu ebenso befragt, wie dezidiert Gläubige. Dies hat den Hintergrund, dass diese Gespräche von keinem ideologischen Interesse geleitet sind, selbst dann nicht, wenn die Position des fragenden Autors bisweilen als eine gläubige sichtbar wird. Denn diese Position ist in vielem einem ringenden und zweifelnden Menschen näher als der Haltung von manchen Gläubigen, die im pausbäckig-naiven Brustton Gott für einen transzendenten Patriarchen halten; als ein „Göttlein", auf das alle jene eilfertig zurückgreifen können, wenn es darum geht, die jeweils herrschenden gesellschaftlichen Macht-, Markt- und Moralverhältnisse entweder affirmativ selig zu sprechen oder sie ressentimentbehaftet in Bausch und Bogen zu verteufeln.

Ich überzeichne hier karikierend. Aber ich bin der Überzeugung, dass – gerade weil Religion im weltweiten Kontext positiv und negativ mehr an Bedeutung gewinnt – man besonders die Gläubigen fallweise mit skeptisch-kritischen bzw. atheistischen Positionen provozieren muss. Es geht also um ein echtes In-Frage-Stellen, das religiöse Empfindungen, Haltungen und Positionen in ihrer Bedeutsamkeit ernst nimmt. Ernst-Nehmen heißt beispielsweise das jeweilige Gottesbild auf Erfahrungsnähe, logisch begründbare Stimmigkeit und gleichzeitige Universalisierbarkeit zu überprüfen. Sonst bekommt man statt frischem Schwarzbrot hermetisch verpacktes „wonderbread" serviert. Mir jedenfalls schmeckt Letzteres überhaupt nicht.

Die Gespräche, die in diesem Buch abgedruckt sind, sind redigierte Abschriften der von Hubert Gaisbauer und mir entwickelten Radio-Gesprächsleiste „Was glauben Sie?". Sie wird seit 1997 einmal monatlich in der ORF-Sendung „Erfüllte Zeit" im Programm Ö1 gesendet und findet bei den Hörerinnen und Hörern großen Anklang. In loser Folge sind sie erstmals im Ökumenischen Manuskriptdienst MEMO erschienen. In der Regel nehme ich mit meinen Interviewpartnerinnen und -partnern eine halbe Stunde Gespräch auf. Dieses muss auf ein jeweils variierendes Sendeformat von 15 bis 18 Minuten gekürzt werden. Das geht bei kontrovers-spannenden Dialogen manchmal zulasten klärender Nachfragen, Antworten und Zusatzinformationen, die – aus Zeitgründen – aus den Originalinterviews gekürzt werden müssen. Natürlich kommt es – bei heiklen Gesprächen wie diesen – hin und wieder vor, dass auch mehrfach gedrechseltes Nachfragen nicht die erhoffte Klarheit in der Antwort zutage fördert. Dabei spielen auch andere Gründe mit hinein, wie zeitliche und örtliche Rahmenbedingungen und die unterschiedlich große Bereitschaft, offen über persönliche Sinnfragen zu sprechen. Nachzulesen ist eine repräsentative Auswahl aus etwa hundert Gesprächen, die zwischen Februar 1997 und Juni 2004 stattgefunden haben. Viele interessante Interviews hatten in diesem Buch keinen Platz mehr. Sollte dieses Buch auf nachhaltiges Interesse stoßen, werden wir verbliebene und neue Gespräche in einem Folgeband nachreichen.

Dass hier nicht nur „Prominente“ sondern auch weithin unbekannte – aber wie ich meine – „eminent“ wichtige Persönlichkeiten zu Wort kommen, ist nicht Zufall, sondern journalistische Aufgabe und daher Programm. Menschen mit Vorbildcharakter können ermutigen, bestärken, geben Nachdenk-Impulse oder rufen Kritik und Widerspruch hervor. Und selbst wenn man ihre Ansichten und Lebenshaltungen ablehnen sollte, fungieren sie als Reibebaum, Bezugsgröße oder Negativfolie, auf deren Hintergrund sich dann alternative Lebens- und Glaubenshaltungen entwickeln können.

Gespräche, wie ich sie liebe, unterscheiden sich vom alltäglichen unaufhörlichen Geschwätz. Sie sind Unterbrechung des Gewohnten, schaffen Raum, entdecken Leere. Darin, im Zwischenraum, liegt das verborgene Heil. Leonard Cohen spricht davon in seinem Lied „Anthem“: „There's a crack in everything – that's how the light gets in.“

In allem gibt es einen Sprung – dort kann das Licht eindringen.

Vor einigen Jahren besuchte ich den amerikanischen Franziskanerpater Richard Rohr im Seminarzentrum Ghost Ranch in der Wüste New Mexicos. Rohr, der Gründer des Centers for Action and Contemplation in Albuquerque, ist einer der gefragtesten spirituellen Lehrer der Gegenwart .

„How do we know how to know God?“ fragte ich ihn. Ich wollte es also wirklich wissen, endlich und für immer ...

Er sah zu Boden und schwieg einige Zeit lang. Dann blickte er auf und sprach langsam mit bedächtiger Stimme:

„Be still and know, that I am God ...

Be still and know, that I am ...

Be still and know ...

Be still ...

Be ....“

Der Mensch ist keine fertige Antwort, sondern bleibt eine offene Frage.

Möglicherweise ist das etwas, was das Ebenbild mit seinem Ursprung vereint ...

FUGE 1

PROVOKATIONEN – ZWEIFEL – ANTITHESEN

„Ich habe bei Adorno und Horkheimer gelernt, dass der Zweifel ja nur die andere Seite des Glaubens ist." – *Marianne Gronemeyer*

„Ein Sinn, der von außen kommt, der von außen auferlegt wird, widerspricht meiner Auffassung von der Autonomie des Menschen." – *Konrad Paul Liessmann*

„Glück ist sicher nicht ein erreichbarer Dauerzustand. Aber zufrieden macht einen, wenn man anderen helfen kann." – *Hannes Androsch*

„Mit dem lieben Gott habe ich bis zu meinem siebzehnten Lebensjahr ein sehr harmonisches Verhältnis gehabt ..." – *Klaus Woltron*

„Der Gott, gegen den ich denke, ist der christliche Gott." – *Rudolf Burger*

MARIANNE GRONEMEYER

SOZIOLOGIN

„Man kann nur bezweifeln, was große Bedeutung hat"

Die 1941 geborene deutsche Soziologin Marianne Gronemeyer gilt als eine der schärfsten Analytikerinnen der Schattenseiten, die unsere Moderne hervorgebracht hat. Die in Wiesbaden lehrende Hochschulprofessorin beschäftigt sich mit der Soziologie der Macht und der Theorie der Bedürfnisse ebenso wie mit der Frage nach der Sicherheitssuche und der Zeitknappheit der Menschen von heute. Bekannt wurde sie vor allem mit ihrem 1993 erschienenen Buch „Das Leben als letzte Gelegenheit". In letzter Zeit hat sie vor allem als Mahnerin vor der Verzweckung des Menschen zu wirtschaftlichen Zielen Aufsehen erregt: „Der Mensch kauft Dinge, die er nicht braucht, mit Geld, das er nicht hat, um Menschen zu imponieren, die er nicht mag" – so lautet eine ihrer messerscharfen Formulierungen. Marianne Gronemeyer ist in zweiter Ehe mit dem evangelischen Pastor Reimer Gronemeyer verheiratet. Er glaubt an Gott, sie aber hält sich mit einem ausdrücklichen persönlichen Glaubensbekenntnis zurück.

Unser Leben heute steht im Zeichen eines radikalen Wandels der Mentalitäten. Wir leben in einer Zeit, in der der „Instant-Effekt" regiert: aufreißen, umrühren, fertig. Wir wollen alles, und das sofort. Diese „Sofort-Kultur", die geprägt ist von der Technologisierung und der Ökonomisierung all unserer Lebensbereiche bis ins Private hinein, hat einerseits Angst und Orientierungslosigkeit hervorgerufen, andererseits auch eine große Sehnsucht nach Wurzeln, nach Heimat, nach Verbundenheit, man könnte auch sagen: nach Religion. Jetzt werden Soziologen gerne von den Meinungsmachern dazu benützt, wenn es darum geht, die Menschen flexibler zu machen. Dann werden sie aufs Podest gehoben. Auf diesem Hintergrund sind Sie eigentlich konservativ, weil sie analysieren, aufzeigen und anklagen. Warum?

GRONEMEYER: Sie haben schon gesagt, dass wir in einer Zeit leben, die von der Schnelligkeit regiert wird, von der Beschleunigung, von der Idee, dass das Leben kurz ist und dass man deshalb gut daran tut, sich zu beeilen, um in der kurzen Spanne soviel wie möglich auszuschöpfen, seinem Leben soviel Realität wie möglich zuzuführen. Ich habe mich mit dieser Frage lange beschäftigt und bin zu dem Eindruck gekommen, dass diese Rechnung nicht aufgeht. Wenn ich ganz in den Kategorien verbleibe, wo es um das gute Leben geht und nicht etwa um die Weltrettung – das könnte ja auch sein –, dann glaube ich, nichts ist dem guten Leben abträglicher als dieser Versuch, durch Beschleunigung mehr davon zu haben. Die Idee ist ja, dass das Leben eine kurze Frist ist und die Welt ungeheuer viele Möglichkeiten in petto hat, dass die Zahl der Weltofferten sich täglich vermehrt. Wie verarbeite ich dieses Gefühl, immer auf der falschen Party zu sein, während die anderen es gerade besser erwischt haben und dort sind, wo nun wirklich das Leben als Schnäppchenjagd organisiert werden kann. Diese Rechnung geht nicht auf, weil ich glaube, dass mit jeder Beschleunigung, mit jeder Veränderung im rasenden Tempo so etwas wie ein Weltschwund einhergeht. Unseren Fingern entgleitet das, was wir zu greifen hoffen. Wenn die Hoffnung darauf geschwunden ist, dass das Leben irgendwie seine Erfüllung erst jenseits der Grenze des Todes findet, dann bleibt ja nur dieses klägliche bisschen Leben, eine Frist, die dann auch chronisch zu kurz ist. Dann wird das Leben buchstäblich zur einzigen und letzten Gelegenheit, und ich muss sehen, dass ich diese Gelegenheit gut nütze.

Was Sie gesagt haben, hat das etwas mit dem Bösen zu tun, mit dem Sie sich auch beschäftigen?

GRONEMEYER: Das Böse ist so eine Sache, das wäre ja vielleicht der Gegenspieler zum Heiligen. Was ich mir über das Böse vorstelle oder was mich daran am allermeisten beunruhigt, ist sein Verschwinden. Ich glaube, dass wir zum ersten Mal in einer Zeit leben, in der Menschen nicht nur nicht wissen, was das Gute ist – das haben wir vielleicht nie gewusst und sollten es auch vielleicht nie wissen. Adorno sagt über die Wahrheit, dass man sie immer nur anstreben könne, aber nie finden darf, denn wenn man sie gefunden hat, ist man im Recht, und dann muss man sie auch durchsetzen, und dann kann man fanatisch andere unter das, was man als Wahrheit glaubt erkannt zu haben, zwingen. Das setzt auch Kenntnis des Bösen voraus. Ich glaube, wir können das wissen. Irgendwie haben wir ja einmal von dieser Frucht gegessen, und der Nachgeschmack hat sich bis heute erhalten. Im Augenblick gerade sind wir dabei, ihn von der Zunge zu bekommen und die Kenntnis des Bösen aufzugeben. Das hat damit etwas zu tun, dass Menschen nicht mehr in menschlichen Verhältnissen leben, sondern mehr und mehr in Maschinenverhältnissen ...

... und in Warenverhältnissen ...

GRONEMEYER: ... und in Warenverhältnissen auch, das heißt also, beherrscht von technischen und ökonomischen Reglements. Die Maschinen sind deshalb so gefährlich, weil sie dazu tendieren, Menschen zu Anhängseln zu machen, Vorgaben zu machen, denen man sich beugen muss, und weil sie schließlich, wenn sie mit dem Menschen zusammenwachsen, statt des Menschen handeln oder zu handeln scheinen und schließlich in diesen Maschinenkomplexen die Verantwortung ganz verloren geht. Willem Flusser hat die Situation beschrieben, ... hat gesagt, was ist, wer ist schuld und wer trägt die Verantwortung für das Töten? Wenn wir einen Bomberpiloten vor uns sehen, den Helm noch auf dem Kopf und aus dem Flugzeug steigend, der seine Aufmerksamkeit auf einen Gegenstand richtet, drehen sich alle Geschütze seiner Mordmaschine in diese Richtung. Wenn er noch mit den Augen zwinkerte, würden sie ausklinken. Wer ist schuld: der, der das entworfen hat, oder der, der diesen Bombenteppich ausklinkt? Der Pilot sagt zu Recht: Ich bin es nicht gewesen, die Maschine ist es gewesen. Die persönliche Verantwortung wird in diesen Maschinenverhältnissen geschwächt. Der Bomberpilot sieht nie seine zerfetzten Opfer. Das Verschwinden der Verantwortung und Verantwortbarkeit, das Verschwinden der Kindlichkeit des Akteurs – wer ist denn nun der Akteur, die Maschine oder der tastenschlagende Computerbediener oder der Designer, der dieses Mordinstrument entworfen hat, der Ökonom, der es finanziert hat? Wir haben es mit einer Fülle von Verantwortlichkeiten zu tun, aber keiner ist es gewesen. Ich glaube, das ist die moderne Gestalt des Bösen, dass es sich vollkommen pulverisiert und kein Gegenüber mehr bietet.

Sind Sie ein religiöser Mensch oder genauer gefragt: Ist Ihnen Gottesbeziehung wichtig oder gehört das für Sie in einen Bereich der „grand récits", der großen Erzählungen, an denen Menschen festhalten, die noch zu wenig autonom geworden sind?

GRONEMEYER: Das ist eine Frage, die natürlich sehr persönlich ist. Ich würde gerne glauben können, dass hienieden nicht alles ist, es fällt mir nicht zu. Aber ich habe bei Adorno und Horkheimer gelernt, dass der Zweifel ja nur die andere Seite des Glaubens ist, etwas ganz anderes als Agnostizismus oder Absage an Glauben oder Zweifel. In diesem Sinne bin ich ein zweifelnder Mensch mit Sehnsucht nach den Tröstungen, die darin stecken, aber ich habe ja auch eine solche Herkunft, ich bin umgeben von Theologen und bin mit einem verheiratet. Mein wichtigster Lehrer ist einer, mein Bruder ist einer, ich habe lange Jahre in einer theologischen Abteilung gearbeitet. Das alles gehört zu meiner Lebensgeschichte dazu. Ich habe aber auch ganz heftige Brüche erlebt, insbesondere gegenüber der Kirche, die ich auch aufrechterhalten muss, weil ich diese Kirche eine verkommene Institution finde.

Können Sie ein bisschen erzählen, was da zerbrochen ist bei Ihnen?

GRONEMEYER: Wir haben von Flexibilität, von Publicity, von „Instant-Gesellschaft" gesprochen, und die Kirche macht das alles mit – kaum eine Institution, die so bereitwillig ist, auf alle diese Züge aufzuspringen aus Angst vor dem Mitgliederschwund. Ich glaube, dass die Kirche heute in einem ungeheuerlichen Umfang ihr Metier verrät. Und das Metier der Kirche müsste heute doch wohl sein, so wie die Dinge liegen, in keiner Weise davon auszugehen, dass irgendjemand das hören will, was sie zu sagen hat, und es dennoch zu sagen. Also das Rufen in der Wüste wäre heute Aufgabe der Kirche, völlig unabhängig davon, wie die Kirchensteuern aussehen, und der Versuch, eine Stimme hörbar zu halten, die im Gedröhn der Welt unterzugehen droht. Stattdessen dröhnt sie kräftig mit. Dies ist eine Erfahrung, die ich gemacht habe, das ist es, wie ich den Bruch charakterisieren würde, den ich der Kirche gegenüber erlebe. Aber ich suche sozusagen meine Kontakte zur Kirche, wenn ich von einer romanischen Kirche zur anderen wandere, und suche in diesen Räumen das Gespräch mit den Alten, in der Hoffnung, dass ich es finde. Natürlich hat es da auch ungeheuer viel Verwerfliches gegeben und eine schrecklich zerstörerische Geschichte, aber da bin ich eher noch in der Lage, etwas von dem Geist zu spüren, der in diesen Räumen einmal geweht hat.

Wenn Sie das Wort „Gott" hören, beschleicht Sie da ein unangenehmes Gefühl angesichts der Gesellschaftsentwicklungen, in denen wir leben, als die große Theorie-Frage: Wie kann Gott das zulassen? Stellt sich diese Frage überhaupt oder würden Sie sagen: „Darüber kann ich eigentlich nichts sagen, das ist mir noch nicht zugefallen oder zum Problem geworden"?

GRONEMEYER: Ich stelle diese Frage nicht, deshalb nicht, weil wir ja vom Guten und Bösen gesprochen haben und von der Frucht, die da an dem Baum der Erkenntnis gehangen hat. Wenn ich diese Existenz des Guten und des Bösen ernst nehme, dann muss ich doch davon ausgehen, dass ich als Mensch auch die Wahl habe, mich zu entscheiden, das eine oder das andere zu tun. Ich würde nicht sagen „Wie kann Gott das zulassen?", sondern: Wie können Menschen mit der Freiheit, die ihnen gegeben ist, so umgehen und in welche Abgründe können sie geraten?

Sie haben vorher anklingen lassen, dass das Heilige für Sie doch etwas Besonderes ist, dass Sie Ehrfurcht davor haben.

GRONEMEYER: Ich habe eine Ehrfurcht vor heiligen Orten, ich erkenne sie und erkenne sie an, ich weiß, dass dies Orte sind, die eine bestimmte Geschichte haben. Ich fahre nächste Woche nach Chartres, das ist für mich ein heiliger Ort, auch wenn die Touristen ihn noch so sehr verunziert haben; aber da spüre ich etwas, wie an vielen anderen Orten, es kann auch eine ganz kleine Dorfkirche irgendwo im letzten Winkel der Welt sein. Es gibt Orte, an denen ich das Gefühl habe, hier käme ich her, wenn ich in großer Verzweiflung wäre, eher als in eine Therapie. Es kann auch ein Ort sein, der Geschichten erzählt, an dem das Gespräch mit den Toten stattfindet. Gute Orte können durch Lebende und durch Tote ihre Erzählungen aufrechterhalten.

Gibt es für Sie so etwas wie „heilige Menschen" unter Anführungszeichen oder auch ohne?

GRONEMEYER: Es gibt Lehrer, von denen ich nicht nur etwas lernen kann, sondern an denen ich Haltungen wahrnehme, die mich sagen lassen: „Es ist gut, dass ich diesen Menschen in meinem Leben kennen lernen durfte" – das ist ein besonderes Geschenk. Solche Menschen kenne ich. Aber ich mag keine Namen nennen.

Wie gehen Sie denn eigentlich mit der Endlichkeit um? Sie denken ja über das endliche Leben auch nach.

GRONEMEYER: Tagtäglich hundertmal mit Entsetzen, mit einem sehr deutlichen Gefühl für die Absurdität des Sterben-Müssens. Ich habe Angst, ich erfahre aber auch gelegentlich dadurch, dass das die einzige Möglichkeit ist, dem Leben überhaupt Bedeutung beizumessen. Wären wir unsterblich, woher sollten dann die Bedeutungen kommen? Woher sollte Unterscheidung zwischen wichtig und unwichtig, zwischen Gut und Böse kommen?

Es gibt doch auch die Erfahrung, dass in unserem Leben, egal, was wir tun, alles Stückwerk bleibt. Nichts ist perfekt, es kann vollendet sein, aber es bleibt Stückwerk, es bleibt gebrechlich.

Viele fallen durch den Rost unserer Welt, viele werden zu Opfern, viele bekommen gar nicht die Chance, überhaupt leben zu können. Sind diese Menschen verloren?

GRONEMEYER: Es ist sehr schwer, dem allgemeinen Zug der Zeit zu entgehen, das Schwache verloren zu geben und für nicht so relevant zu erklären. Ich frage mich oft, in welchem Umfang ich dieser Gleichgültigkeit gegenüber dem, was nicht so glanzvoll ist, entgangen bin in meinem Leben. Aber auf der anderen Seite glaube ich, dass man für jeden einzelnen Menschen herausfinden kann, was seine spezifische Aufgabe in der Welt ist, was der Reichtum ist, der von ihm ausgeht, genauso wie man es von jedem Augenblick sagen kann, so sicher auch von jedem Menschen. Aber das erfordert natürlich eine große Aufmerksamkeit und vor allem keine Eile. Was Sie vorher als die beschleunigte Lebensvariante charakterisiert haben, ist sicher nicht sehr gut angetan, herauszufinden, was die Teilhabe eines jeden Menschen in dieser Welt sein könnte.

Sie haben vorher den Zweifel angesprochen, der eine große Tugend ist, weil er ja den Menschen auf seine Würde verweist, denken und sich selbständig frei zur Welt verhalten zu können. Worauf vertrauen Sie in Ihrem Leben?

GRONEMEYER: Ich glaube, man kann wirklich auf den Zweifel vertrauen, da man nur bezweifeln kann, was große Bedeutung hat. Die Tatsache, dass ich zweifle, garantiert mir, dass da ein Gegenüber ist. Mindestens so stark wie die Tatsache, dass ich glaube, und worauf ich ganz und gar nicht vertraue, das sind die Gewissheiten. Also ich glaube, dass man eine tiefe Skepsis haben muss gegenüber jeder Verheißung von Gewissheit, und alles, was im Gestus der Gewissheit, der Rechthaberei daherkommt, das halte ich für im höchsten Maße fragwürdig, ja gefährlich. Jede Form von Gewissheitsgestus ist für mich ein Wahnsinn. Und jeder Zweifel ist glaubwürdig.

Aber so etwas wie eine Sehnsucht nach Gerechtigkeit, die vielleicht über unser Leben hinausgeht, weil sich unser Leben nicht immer als gerecht entpuppt, so etwas würden Sie nicht abweisen?

GRONEMEYER: Nein, die Sehnsucht habe ich natürlich. Wenn die Sehnsucht nicht da wäre, dann wäre ja auch gegenüber der nackten Vorteilsnahme gar nichts mehr ins Feld zu führen. Sie haben vorher die Frage: „Wie kommt es, dass trotz und alledem immer noch Menschen sich einsetzen, sogar ihr Leben hingeben in bestimmten Situationen, vom Mitleid ergriffen und geschüttelt werden?" gestellt. Das muss ja damit zusammenhängen, dass die Sehnsucht noch nicht ganz ausgerottet ist, aber ich sehe sie sehr in Gefahr.

KONRAD PAUL LIESSMANN

PHILOSOPH

„Sinn ist etwas, was man sich selbst verleihen kann"

1953 in Villach geboren, studierte Konrad Paul Liessmann Germanistik, Geschichte und Philosophie an der Universität Wien, wo er 1979 promovierte und sich zehn Jahre später als Professor am Institut für Philosophie der Universität Wien habilitieren konnte. Seine wissenschaftlichen Veröffentlichungen umspannen Fragen der Ästhetik, der Kunst- und Kulturphilosophie, der Gesellschafts- und Medientheorie sowie der Technikphilosophie und der Philosophie des 19. und 20. Jahrhunderts. Im Jahr 1996 erhielt Liessmann den Österreichischen Staatspreis für Kulturpublizistik. Seit 1996 wissenschaftlicher Leiter des „Philosophicum Lech", seit 2002 Leiter des „Friedrich-Heer-Arbeitskreises" der Österreichischen Forschungsgemeinschaft und Herausgeber der Werke Friedrich Heers. Er veröffentlichte zahlreiche Bücher, die Philosophie einem breiten Publikum schmackhaft machen wollen: „Vom Denken. Einführung in die Philosophie", „Die großen Philosophen und ihre Probleme", „Philosophie der modernen Kunst", „Kierkegaard – zur Einführung" und „Philosophie des verbotenen Wissens. Friedrich Nietzsche und die schwarzen Seiten des Denkens". Von der erfolgreichen philosophiegeschichtlichen Radioreihe „Denken und leben" in Ö1 sind bereits seit 1999 mehrere CD-Editionen in Folge erschienen.

Herr Professor Liessmann, warum ist denn überhaupt etwas und nicht vielmehr nichts? Diese Anfangs- und Schlüsselfrage der Metaphysik scheint von der zeitgenössischen Philosophie irgendwie ad acta gelegt; man hat das als unbeantwortbar ins Fach Philosophiegeschichte abgelegt. Und doch ist das eine Frage, die auch in diesem Jahrhundert immer wieder auftaucht, die nachdenklich nach dem Grund des Ganzen unserer Existenz fragt. Die Religionen haben diese Frage beantwortet mit der Erfahrung eines Geheimnisses, das sich unserem Zugriff entzieht, und dieses Geheimnis nennen die Religionen Gott. Wie halten Sie es mit Gott und der Religion?

LIESSMANN: Ich denke, es hat sich sehr wohl so etwas wie eine Beantwortung dieser Frage herauskristallisiert, die aber eher naturwissenschaftlich formuliert wird, nämlich dergestalt, dass man in der Tat die Existenz von etwas – des Universums in seiner Evolution – als gegeben hinnimmt und durchaus bereit ist, das Rätsel des Beginns noch offen zu lassen. Und das ist auch der letzte Punkt, wo das Berührungsgespräch zwischen Astrophysik und Religion geführt werden kann.

Für mich ist „Warum ist etwas und vielmehr nicht nichts?" zwar eine interessante spekulative Frage; es ist natürlich die Frage, die den Philosophen zum Staunen bringen kann darüber, dass überhaupt etwas ist, er selbst und eine Welt und Gegenstände. Aber mir ist diese Frage trotzdem zu dünn, als dass sie so etwas wie eine Legitimation dafür abgeben könnte, sich einen Gott konstruieren zu müssen.

Die Frage ist ja, ob man sich einen Gott deswegen konstruieren muss.

LIESSMANN: Ja, das steht in Frage. Ich glaube, dass die Annahme eines Gottes oder von Göttern, wie man vielleicht richtiger sagen müsste, um dieses Problem des Anfangs zu lösen und diese Frage zu beantworten, warum die Welt und das Universum überhaupt ist, die Frage eigentlich nur verschiebt, denn man müsste dann genauso fragen: Warum ist Gott und nicht vielmehr nichts? Außer man würde Gott aus dem Sein herausnehmen, ihm also keine Seinsqualität zuschreiben, und das würde ja der Idee dessen widersprechen, was man eigentlich annehmen will.

Aber es geht ja nicht nur um die Frage nach dem Beginn des Universums, sondern wir könnten viel radikaler fragen: Es geht um unseren Anfang, warum wir überhaupt sind. Ich kann ja die Frage bei mir ansetzen und sagen: Das ist doch staunenswert, das ist aber nicht selbstverständlich, dass ich überhaupt da bin, dass mir überhaupt zu sein gegeben ist.

LIESSMANN: Selbstverständlich ist das nicht natürlich. Wenn man es ganz nüchtern betrachtet, ist es das Resultat eines Zufalls. Was heißt es eigentlich, sich selbst zu fragen, ob man einen Grund des Daseins hat? Wonach fragen wir da eigentlich? Wir fragen danach, ob irgendjemand etwas mit uns im Sinne hat. Das hieße aber, das eigene Dasein auf etwas anderes oder auf jemanden anderen zu beziehen. Das ist eine Möglichkeit, darauf eine Antwort zu geben, die mich nicht befriedigt, weil es gleichzeitig bedeuten muss, dass der Sinn einer ist, der von außen kommt, der von außen auferlegt wird. Das widerspricht meiner Auffassung von der Autonomie des Menschen. Sinn ist etwas, was man sich selbst, seinem Dasein verleihen kann.

Ich möchte noch einmal auf die Eingangsfrage zurückkommen: Wie halten Sie es mit Gott und mit der Religion? Es ist ja so, dass große Philosophen seit der Aufklärung, z. B. Ludwig Feuerbach, vermutet haben, dass der Gottesglaube eine Projektion, also eine Vorstellung sei. Karl Marx spricht von Religion als Opium des Volkes, Friedrich Nietzsche von einem Ressentiment der Zukurzgekommenen und Sigmund Freud von einer Illusion der infantil Gebliebenen. Welchem dieser vier Urteile über Religion würden Sie am ehesten zuneigen?

LIESSMANN: Alle diese Versuche der Religionskritik und der Desillusionierung des Menschen sind als Resultat von Aufklärung ganz wesentliche Momente der Moderne, ebenso glaube ich aber, dass jede dieser Strategien gewisserweise zu kurz greift, deshalb, weil das zum Teil alles Reduktionsformeln sind: nichts anderes als eine Projektion, als unerfüllte Wünsche. Da steckt Wahrheit drinnen, aber ich sage, es ist eine verkürzte Wahrheit. Ich denke sehr wohl, dass es, um es einmal mit Ludwig Wittgenstein zu sagen, diese Rätsel des Lebens gibt, die nicht vernünftig, oder, um es mit Immanuel Kant zu sagen, vernünftelnd behandelt werden können, die sich sozusagen der einfachen Begründung entziehen. Das Problem als solches, das dahinter steckt, also das Rätsel des Lebens, ist damit natürlich nicht erledigt. Ich glaube, wir sind uns einig, wenn wir beide eine Vorstellung eines konstruierten Gottes ablehnen. Das ist für mich eine Überwelt, die über unsere Wirklichkeit drübergestülpt wird, und das kann ich einfach nicht sehen, ich kann mich nicht einem überweltlichen, vorgestellten Wesen anvertrauen. Das geht nicht. Aber für mich stellt sich doch die Frage: Woher gibt es für mich die Möglichkeit, Sinnvolles zu tun und Sinnloses, Böses zu unterlassen? Das ist für mich nicht selbstverständlich.

Oder die Frage: Woher gibt es überhaupt so etwas wie Sein und Zeit? Dass ich jetzt mit Ihnen sprechen kann, das ist für mich auch nicht selbstverständlich und etwas Einmaliges, eine Möglichkeit, die uns gegeben ist, und das lässt mich fragen: Ist das Problem für Sie selbstverständlich oder uninteressant?

LIESSMANN: Man kann natürlich staunen, und das Staunen über das Selbstverständliche und das an sich als selbstverständlich Gehandelte nicht als selbstverständlich zu akzeptieren, ist zweifellos auch eines der Urmotive des Philosophierens, nur ist die Frage, was man dann mit diesem Staunen macht. Man bleibt ja nicht offenen Mundes stehen und staunt darüber, dass man auf der Welt ist, sondern irgendwann möchte man auch leben. Die Frage ist dann sehr wohl, die Sie jetzt angeschnitten haben: Was ist das für ein Gott, was ist das für eine Religion, die ich anscheinend brauche, um etwa zwischen Gut und Böse zu unterscheiden?

Ich brauche die Religion nicht, sondern ich mache die Erfahrung, dass es etwas gibt, was mich trägt, und das lässt mich überhaupt tiefer fragen nach einer Erfahrung, die da ist. Ich gehe also von einer Erfahrung aus und nicht von einer Vorstellung. Ich brauche Gott nicht als Fröhlichkeitspille oder Überwelt.

LIESSMANN: Die Dimension der religiösen Erfahrung ist unbeeinspruchbar, weil jede Erfahrung unbeeinspruchbar ist – Sie können keinem Menschen, der sagt, er hat eine Erfahrung gemacht, sagen: „Nein, diese Erfahrung hast du nicht gemacht." Das Problem, das wir selber haben, ist ja genau dasjenige, dass sich auf Grund solcher Erfahrungen, die letztlich subjektiv sein müssen, natürlich nicht das ableiten lässt, was wir glauben zu können brauchen, z. B. eine überindividuelle allgemeine Moral. Das geht nur, wenn diese Erfahrung sich selbst gleichsam verallgemeinert, etwa im Sinn eines Sozialsystems, einer Kirche, einer Institution, einer Vorschrift oder einer Kette von Geboten und dergleichen mehr. Dass eine religiöse, eine spirituelle, eine wie auch immer geartete Erfahrung einen einzelnen Menschen trägt, auch noch in einer modernen oder spätmodernen Zeit, sei außer Streit.

Ich will es Ihnen aber nicht zu leicht machen, und zwar aus folgendem Grund: Ich entweiche nicht in eine privatistische, subjektive Erfahrung, sondern ich glaube, das, was ich jetzt gesagt habe, ist etwas, das alle Menschen kennen – nicht erkennen, aber in der Möglichkeit stehen zu erkennen. Und das ist etwas, worüber wir uns jetzt unterhalten können, wovon wir sprechen können. Ich möchte hier nicht eine private Frömmigkeitserfahrung vorstellen, zu der Sie sagen können: Der eine hat sie, der andere nicht, mich geht das nichts an. Das wäre im Diskurs uninteressant. Sondern ich glaube schon, dass das etwas ist, was uns alle tragen kann, wenn wir uns selber innewerden.

LIESSMANN: Was führt Sie zu dieser Behauptung? Wie lässt sich eine Erfahrung, die man selber gemacht hat, in der Weise verallgemeinern, dass man sagt: „Eigentlich macht die jeder" oder, wie Sie selber formuliert haben: „Es kann sie jeder machen." In diesem „kann jeder machen" steckt ja schon so etwas wie ein versteckter Imperativ, denn das heißt ja eigentlich, es könnte sie jeder machen, und das „es könnte" heißt eigentlich, es müsste sie jeder machen.

So sehe ich das nicht. Ich glaube, dass das ein Geschenk ist, wenn man so eine Erfahrung macht oder sich in sie einlassen kann. Aber die Frage, was mich da trägt oder was mich dem Grund tiefer nachgehen lässt, ist schon eine, wo ich sage: Da erfahre ich etwas Abgründiges, etwas, was sich entzieht, was mich staunen, wundern macht, dass es überhaupt etwas gibt, ich etwas Sinnvolles tun kann, ich einen Anfang und ein Ende habe, dessen Grund ich nicht sehen kann. Ich gebe zu: Da sehe ich nichts, das ist mir entzogen. Aber ich vermute, dass das, woher ich komme und wohin ich gehe, eins ist. Und das, denke ich, ist auch die Schwierigkeit, die wir haben, weil wir, wenn wir ehrlich sind und genau schauen, vor einem Dunkel stehen.

LIESSMANN: Richtig.

Und das fordert zu unterschiedlichen Antworten heraus.

LIESSMANN: Genau. Wenn wir wirklich – was wir ja selten tun – diesen ganz, ganz nüchternen Blick auf unsere eigene Existenz riskieren, dann sehen wir natürlich dieses Nichts vorher und nachher, wir sehen die Zufälligkeit, die Kontingenz, die Hinfälligkeit, die Sterblichkeit, letztlich die absolute Bedeutungslosigkeit des einzelnen menschlichen Lebens. Ich glaube, das bringt einen weniger zum Staunen als zum Erschrecken. Ich halte viel von dieser wunderbaren Formulierung von Arthur Schopenhauer, dass wir angesichts des Daseins von einem, wie er es nannte, metaphysischen Grausen befallen sein müssten. Und natürlich kann man dann alles das, was wir uns an Sinnerfahrungs-, Glaubenserfahrungs- und Sinngebungsmöglichkeiten zurechtgelegt haben – das können religiöse sein, das können politische sein, das können ästhetische sein –, unter dem Begriff Kontingenzbewältigungsstrategien zusammenfassen. Da halte ich es wahrscheinlich doch am ehesten mit Nietzsche: Wir brauchen diese Illusion, wir brauchen die Illusion des Sinns, wir brauchen auch die Illusion, dass es das Gute und das Böse gibt. Nüchtern betrachtet sind das genauso Illusionen, aber wir brauchen das, damit wir überhaupt leben können. Weil das Leben-Wollen trotz der Fähigkeit, die Nichtigkeit des Lebens zu sehen, doch noch der stärkere Impuls ist.

Sie sprechen sehr abstrakt von Gut und Böse. Ich versuche das immer zu konkretisieren: In der Erfahrung, sinnvoll oder sinnlos zu handeln, stehe ich ständig, und auch Sie. Das ist etwas Konkretes, und da haben Sie auch Ihre Werte. Auch der misstrauischste Meister des Verdachts braucht in der Praxis doch immer wieder etwas, worauf er vertrauen kann. Auch ein Nihilist kann körperlich und geistig nie nur von nichts leben. Wie würden Sie sinnvoll leben in einer doch bedrohten, unheilen Welt? Wie schaffen Sie das?

LIESSMANN: Es gibt ja auch diese mittlere philosophische Position der Skeptizisten, die mir persönlich zunehmend interessanter erscheint, etwa die Position von Michel de Montaigne, gleichsam eine Form von wohlüberlegter Zurückhaltung, die sich dann aber – und das ist die zweite Strategie – sehr bewusst ist, dass das Leben gelebt werden will, dass sich da eine Reihe von Möglichkeiten ergibt, besseren und schlechteren, und dass es sozusagen die Möglichkeit gibt, in diesem begrenzten Rahmen Dinge zu tun, aus unterschiedlichsten Gründen – weil sie Spaß machen, weil sie befriedigend sind, weil sie Anerkennung verschaffen. Ich halte den Menschen sehr wohl im Grund für ein egoistisches Wesen, und das, was wir als sinnvoll erfahren, gruppiert sich natürlich um egoistische Erfahrungen beziehungsweise Erfahrungen, die den Egoismus befriedigen, und dafür lohnt es sich natürlich, auch etwas zu tun.

Mich macht es schon staunen, dass es z. B. Menschen gibt und in der Geschichte immer gegeben hat, die sich um den Preis ihres Lebens für andere eingesetzt haben. Wenn ich Ihrer Argumentation folge und sage: Der Mensch ist im Grunde Egoist, dann müsste ich denen im Grunde ebenfalls egoistische Motive unterstellen: Sie wollen sich verewigen, im Pantheon der Erinnerungen einreihen. Irgendwie kann ich mir das bei einem Maksymilian Kolbe, bei einem Mahatma Gandhi, bei einem Martin Luther King oder vor allem bei Jesus nicht so erklären.

LIESSMANN: Sie werden sich vielleicht wundern, aber ich tu meistens so, als könnte ich das aus einer gewissen Distanz betrachten und mir überlegen: Das ist ja wirklich interessant, wie die Menschen sich selber denken. Diese Sehnsucht, die ich verstehe, dass der Einzelne, gerade um seine eigene Begrenztheit, Zufälligkeit zu überwinden, sich einem größeren Ganzen ein- und unterordnet und von daher seine Bestimmung gibt – diese Sehnsucht ist ja auch zutiefst ambivalent und problematisch, denn das ist genau die gleiche Sehnsucht, die Menschen dazu gebracht hat, im Namen höherer Prinzipien, im Namen der Weltgeschichte, des historischen Fortschritts und dergleichen mehr viele Millionen Menschen umzubringen.

Man hat Millionen Menschen im Namen des Guten getötet, und auch ein Hitler war überzeugt, gut gehandelt zu haben, davon bin ich ganz überzeugt. Aber es gibt eben die andere Möglichkeit, dass Ihnen jemand im Konzentrationslager bei aller Knappheit Brot gibt, obwohl 100 andere sich um das Brot raufen. Das ist auch eine Möglichkeit, und das ist kein Trottel, der das macht.

LIESSMANN: Das ist auch eine Möglichkeit, aber ich weiß nicht, ob es in einem theoretischen Diskurs auch nur legitim ist, immer mit diesen ganz schweren Extrembeispielen zu kommen.

Ich möchte damit den Ernst der Diskussion unterstreichen.

LIESSMANN: Ich weiß, dass Sie das wollen. Ich habe größte Hochachtung und Bewunderung für diejenigen, die sogar in solchen Situationen so etwas wie Menschlichkeit an den Tag gelegt haben, ich könnte aber überhaupt keinen in irgendeiner Form verurteilen, der in einer solchen Situation nur eines im Sinn hatte, sein Leben zu retten, und dafür alles auf sich genommen hat.

Sie haben vielleicht schon einmal die Erfahrung gemacht, dass ein geliebter Mensch gestorben ist. Das tut sehr weh. Und falls das der Fall war, haben Sie sich vielleicht die Frage gestellt: Woher kam der und wohin ist der gegangen, ist der ewig verloren? Haben Sie darauf eine Antwort gefunden?

LIESSMANN: Ich glaube, darauf gibt es keine Antwort. Es gibt den Versuch, dieses brutale Faktum des Todes, also auch das Faktum des Nichts anzuerkennen. Und dann ist die Erinnerung das Einzige, was von einem Menschen bleibt, und es gibt vielleicht so etwas wie „Hintergrundhoffnung".

Was ist das?

LIESSMANN: Dass das, was ist, nicht alles ist. Das ist aber eine

Hoffnung, von der ich nicht glaube, dass sie rationalisierbar ist. Sie ist in dem Sinn auch keine Antwort auf eine gestellte Frage.

Wie auch das Gegenteil nicht rationalisierbar und beantwortbar ist.

LIESSMANN: Ja. Zumindest halte ich es in dem Punkt doch sehr mit Kierkegaard: Dieses Überwinden so einer Verzweiflung – der Trost, den man vielleicht in einem Glauben findet angesichts der Faktizität des Todes oder der Sterblichkeit – ist ein Trost, den man sich nicht argumentierend gewinnen kann, den man sich auch nicht geben kann, sondern der, wie Kierkegaard formuliert hat, das Risiko des Sprungs in den Glauben erfordert. Das ist allerdings wieder etwas, was derart zutiefst subjektiv ist, dass es nicht einmal kommunizierbar ist. Wenn man also ganz streng wäre (und da berühren sich z. B. Philosophen wie Kierkegaard und Wittgenstein), muss man sagen: Über diese Dinge kann man eigentlich wirklich nicht sprechen.

Aber es scheint schon etwas wie eine Möglichkeit für Sie zu bestehen, sich abseits der Argumentierbarkeit gegenüber dem Tod und der drohenden Endlichkeit, die uns ständig begleitet, existenziell zu verhalten.

LIESSMANN: Man wird dazu ja auch gezwungen.

Gibt es für Sie so etwas wie eine Hoffnung, die Sie in Ihrem Leben trägt?

LIESSMANN: Ich weiß es nicht. Es gibt auf der einen Seite das Prinzip Hoffnung – Sie sehen, ich versuche, mich da nicht zu positionieren, weil ich es auch wirklich nicht weiß – und auf der anderen Seite einen ebenfalls sehr schönen Gedanken von Kierkegaard: „Hoffnung ist ein anderer Ausdruck für Verzweiflung." Warum? Weil, wer Hoffnung notwendig hat, offensichtlich zuwenig vom Leben hat.

Man könnte es ja auch als Aussicht auf Leben bezeichnen.

LIESSMANN: Da halte ich es mit Horaz: Ich will jetzt leben.

HANNES ANDROSCH

INDUSTRIELLER

„Jeder Fehler ist ein Geschenk, wenn man fähig ist, daraus zu lernen"

Hannes Androsch wurde 1938 in Wien geboren. Der österreichische Industrielle hat eine bewegte Karriere mit zahlreichen Brüchen und Neuanfängen hinter sich. Er war unter Bruno Kreisky der seinerzeit jüngste Finanzminister Europas (1970 bis 1981) und galt lange Zeit als dessen Nachfolger, Generaldirektor der Creditanstalt (1981 bis 1988) und Konsulent der Weltbank in Botswana und China. Heute steht Hannes Androsch unter anderem an der Spitze der Österreichischen Salinen AG und leitet seit 1989 als Geschäftsführender Gesellschafter die AIC Androsch International Consulting. Im folgenden Gespräch thematisiert Androsch nicht nur das Spannungsfeld von Wirtschaft und Ethik, sondern auch „Scheitern" und Religion.

Herr Doktor Androsch, Sie haben rein formal gesehen eine bemerkenswerte Karriere hinter sich, mit einigen Brüchen. Sie waren politischer Ziehsohn Bruno Kreiskys, Finanzminister, der jüngste noch dazu in Europa, waren ein smarter Denker und unbestritten ein erfolgreich und weltweit agierender Unternehmer. Es gibt drei Ausdrücke, der eine heißt „Nadelstreifsozialist", der andere „Wendehannes" und der dritte „Salzbaron". Welches Klischeebild über sich selbst hassen Sie denn am meisten?

ANDROSCH: Klischees hasse ich schon deswegen, weil sie in der Regel auch falsch sind, falsch sein müssen. Eine, wie immer man das will, komplexe Persönlichkeit oder zumindest Person lässt sich nicht – noch dazu völlig falsch – in eine Worthülse eines Klischees fassen. Das schlagende Beispiel ist der „Salzbaron". Abgesehen davon, dass ich überzeugter Republikaner bin, ist historisch eines klar: Ein Baron hatte nie das Salzrecht. Das hat sich, solang das Salz so wertvoll war, immer die Herrschaft vorbehalten. Daher ist das Klischee schon aus historischen Gründen unrichtig.

Sie sind Mitbesitzer von nahezu vierzig Firmen, bei denen Sie Anteile zwischen 12 und 100 Prozent halten. Vom „Leider-Nein-Millionär“ als Finanzminister sind Sie zum „Aber-Ja-Milliardär“ avanciert. In den letzten Jahren sind Sie in Österreich als Sanierer und Unternehmer hervorgetreten. Sie haben erfolgreich österreichische Unternehmen vor dem Ausverkauf bewahrt, aus der Verlust- in die Gewinnzone gebracht. Warum?

ANDROSCH: Ich komme aus einer für mich in der vierten Generation sozialdemokratischen Familie. Meine Eltern waren Steuerberater, sodass ich mit dem Wirtschaftsleben aus praktischer Nähe des Berufs meiner Eltern aufgewachsen bin. Außerdem war ich immer politisch, historisch interessiert. Das hat mich zu den sozialistischen Mittelschülern und Studenten gebracht und sehr früh, mit 29 Jahren, in den Klub der sozialistischen Abgeordneten; durch Kreisky sehr jung zum Finanzminister und Vizekanzler, was dann in einer unangenehmen Auseinandersetzung auseinanderging ...

Tut Ihnen das heute noch weh?

ANDROSCH: Das tut mir selbst weh, und das hat schwer abschätzbaren, aber wahrscheinlich beträchtlichen Schaden für die weitere Entwicklung bedeutet. Dann eine faszinierende Aufgabe als Chef der größten Bank, der Creditanstalt, dann hatte ich Aufgaben bei der Weltbank und schließlich eine Reihe von unternehmerischen, industriellen Möglichkeiten – eine faszinierende, gestaltende Aufgabe.

Was unterscheidet einen spätkapitalistischen Unternehmer von einem sozialdemokratisch aufgewachsenen Unternehmer, wie Sie es sind?

ANDROSCH: Diesbezüglich gibt es ein einfaches, wenn Sie wollen, Credo: Dort, wo der Markt die effizienteste Gestaltungsmöglichkeit ist – nicht alles ist dafür geeignet, es gibt Bereiche, z. B. in der Grundversorgung, wo dies nicht zutrifft –, gilt es mit den Aktivitäten, unter Rücksichtnahme auf die Mitarbeiter, auf die Umwelt, auf die Finanziers, auf die Eigentümer, was immer, positiv zu wirtschaften, d. h. Geld zu verdienen und nicht zu verlieren.

Bis dahin würde ein klassischer kapitalistischer Unternehmer ja mitgehen.

ANDROSCH: Wenn er es denn tut. Bei dem, was wir eben in den Vereinigten Staaten erleben, kann von dieser Philosophie oder diesem Credo keine Rede sein. Hier hat sich ein gieriger Raubtierkapitalismus breit gemacht.

... Enron z. B. ...

ANDROSCH: ... Worldcom und was immer, wo sogar die Aktionäre – also Shareholder Value – zum Handkuss gekommen sind, die Pensionsfonds, wo die Altersversorgung von Millionen Menschen dran hängt, wo Spitzenmanager aus Gier die Möglichkeiten missbraucht haben, unterstützt von allen möglichen Banken und Wirtschaftsprüfern und unter Wegschauen der Aufsichtsbehörden und in enger Verflechtung mit der Politik bis in die Spitze des Weißen Hauses hinein. Das ist ökonomisch, aber vor allem ethisch ein nicht akzeptabler Zustand.

In der letzten Zeit schreiben Sie Beiträge für das Altausseer Pfarrblatt und halten Vorträge zum Thema Christentum und Wirtschaft. Hat das etwas damit zu tun, dass Sie sozusagen als Eigentümer der Österreichischen Salinen AG zwangsweise auch vier Kirchen mit übernommen haben, sodass Sie da auch Verantwortung übertragen bekommen haben?

ANDROSCH: Das eine ist ein Faktum, das andere hängt mit meinem Interesse an Religionsgeschichte und Soziologie zusammen.

Woher kommt das?

ANDROSCH: Aus meinem allgemein historischen Interesse, aber sicherlich auch aus meinem doppelten Religionsunterricht. Als Altkatholik hatte ich sozusagen einen privaten Religionsunterricht bei einem hervorragenden Religionslehrer. Meistens war ich allein, selten waren wir zu zweit, und in den für mich Fensterstunden des römisch-katholischen Unterrichts, wo ich noch den Kardinal Innitzer persönlich erlebt habe, nahm ich teil am römisch-katholischen Unterricht.

Sind Sie heute noch überzeugter Altkatholik?

ANDROSCH: Ich bin Altkatholik aus Überzeugung der Zugehörigkeit. Das hängt mit der Geschichte, vor allem auch des Austrofaschismus zusammen. Ich bin aber sicherlich nicht im klassischen Sinn ein gläubiger Christ.

Warum nicht?

ANDROSCH: Da möchte ich zu dieser Frage zwei Unterscheidungen treffen, nämlich: Es gibt Fragen, die wir nicht beantworten können: Woher wir kommen, wohin wir gehen ... Diesbezüglich kommen selbst die klügsten Naturwissenschafter wie Einstein in seinem letzten Artikel zur Einschätzung, dass es für diese Ordnung etwas geben müsste, das man, wenn man will, Gott nennen kann, ohne dass das nachvollziehbar wäre mit unseren beschränkten Möglichkeiten. Das hat etwas mit der Frage zu tun: Ist es Schöpfung oder Zufall? Würde man rational versuchen, die Erklärung mit Zufall zu finden, stellt sich dann wieder die Frage: Woher kommt der Zufall und wohin endgültig entwickelt er sich? Also wiederum nicht nachvollziehbar.

Und bin ich zufällig auf der Welt ...

ANDROSCH: Darüber könnte man schon philosophieren, das muss nicht eine Glaubensfrage sein. Daher gibt es also schon das Bedürfnis der Menschen nach Antworten diesbezüglich. Und die bieten Religionen insbesondere in der für uns relevanten Form seit der jungsteinzeitlichen, der neolithischen Revolution, wo wir sesshaft wurden und ganz andere Verhaltensweisen sich entwickelt haben, sodass einige Jahrtausende danach, in der Achsenzeit, wie das Karl Jaspers genannt hat, so um 500 vor Christus, die großen Weltreligionen sich gebildet haben, Propheten, griechische Philosophen, Zarathustra, Buddha und ähnliche mehr und in weiterer Folge dann die christliche Lehre und zuletzt die islamische.

Für Sie bieten die Religionen aber keine gültige Antwort, die Sie für Ihr Leben übernehmen könnten?

ANDROSCH: Sie haben Elemente, gar keine Frage. Sie geben ja sehr praktische Anweisungen für das Zusammenleben der Menschen, und da komme ich zur zweiten Unterscheidung: Welche Überzeugung hat man, wie denn das eigene Leben, der Lebensinhalt, die Lebensplanung gestaltet werden soll? Wenn Sie wollen, ist das Lebensauffassung oder Weltanschauung. Das, meine ich, ist durchaus der Rationalität zugänglich, und da kann man sich, so schwierig das in der Umsetzung sein mag, am kategorischen Imperativ von Kant – „Handle stets so, dass die Summe deiner Handlungen unter den Umständen für alle zum Gesetz werden kann" – orientieren.

Stellen Sie sich vor, es gibt einen riesigen Börsencrash, also eine Weltwirtschaftskrise, Sie verlieren Firmenanteile, Aktien, die Salinen, einfach alles, immer weniger Menschen wollen Sie nahe gekannt haben, Freunde haben keine Zeit mehr für Sie, Ihr Lebenswerk zerbröselt Ihnen unter den Fingern. Wenn Sie nichts mehr haben, was sind Sie dann?

ANDROSCH: Ich habe ein prägendes Erlebnis in meiner Jugend gehabt und im Russischunterricht eine Erzählung von Tolstoi schätzen gelernt. 1944 waren wir wegen der Bomben und der bevorstehenden Niederkunft meiner Schwester zu Verwandten nach Südmähren gezogen. Im Frühjahr 1945 erlebte ich, wie meine Verwandten von einer Stunde auf die andere Haus und Hof verlassen mussten und sich in Österreich mit Erfolg eine neue Existenz aufbauten. Beide verstarben im stolzen Alter von 90 Jahren ohne Bitterkeit und, wenn man so will, glücklich. Das Märchen von Tolstoi besteht darin, dass beschrieben wird: Wie viel Erde braucht der Mensch? Irgendein Russe erweist einem Tatarenfürsten Dienste, und dafür darf er sich so viel Erde, so viel Grund und Boden nehmen, wie er von Sonnenaufgang bis -untergang umschreitet. Und das tut er, immer noch ein Stück, immer noch einen Weiher, noch ein Wäldchen. Mit dem letzten Sonnenstrahl erreicht er das Ziel, bricht erschöpft und tot zusammen und wird begraben. So viel Erde braucht der Mensch.

Wie gehen Sie mit Problemen im Leben um? Es gibt in Ihrer Biographie auch Brüche, die dramatisch waren. Wie gehen Sie mit Scheitern, mit Schuld, mit Fehlern um?

ANDROSCH: Ich meine, dass jeder Fehler ein Geschenk ist, wenn man fähig ist, daraus zu lernen und ihn nicht ein zweites oder gar weiteres Mal macht. Das Schlimmste ist natürlich, wenn man sich ungerecht behandelt fühlt, und noch schlimmer, wenn man ohnmächtig ist, a) etwas selbst dagegen zu tun und b) andere, Mitbetroffene, Kinder, Frau, Mutter, Verwandte, zu schützen. Das ist ein wenig erfreulicher Zustand.

Sie haben sich also auch öfters ungerecht behandelt gefühlt?

ANDROSCH: Ganz massiv – dem widerspricht auch heute niemand mehr. Aber ich will das gar nicht weiter präzisieren.

Was gibt Ihnen Kraft in der Ohnmacht, oder worauf vertrauen Sie, wenn das äußere Gebäude zusammenfällt, Image, Ansehen usw.?

ANDROSCH: Die Überzeugung, dass man selber nicht unrecht gehandelt hat, während einem Unrecht geschehen ist oder geschieht. Wenn man einige Anker hat, an denen man sich aufrichten kann, z. B. die Familie oder auch Freunde im In- und Ausland. In einer ziemlich miesen Zeit, es war Sommer und wir in Aussee, rief mich Bundeskanzler Kohl an und lud mich ein, das habe ich natürlich nicht erwartet und in den Jahren zuvor gerne getan. Als ich zu ihm kam, sagte er: Sie brauchen mir nichts zu erzählen, ich bin bestens informiert. Wenn Sie etwas brauchen, können Sie die Botschaft anrufen, sie ist angewiesen, Ihnen im Rahmen der Möglichkeiten zu helfen. Das gibt Kraft.

„Da streiten sich die Leut' herum, wohl um den Wert des Glücks, der eine heißt den andern dumm, am End weiß keiner nix", heißt es bei Johann Nestroy. Was macht Sie glücklich?

ANDROSCH: Glück ist sicher nicht ein erreichbarer Dauerzustand. Das kommt im Wienerlied „Das Glück ist ein Vogerl" schon deutlich zum Ausdruck. Aber zufrieden macht einen, wenn man anderen helfen oder anderen Möglichkeiten schaffen kann.

Sie helfen gern?

ANDROSCH: Ich denke schon, wenn man etwas positiv gestalten kann. Um bei den bäuerlichen Wurzeln zu bleiben: Wenn man sät und die Freude hat, zu sehen, wie die Saat erfolgreich aufgeht. Das ist nämlich die Voraussetzung, damit man verteilen oder umverteilen kann.

Was soll denn einmal auf Ihrem Grabstein stehen?

ANDROSCH: Also sicherlich nicht irgendwelche, die Nachwelt pharisierende Sprüche. Im äußersten Fall der Name, mit dem man das Erdendasein bestritten hat.

KLAUS WOLTRON

UNTERNEHMER

„Ich bin auf einer Stufe des Nicht-Wissens angelangt“

Klaus Woltron zählte in den achtziger Jahren zu den jüngsten und erfolgreichsten Wirtschaftskapitänen Österreichs. Sowohl verstaatlichte, als auch private Unternehmen versuchte er mit neuem Managementdenken und -stil zu reformieren. Großkonzerne wie Simmering-Graz-Pauker AG (1985 bis 1989) oder ABB Asea Brown Boveri Austria (1989 bis 1994) wurden von Klaus Woltron erfolgreich saniert und wieder auf Erfolgskurs gebracht. 1994 machte sich Woltron selbständig, wurde Unternehmer und Geschäftsführer von derzeit vier Managementfirmen. Klaus Woltron ist verheiratet und Vater zweier erwachsener Kinder. Bemerkenswert ist, dass er von Freunden und Gegnern in seiner Eigenschaft als Managerphilosoph anerkannt wird. In den letzten Jahren ist er auch als Buchautor in Erscheinung getreten: „Die sieben Narrheiten des 21. Jahrhunderts“, 2003, „Szenarien für die Welt von morgen“, 2004. „Werte und Management" (mit Peter Drucker u. a) erscheint demnächst.

Herr Doktor Woltron, 1945 sind sie als Sohn eines Handwerkers in Wels geboren, in Niederösterreich aufgewachsen, haben dann Werkstoffwissenschaften, Maschinenbau in Leoben studiert, waren bei den Firmen Schoeller-Bleckmann, Siemens, der Kraftwerksunion und sind dann mit 39 Jahren der jüngste Generaldirektor des verstaatlichten Betriebs SGP geworden, danach Generaldirektor der ABB und sind 1994 in die Privatwirtschaft gewechselt. Sie wurden damals von der Arbeiter-Zeitung nach dem Grund gefragt und haben geantwortet: „Ich bin freier, fröhlicher und jünger geworden. Es gibt nicht so viele unnötige Zwänge.“ Sie lieben offensichtlich die Freiheit und setzen für die Karriere nicht alles aufs Spiel. Ist dieser Eindruck richtig?

WOLTRON: Dass ich die Freiheit liebe, ist absolut richtig. Und alles aufs Spiel habe ich eigentlich nie gesetzt, denn es gibt meiner Meinung nach eine Fülle von Dingen neben Geld, Macht etc., die auch erstrebenswert sind.

Und welche Dinge sind das?

WOLTRON: Freiheit, für mich eines der höchsten Güter überhaupt, die Familie, Freunde, die Natur – das alles ist mir viel wichtiger, als Generaldirektor zu sein. Die Dinge haben ja einen relativen Wert. Als ich noch nicht Generaldirektor war, war das natürlich auch anders. Das, was man nicht hat, ist wichtig, und das, was man hat, schätzt man gering. Und wenn man das etwas besser verstanden hat, bekommt man eine grundsätzlich andere Einstellung zu all diesen Bestrebungen wie Ehrgeiz, Geltungsdrang.

Sie sind kein Sesselkleber. Mir ist bei den Recherchen über Ihre Person ein Interview aus dem Jahr 1991 in die Hände gefallen. Damals hatten Sie bei der ABB die Umstrukturierung gerade abgeschlossen, und der Umsatz stieg enorm. In diesem Interview erwähnen Sie, Sie plage eine postcoitale Tristesse. Auf dem Foto dazu schauen Sie abgekämpft und traurig aus. Man gewinnt den Eindruck, hinter Ihnen läge das Abenteuer, und vor Ihnen wäre noch keines in Sicht. Sie scheinen die Sicherheiten und das Gewohnte zu scheuen. Was reizt Sie an diesem pionierhaften Unternehmertum?

WOLTRON: Ich glaube, dass der Mensch durch seine frühesten Erlebnisse sehr stark geprägt wird. Ich komme aus einer Familie, insbesondere von der Vaterseite her, die immer sehr unternehmungslustig war. Mein Vater war auch immer selbständig – es war zwar nie besonders viel Geld da, aber ich habe gesehen, dass er ein wunderschönes, lustiges, aufregendes Leben gehabt hat, frei von irgendwelchen Organisationen und Zwängen. Und das dürfte sich mir schon in der frühesten Kindheit eingeprägt haben, und irgendwann bricht das natürlich durch. Und wenn man immer gern etwas Neues macht und Ideen hat, die man verwirklichen möchte, bzw. die vielen Chancen, die man überall sieht, auch zum Teil mitrealisieren will, dann fühlt man sich in einem saturierten und wohlgeordneten und vor allen

Dingen von zentralen Stellen dirigierten Umfeld auf die Dauer fürchterlich unangenehm. Ich fahre auch nicht gern mit der Bahn, ich fahre lieber mit dem Motorrad.

Ihnen wird von der Managerriege in Österreich nachgesagt, Sie seien sehr kreativ, Sie seien ein Querdenker, ja sogar ein Philosoph. Als Nachteil wurde gesagt, Sie seien äußerst sensibel, unbequem, eine Primadonna, so ein Spitzname in der Verstaatlichten während der achtziger Jahre. Was verletzt Sie am meisten, und was lässt einen kompromisslosen Krisenfeuerwehrmann wie Sie auch manchmal weinen?

WOLTRON: Ich glaube, dass ich zu dieser Zeit, da mir diese Attribute verpasst worden sind, wirklich übersensibel, überempfindlich, überbelastet, teilweise überfordert war. Früher war ich auf jene Wertsysteme fixiert, die mein berufliches Umfeld prägten. Ich lebte wie in einem Tunnel. Wenn da irgendetwas nicht genauso abgelaufen ist, wie ich es gern gehabt hätte, wurde ich närrisch. Im Grunde eine völlig kindische Reaktion. Als mich z. B. ein langjähriger Geschäftsfreund schwerstens durch sein völlig amoralisches, unkollegiales Verhalten enttäuscht hat, bekam ich einen Zornanfall.

Was ist für Sie amoralisch, um bei diesem Beispiel zu bleiben?

WOLTRON: Amoralisch finde ich, wie in diesem speziellen Fall, wenn ein Mensch, dem man aus der Patsche geholfen und sehr viel Vertrauen entgegengebracht hat, die erste Möglichkeit ausnützt, einen zu übervorteilen, ohne sich auch nur im Geringsten bewusst zu sein, wieviel an Vertrauensvorschuss man ihm gegeben hat.

Kann man sagen, dass manchen Menschen ein Wertsystem fehlt? Was trägt Sie?

WOLTRON: Da tippen Sie jetzt meinen Glauben an. Ich bin mittlerweile, nach einer langen Geschichte von Überlegungen, Irrtümern usw. auf einer neuen Stufe des Nichtwissens angelangt: Ich meine, dass der Mensch, wenn er auf die Welt kommt, noch ein ziemlich offenes System ist, natürlich ist ihm viel von seinem Sozialverhalten angeboren, doch viele Verhaltensweisen, Wertfeststellungen, eigene Positionen gewinnt er erst durch die Interaktion mit anderen Menschen. Und da können sich in Abhängigkeit von seiner Umwelt, insbesondere in der frühesten Jugend, völlig unterschiedliche Selbstdefinitionen bzw. die relative Position zu anderen Menschen entwickeln, wenn Sie so wollen, entsteht so das Fundament eines moralischen Verhaltens. Ich bin da ein evolutionärer Erkenntnistheorie-Anhänger und auch ein bisschen Konstruktivist.

In Ihrem Buch „Die Auster", das in der Edition Va bene erschienen ist, schreiben Sie in dem Kapitel „Das nullte Gebot: Du sollst mit Anstand Geld verdienen", dass Sie viel über ihren eigenen Moralkodex nachgedacht haben. Dieser Moralkodex baue unter anderem auf Konrad Lorenz, Viktor Frankl, romantischen Dichtern, überwundenem, aber tief eingebranntem Katechismus auf. Und da habe ich ein bisschen aufgehorcht und habe mich gefragt: Was ist da überwunden worden?

WOLTRON: Ja, das ist ja Ihr Geschäft, der Katechismus, Herr Kaup. Ich bin in einer religiösen Familie aufgewachsen. Meine Oma war sehr bedacht auf meine religiöse Ausbildung. Ich bin immer in die Kirche gegangen, bin dann natürlich, wie wir alle, in diese Paradigmenwechsel-Phase hineingekommen. Aber letztendlich sind die Grundpfeiler meines meistens moralischen Verhaltens eigentlich nach wie vor die Zehn Gebote. Alles, was ich später dazugelernt habe an wissenschaftlichem, an philosophischem Wissen und was ich mir selber so zusammengedacht habe, führt wieder dorthin: Darin liegt der Kern einer Optimierung des gesellschaftlichen Zusammenlebens.

Jetzt sagen Sie aber in Ihrem Buch unter anderem: Zehn Gebote sind zu viel, also zumindest für mich würden fünf oder sechs genügen. Aber das Wichtigste steht gar nicht in der Bibel, nämlich: Nütze dein Leben und die Freude, das Zweitwichtigste: Lüge nicht, gehorche deinem Instinkt für Anstand. Es macht ein bisschen den Eindruck, Klaus Woltron kämpft hier ein stückweit noch gegen eine bornierte Engstirnigkeit und religiöse Flachheit seiner eigenen Religionslehrer und Anvertrauten.

WOLTRON: Ja, das kommt daher, dass man natürlich insbesondere, wenn man es mit vielen Menschen zu tun hat, einmal dazu gezwungen ist, sein Verhalten immer erklärbar zu machen, nicht? Und ich muss immer ein übergeordnetes Paradigma haben, von dem ich sinnvoll ableiten kann, warum ich gerade diesen Lösungsweg vorschlage. Also ich glaube, dass die Gebote in sich auch eine Hierarchie haben, dass es sehr wichtige gibt, und dass es, ich meine, ich will jetzt nicht blasphemisch werden, auch weniger wichtige gibt, und dass man zugunsten eines wichtigen in Extremsituationen ein unwichtigeres auch manchmal verletzen muss, um nicht noch größeren Schaden anzurichten. Es gibt demnach Situationen, in denen man im positiven Sinn machiavellistisch handeln muss. Dass der Zweck wirklich manchmal die Mittel heiligt, da ist meine oberste Instanz, eigentlich mein eigenes Gewissen, da denke ich mir, da kann mir niemand mehr einen Tipp geben, nicht die Bibel, keine Erkenntnistheoretiker, sondern da muss ich selber wissen, wie ich aus diesem Schlamassel anständig herauskomme.

Was verstehen Sie unter Gewissen? Die Vernunft wurde uns ja nicht von der Evolution eingepflanzt.

WOLTRON: Ich bin mir völlig darüber im Klaren, dass mein eigenes Gewissen etwas extrem Subjektives ist, das auf Grund meiner persönlichen Entwicklungsgeschichte entstanden ist, nur – ich habe kein anderes.

Sollte dieser Geschäftspartner, der Sie damals gelinkt hat, genauso argumentieren wie Sie, steht es eins zu eins – und trotzdem empfinden Sie hier ein Unrecht, objektiv gesehen?

WOLTRON: Ja, das ist absolut richtig. Ich vermute, dass sein Unrechtsbewusstsein sehr gering ist, dass er aus einer Gedanken- und Gefühlswelt herauskommt, die seine Verhaltensweise rechtfertigt. Und aus diesem recht eindrücklichen Beispiel resultiert, dass es objektivierte Richtlinien geben muss, um im Streitfall eine einigermaßen objektive Jurisdiktion und moralische

Beurteilung zu ermöglichen. Das ist der Grund, warum es diese ganzen niedergeschriebenen Kodizes und Gesetze gibt. Es existieren ganz einfach auch apriorische Werte und Gefühlsinhalte, die für mich ganz wichtig sind, wie z. B. die Würde eines Menschen, das heißt die Sphäre, die man nicht ohne eine große Schweinerei zu begehen, verletzt. Liebe verletzen ist etwas Furchtbares. Das ist für mich ein apriorisches Naturgesetz, sozusagen mir angeboren und logisch zwar diskutierbar, aber ergebnislos.

So, wie ich Sie jetzt verstanden habe, argumentieren Sie folgendermaßen: Es ist schwierig, einen logischen, zusammenhängenden Sinn zu konstruieren, die Welt heute ist sehr komplex. Dann meinen Sie aber, das hat dazu geführt, dass man das Ziel des menschlichen Lebens ins Jenseits verlagert hat, in einen Himmel, in das Weiterleben einer unsterblichen Seele. Da kritisieren Sie Religion, Glaube und Metaphysik als eine Haltung der Weltflucht oder der Realitätsverweigerung, ist es für Sie so?

WOLTRON: Mittlerweile bin ich ein paar Meter weiter, dieses Zitat ist schon acht Jahre alt. Mittlerweile weiß ich, dass die Logik in all diesen Dimensionen nichts verloren hat, weil sie dafür aus prinzipiellen Gründen – da gibt es wunderbare Literatur – nicht gemacht ist. Und daher meine ich: Wenn das Grundbedürfnis nach Metaphysik da ist, dann sollte man das respektieren. Mit welchem Inhalt das der einzelne Mensch dann auch füllt, das ist seine ganz persönliche Sache, er soll sich nur nicht darum bemühen, diese Dinge logisch erklären zu wollen. Mit der Logik ist diesen Sachen nicht beizukommen. Wie man die dahinter liegenden Kräfte dann nennt, das ist ja Semantik, nicht wahr?

An dieser Stelle möchte ich wieder auf den Boden zurückkommen, abheben ist natürlich schön, in einem gewissen Kontext. Sie sagen, der Mensch kann sein Glück nicht allein finden. Wie finden Sie Ihr Glück?

WOLTRON: Indem ich versuche, das System, in dem ich lebe, meine Familie, mein berufliches Umfeld, auch die Gegend, in der ich mich aufhalte, und die Dinge, mit denen ich mich beschäftige, so zu balancieren, dass ich ein Optimum an Wohlbefinden habe. Das setzt natürlich auch voraus, dass das die anderen nichts oder nur wenig kostet, es soll ihnen womöglich auch nutzen. Weil in dem Feedback, das ich bekomme, ist ja wieder ein Teil meines Wohlbefindens, denn wenn ich das Gefühl habe, ich lebe auf Kosten anderer, fühle ich mich nicht wohl.

Privat sind Sie ein Frühzünder, mit 18 Jahren haben Sie geheiratet, haben zwei erwachsene beruflich erfolgreiche Kinder. Wer hat denn zu Hause die Wachstumskrisen gemanagt, Sie oder Ihre Frau?

WOLTRON: Naja, da würde ich schon einmal sagen, dass das ausgleichende und geduldigere Element meine Frau war und dass der Reibebaum, den heranwachsende junge Leute brauchen, eher immer ich war. Ich habe dann irgendwann versucht, das bewusst zu machen. Als die Kinder 18, 19 Jahre alt waren, also der erste Wirbel vorbei war, habe ich gesagt: „So, ich lege jetzt feierlich meine Funktion als Familienoberhaupt zurück. Ihr müsst's euren Krempel jetzt selber machen, wenn irgendetwas passiert, wo ihr euch nicht auskennt, stehe ich jederzeit zur Verfügung, als Projektmanager für irgendwelche Krisen, aber dann ist es aus. Ihr seid jetzt schon groß, und das ist nichts mehr für mich." Das hat sich danach ganz gut entwickelt, mit dem Vorteil, dass ich mich jetzt insbesondere um meine Enkelkinder – momentan habe ich drei – trotz immer noch starker beruflicher Belastung wesentlich besser kümmern kann, weil es mir ganz einfach wichtig ist und Spaß macht. Ich mache es eigentlich aus Egoismus.

Meinen Sie, dieses Prinzip – Spaß, Freude – könnte auch das Leben und die Ethik anderer Menschen regeln?

WOLTRON: Ich glaube schon, also man sollte sehr genau darauf achten, was einem gut tut und einem nicht gut tut, aus irgendwelchen unerklärlichen Gründen. Das setzt aber natürlich voraus, dass man kein Unmensch ist: Einem Sittlichkeitsverbrecher tut es vermutlich gut, Sittlichkeitsverbrechen zu begehen. Gott sei Dank bin ich mit diesem Makel nicht behaftet, ich habe nur eine sehr bedenkliche Perversion: Ich beiße gerne Kinder in die Nase.

Wenn Sie das Wort Gott hören, verdirbt Ihnen das den Lebensspaß und die Freude?

WOLTRON: Da fühle ich einen sehr großen Respekt, weil ich ja mit dem lieben Gott bis zu meinem 17. Lebensjahr ein harmonisches Verhältnis gehabt habe.

Was ist dann passiert?

WOLTRON: In diesem Alter fängt man an, Friedrich Nietzsche und Arthur Schopenhauer usw. zu lesen, und da wird eben dieses erste Weltbild gründlich erschüttert. Aber ich habe großen Respekt vor der Religiosität anderer Menschen und würde nie versuchen, jemandem seinen Glauben auszureden. Ich habe ja auch meinen ,und der ist wahrscheinlich genau so subjektiv wie der von allen anderen.

Haben Sie sich überlegt, ob es noch etwas anderes gibt in diesem Leben, das Sie antreibt, all das zu tun, was so schön ist, das Ihnen Energie verleiht? Könnte nicht hinter Genuss, Freude, Augenblick noch eine Sehnsucht liegen?

WOLTRON: Das ist die Freude an der Gestaltung und am Herbeiführen eines jeweils attraktiven und befriedigenden, momentanen, individuell erfreulichen Zustandes, und da kann ich sagen: Ich habe das jetzt so ausbalanciert, dass es momentan passt. Das ist ein Balanceakt. Und die Beherrschung dieses Balanceaktes ist wahrscheinlich eine der obersten Kategorien. Eine große Gnade der Natur finde ich, dass einen am Anfang des Lebens eine gewaltige ungerichtete Energie durch viele Erlebnisse und Freuden und auch Leiden durchtreibt, dass es dann immer angenehmer und beschaulicher wird und die Anlässe für genauso große Freuden kleiner werden. Und ich kann mir vorstellen, dass man mit der Zeit sagt: „Es ist jetzt dann genug." Der Zeitpunkt wird sicher kommen, wenn ich mich nicht vorher mit dem Motorrad umbringe. Allerdings täte mir leid, dass sich manche Leute darüber kränken würden.

RUDOLF BURGER

PHILOSOPH

„Mein Atheismus ist radikal und allgemein"

Der 1938 in Wien geborene Philosoph Rudolf Burger ist seit 1995 Rektor an der Hochschule für Angewandte Kunst in Wien. Ursprünglich studierte Burger Technische Physik, arbeitete am Ludwig Boltzmann-Institut für Festkörperphysik in Wien und am Batelle-Institut Frankfurt. Seit 1987 leitet er die Abteilung für sozial- und geisteswissenschaftliche Forschung des Wissenschaftsministeriums in Wien. Bekannt wurde er durch zahlreiche Publikationen zur Erkenntnistheorie und Geschichtsphilosophie. Burger hat vier Bücher veröffentlicht: „Vermessungen. Essays zur Destruktion der Geschichte in Wien", „Abstriche. Vom Guten. Und Schönen im Grünen, Überfälle. Interventionen und Traktate", „In der Zwischenzeit. Adnoten zu Politik und Philosophie". Rudolf Burger ist verheiratet und hat zwei erwachsene Kinder. Burger bezeichnet sich selbst als Atheist von Anfang an. Er hält Religion für legitimationsbedürftig.

Kunst hat immer auch die Funktion, unsere Alltagswelt zu transzendieren, den Blick zu weiten, Tiefenstrukturen sichtbar zu machen. Hat für Sie persönlich Kunst in diesem Sinn auch eine religiöse Dimension?

BURGER: Für mich persönlich nicht, nein. Und zwar deshalb nicht, weil ich kein religiöser Mensch bin, weil ich jede positive Lehre einer Transzendenz, weil ich jede positive Metaphysik ablehne, weil ich mich selbst als das bezeichne, was man am ehesten einen skeptischen Materialisten nennen könnte. Aber ich weiß, dass Kunst für viele Menschen sozusagen der Ort einer enttheologisierten Residualtranszendenz ist.

Was meinen Sie damit?

BURGER: Gewisserweise – sehr salopp gesagt – kann es für viele Menschen so etwas sein wie Religionsersatz.

In Ihrem Buch „Überfälle. Interventionen und Traktate“ findet sich so etwas wie eine Selbstbeschreibung Ihres philosophischen Tuns: „Der Philosoph ist fast immer einer, der nach dem Rechten sieht. Der Skeptiker geht aber nicht aufs Ganze, nicht nur, weil er nicht weiß, was das Ganze ist, sondern auch, weil es ihn nichts angeht.“ Das ist ein, gelinde gesagt, starkes Zitat vor dem Hintergrund, dass die große Tradition der Philosophie sich immer als ein Fragen nach dem Ganzen und dem Grund und auch als ein Fragen nach Gott verstanden hat. Wieso geht Sie das nichts an?

BURGER: Weil ich, ebenso stark, knapp und vielleicht brutal gesagt, der Meinung bin, dass nach gut zweieinhalb Jahrtausenden Philosophiegeschichte und – wie Sie sagen – der Suche nach dem Ganzen, der Suche nach der Transzendenz, letztlich der Suche nach dem Gott das Thema erledigt ist. Irgendwann wird man spleenig, wenn man eine Suche nicht aufgibt, nachdem man jahrtausendlang gesucht und nichts gefunden hat. Aber das war eine sehr sarkastische Bemerkung. Die Philosophie ist nicht dazu da, um zu trösten, sondern um falschen Trost zu destruieren. Wer Erbauung sucht, mag zusehen, wo er sie findet, sagt Hegel. Die Philosophie aber muss sich hüten, erbaulich sein zu wollen.

Atheisten und viele Agnostiker lehnen Gott ab, weil sie zu dem Schluss gekommen sind, ein guter Gott könne sich nicht vertragen mit dem Bösen, den Ungerechtigkeiten, den Naturkatastrophen, die unterschiedslos über den Menschen hereinbrechen. Das ist ein verständlicher Reflex auf die unlösbare Theodizeefrage, und man könnte sagen, man hat hier nichts Göttliches, keine göttliche Antwort gefunden. Aber mir hat noch kein Agnostiker und Atheist erklären können, woher trotzdem das Gute kommt. Wieso setzt es sich trotzdem durch? Woher das?

BURGER: Ich weiß nicht, ob man die Frage nicht umgekehrt stellen muss. Die Skeptiker wollten die Antwort auf die Frage, was das Gute, das Glück sei, und das Wissen darum verhindern, weil sie der Ansicht waren, dass der Glaube, zu wissen, was das Gute sei, selbst das Böse ist. Und die Geschichte gibt ihnen in meinen Augen in höchstem Maße recht. Die größten Gräuel der

Geschichte, wenn ich das hinzufügen darf, sind geschehen aus einer kollektiven Überzeugung heraus, dass man wisse, was das Gute sei und wie man es zu realisieren habe. Und dabei gibt es die größte Zahl von Opfern.

Es ist schon richtig, dass im Namen des Humanismus oder im Namen des Guten oder im Namen der Freiheit viele Opfer geschaffen wurden, aber stellt es das Gute als solches in Frage, oder braucht nicht auch ein Skeptiker wie Sie etwas, was er in Zweifel ziehen kann, z. B. den Glauben?

BURGER: Natürlich braucht er in seinem Leben, im Alltag, in seinem Handeln Kriterien, kommt er zu Unterscheidungen zwischen Gut und Böse, zwischen zu Vermeidendem und Anzustrebendem – aber wie ich sagte, situativ, aus der Immanenz, aus der Situation heraus. Es gibt Schönes, und es gibt Gutes. Das, was jetzt gut sein kann, kann morgen oder woanders böse oder schlecht sein.

Ist Ihr „Nein" zu Glaube, Kirche und Gott ein Nein zum christlichen Gott, wie Sie ihn verstehen, oder ist es ein fundamentales Nein in dem Sinn, dass Sie Gott überhaupt für eine Projektion, eine Wunschidee, eine Täuschung halten, die vielleicht manchem Schwachen hilft?

BURGER: Letzteres. Mein Agnostizismus, oder wie ich ehrlicherweise sagen muss: mein Atheismus ist radikal und allgemein. Aber selbstverständlich ist mir klar, dass der Gott, gegen den ich denke, der christliche Gott ist, näherhin: der katholische Gott. Ich habe mich einmal ironischerweise als einen katholischen Atheisten bezeichnet. In der Gestalt des katholischen Gottes trat mir die Gottesidee durch meine Umgebung, nicht meiner familiären, meiner kulturellen Umgebung entgegen.

Können Sie kurz schildern, wie dieser katholische Gott aussieht, den Sie ablehnen?

BURGER: Als allmächtiger, allgütiger, persönlicher Schöpfergott, der insofern Subjekt ist, als er anbetbar ist, insofern beeinflussbar ist, der auch, das sind seine Residuen aus dem Alttestamentlichen heraus, Affekte hat, der sowohl ein Rächergott als auch, das ist die neutestamentliche Dimension, ein vergebender Gott, also ein Übervater ist.

Der Gott, der seine Kinder im Unsicheren lässt, ob er sie liebt oder nicht, und fallweise so oder so handelt, also ein Stück weit fast ein diabolischer Gott?

BURGER: Die Adjektive, mit denen ich versucht habe, mein äußerliches Gottesverständnis zu beschreiben, die reichen mir als Materialisten, um ihn abzulehnen, nicht an ihn zu glauben. Ich kann mir gut vorstellen, dass die nächste Frage – ich will nicht das Interview mit mir selber führen – lauten könnte: Ja, aber hat sich nicht immer wieder in der Geschichte, aus welchen Gründen immer, der Gedanke an einen so beschriebenen allmächtigen, allgütigen Schöpfergott durchgesetzt? Ist das nicht etwas, was ein basales Bedürfnis des Menschen ist?

Diese Frage nach der Bedürfnisreligiosität wäre nicht meine nächste Frage, sondern ich frage, ob es etwas in Ihrem Leben gibt, was Ihnen heilig ist?

BURGER: Als Adjektiv gesprochen, also nicht das Heilige, sondern dass man vor etwas Scheu hat, Ehrfurcht hat, dass man etwas liebt und zugleich eine Scheu hat, die Distanz zu überwinden, in diesem Sinn sehr wohl: Ich kann das in der Liebe erleben. Ich kann das Frauen gegenüber erleben, ich kann das meinen eigenen Kindern gegenüber erleben – auch dem Schrecken, dem Grauen, dem Furchtbaren gegenüber, durchaus.

Sie haben gerade Ihre Kinder erwähnt. In der Position eines skeptischen Materialisten kann ich mir schwer vorstellen, wie man Kinder erzieht. Wie geht denn das?

BURGER: Möglichst wenig. Wissen Sie, ich habe zwei erwachsene Kinder. Als mein Sohn in die Schule gekommen ist, habe ich ihm gesagt – ich habe nicht dazu gesagt, dass es Hegel gesagt hat: Die öffentliche Meinung muss man achten und verachten zugleich. Das musst du auch auf deine Lehrer anwenden.

Meine Frage hat folgenden Hintergrund. Erziehung ist ja gar nicht möglich, ohne dass man einander vertraut. Vertrauen ist ein anderes Wort für Glauben, diese Du-und-Du-Beziehung, die man im christlichen Verständnis als die eigentliche Gottesbeziehung ansehen würde. In dem Sinn hat Glaube in dieser zwischenmenschlichen Beziehung des Vertrauens schon eine Rolle in Ihrem Leben?

BURGER: Umgekehrt. Ich brauche den Dritten nicht dabei. Ich misstraue Menschen und ich vertraue ihnen auch. Jeder vertraut darauf, dass einer bei Rot stehen bleibt und dass er bei Grün fährt. Das sind Vertrauensprozesse, ohne die unsere ganze Gesellschaft überhaupt nicht funktionieren könnte.

Verstehen Sie sich als ein durch die Evolution beiläufig entstandener und mit Intelligenz begabter Zellhaufen, als ein Zufallsprodukt, so dass Sie sinnlos geboren werden, aufblühen und dann sinnlos zunichte werden?

BURGER: Ja. Ich hoffe, dass Ihre Beschreibung, mit Intelligenz begabt, dass sie einigermaßen der Wirklichkeit entspricht. Ja, genauso verstehe ich das.

Ist das nicht eine nihilistische Position?

BURGER: Ja. Auch wieder kleingeschrieben verstehe ich mich als Nihilisten, was nicht heißt, dass alles sinnlos sei, nur, dass das Ganze keinen Sinn hat.

Wenn das Ganze keinen Sinn hat, dann hat ja auch Ihr Leben oder Ihre Aussage keinen Sinn?

BURGER: Nein, keinen Sinn, der über es selber hinausgeht, Sinn im Sinne von „eine Aussage machen, die richtig ist", in welchem Sinne auch immer, dass sie argumentativ begründbar ist, dass sie empirisch einlösbar ist, in diesem Sinn gibt es Sinn. Aber den großen Sinn, der Sinn unserer Existenz, den Sinn, der auf etwas jenseits dieses Lebens bezogen sei, auf ein Leben nach dem Tode, das lehne ich ab.

Sind Sie der Ansicht, dass Sie Ihr Leben mit dem letzten Atemzug aushauchen? Sie meinen: „Leute, das war's, der Vorhang fällt, passé, aus?"

BURGER: Wenn das Bild nicht so pathetisch wäre, ja.

Wie begründen Sie dann ethisches Handeln? Woran hält sich jemand wie Sie, der nicht glauben kann, dass es Gerechtigkeit, Wahrheit in einem fundamentalen Sinn überhaupt gibt?

BURGER: Zunächst als erste Antwort: An Üblichkeit, das macht man so. Als zweite würde ich sagen: Eine Moral, die sich an etwas hält, d. h. an eine heteronome Setzung eines Gebotes, des Dekalogs oder was immer, ist in meinen Augen unmoralisch, weil sie die Freiheit, die absolute Freiheit des Subjekts negiert. Nur aus der reinen Autonomie, aus der Selbstsetzung heraus kann wirklich moralisches Handeln geschehen. Und hier gibt es sehr wohl Gerechtes und Ungerechtes. Ich halte alle rassistischen Theorien für falsch und in der Konsequenz für unmoralisch und ungerecht. Ich bin auch der Empörung fähig, der Aufregung, auch des Engagements.

Weshalb, wenn das Ganze keinen Sinn macht?

BURGER: Weil es so ist, weil ich Empörungen empfinde.

Da interessiert mich noch eine Frage: Was ist denn für Sie mit den Opfern unserer Geschichte, unserer Welt? Denken wir an Millionen von Kindern in vielen Gegenden unserer Welt, kaum werden sie geboren, können gehen, werden sie dahingerafft durch Hunger, Seuchen, Gewalt und Krieg. Landen die sozusagen unerfüllt und um das Leben betrogen auf dem Müllhaufen der Geschichte? Sind die für ewig verloren?

BURGER: Ja. Ja!

Empört Sie das nicht?

BURGER: Doch. Ich kann da nur mit Gottfried Benn antworten: „Die Welt ist nicht mein Wurf und die Erkenntnis nicht mein Jammer."

Was gibt Ihnen denn persönlich in Ihrem Leben Hoffnung, worauf vertrauen Sie?

BURGER: Dass ich noch ein paar Jahre zu leben habe, die ich einigermaßen angenehm und befriedigend verbringen kann.

Würden Sie sagen: Ich vertraue nur auf mich selbst, ich habe nichts anderes als mich selber?

BURGER: Nein, ich habe Freunde. Ich habe auch von den Kindern gesprochen. Ich habe eine Frau, ich versuche, meinen Beruf einigermaßen ordentlich auszuüben. Ich versuche, eine Hochschule ordentlich zu verwalten und manches zu verbessern. Aber ich sehe wirklich nicht, wozu ich da transzendente Tröstungen brauchen sollte. Ich sehe das wirklich nicht. Die würden mich nur ablenken.

Wenn Sie auf Ihr Leben zurückblicken und Sie stehen vor der Pforte des Todes: Was möchten Sie dann gewesen sein, erreicht haben, welchen Sinn soll Ihr Leben gehabt haben?

BURGER: Ich möchte mich vor mir selber nicht schämen müssen.

Sie haben also vor dem Tod keine Angst?

BURGER: Nicht im Augenblick. Das kann schon noch kommen. Ich bin auch nicht so sicher, ob man eine Situation, so eine Haltung durchhalten kann. Es ist nicht möglich, meine ich, wie das die Heidegger-Philosophie versucht, den Tod zu seinem Eigenen zu machen, im Denken an seine eigene Endlichkeit ihn ins Leben hereinzunehmen. Ich glaube nicht, dass das möglich ist. Ich werde entweder körperlich verfallen, eine Krankheit wird mich wegraffen, ein Unfall wird mich treffen, vielleicht werde ich erschlagen: Das heißt, der Tod kommt zu mir. Er ist das absolut Andere meiner selbst. Man weiß nicht, wie man in der Situation reagiert. Vielleicht gibt es dann im Moment der Schwäche den Herzensschrei nach einem transzendenten Trost. Das ist möglich. Ich weiß nicht, ob es nur christliche Propaganda ist, die gesagt hat, dass auch ein Voltaire in seiner letzten Stunde gläubig wurde. Ich weiß nicht, ob es nur christliche Propaganda ist, dass der offensichtliche Agnostiker Montaigne sich die Sterbesakramente hat geben lassen. Möglicherweise hat er sie sich geben lassen, weil er so gelebt hat, wie ich schon sagte: Man tut es eben, was macht man sich Scherereien mit der Umgebung? Ob er wirklich geglaubt hat, weiß ich nicht. Vielleicht hat er es in den letzten Minuten getan. Vielleicht hat er diesen Trost gebraucht. Warum nicht?

Aber Sie schließen das nicht aus?

BURGER: Ich bleibe als Skeptiker auch mir selbst gegenüber skeptisch.

FUGE 2

WORÜBER MAN – NORMALERWEISE – NICHT SPRECHEN KANN …

„Ich hatte den Eindruck, dass jemand auf mich schaut, wusste aber nicht, wer das ist.“ – *Alfred Dorfer*

„Ich glaube, dass die Menschheit gerettet werden kann, wenn wir lernen: Immer weniger von immer Besserem.“ – *Helmut A. Gansterer*

„Ich kann meinen Glauben nicht aussprechen, außer in der Poesie.“ – *Michael Köhlmeier*

„Unter Umständen kann man gerade für eine lebendige Religion der Literatur viel mehr ablesen als den Sätzen des Dogmas.“ – *Wendelin Schmidt-Dengler*

ALFRED DORFER

KABARETTIST

„Die finale Frage ist zu stellen – individuell und kollektiv"

Der Kabarettist und Drehbuchautor Alfred Dorfer wurde 1961 in Wien geboren. Er hat nicht nur durch seine erfolgreichen Soloprogramme „Badeschluss" (1996) und „heim.at" (2000) große Resonanz beim Publikum gefunden. Auch als Schauspieler hat er sich einen Namen gemacht. In dem Erfolgsfilm „Indien" (1993), der der gleichnamigen Bühnenversion folgt, spielt er an der Seite von Josef Hader einen Yuppie, der durch seine tödliche Krankheit aus seiner gewohnten Oberflächlichkeit herausgerissen wird. Zu den neuesten Programmen zählen die TV-Sendung „Dorfers Donnerstalk" und „Gemischtes Doppel" mit Roland Düringer.

Herr Dorfer, ein Kabarettist sollte eine geistige Haltung haben, Humor und Liebe zum Publikum. Das haben Sie vor einigen Jahren in einem Interview zu Protokoll gegeben. Aufgewachsen sind Sie sozusagen in der Bronx von Wien, nämlich in einer Vorstadtsiedlung in Wien-Liesing. Das war ein hartes Pflaster für einen sensiblen jungen Menschen. Wie haben Sie dort die Liebe zum Publikum entwickelt, die Sie bei aller Bissigkeit auszeichnet?

DORFER: Ich glaube, dass der sensible junge Mensch, den Sie mir hier freundlicherweise zugestehen, insofern irreführend ist, als jeder junge Mensch sensibel ist und es nur darum geht, diese Sensibilität zu fördern und sie nicht zu zerstören. Leider passiert Letzteres sehr häufig. Das heißt, ich halte mich nicht für prädestiniert, ich habe einfach nur Glück gehabt. Und ich denke, dass diese Konstellation in meiner Biografie mich mit etwas erfüllt, was man altmodisch vielleicht als Dankbarkeit bezeichnen könnte. Diese Dankbarkeit, kombiniert mit dem Bewusstsein des Glücks, lässt mich die Menschen auch nicht hassen oder ablehnen.

Wem oder was sind Sie dankbar?

DORFER: Das ist eine sehr eigenartige Geschichte. Als Kind hatte ich so eine naturreligiöse Einstellung, das heißt, ich hatte den Eindruck, dass jemand auf mich schaut, wusste aber nicht, wer das ist, fand ihn aber nicht in der Kirche, weil der katholische Gottesdienst für mich – obwohl sehr integriert in der Pfarre und auch durch alle Sakramente gegangen – sehr mühsam und sehr langweilig und nichtssagend war. Dennoch hatte ich das Gefühl, es gibt da etwas oder jemand, oder wie auch immer, das ist ja dann ein sehr kindliches Bild, der oder die – was mir lieber gewesen wäre – auf mich schaut oder mir zumindest hilft, darauf achtet, dass mir nichts passiert. Ich hatte mit fünf Jahren eine schwere Operation, und da war das irgendwie nicht ganz klar, wie das ausgeht, ob das jetzt gut- oder bösartig ist und ob mich das nicht ein Leben lang behindern wird oder mich überhaupt quasi beenden wird. Das ging dann positiv vorüber, und ich hatte auch damals das Gefühl, das ist jetzt dieses Etwas, das mir geholfen hat, ohne es bis heute beschreiben zu können, was für mich damals dieses Etwas war.

Sie haben gesagt, das Charakteristikum eines wirklich guten Kabarettisten oder Kabaretts ist, es soll ehrlich sein, es soll persönlich sein, es soll von Herzen kommen. Das klingt ein bisschen nach einer Selbstbeschreibung.

DORFER: Man geht ja durch sehr viele Phasen, wenn man versucht, kreativ zu sein, oder wenn man versucht, sich auf die Bühne zu stellen. Ich glaube grundsätzlich, wenn man sich auf die Bühne stellt, ist das a priori einmal ein pathologischer Akt. Wenn man sagt, ich gehe jetzt auf die Bühne, die Scheinwerfer strahlen mich an, unten sitzen inkognito 30, 50, 700 Leute und schauen mir dabei zu, was ich so emotional von mir zu geben habe, dann ist das, glaube ich, ein bisschen klinisch, als Ansatz. Es ist viel Eitelkeit dabei, viel Unsicherheit, Angst und Existenzberechtigungssorge.

Man könnte also sagen, die Leute, die zu Ihnen kommen, stehen ein bisschen in der Sehnsucht nach einem Selbsterfahrungsworkshop?

DORFER: Ich glaube, dass sehr viele Kunstrichtungen und sehr viele Geschichten, die bei uns unter Kunst laufen, mit Selbsterfahrungsworkshops zu tun haben. Ich glaube definitely, dass Kunst und Therapie viel weniger weit auseinander liegen, als wir alle glauben. Und im Laufe der Jahre kommt es mir darauf an, diesen grundsätzlich egomanischen Ansatz zu transformieren, weil ich glaube, dass Kunst oder Kreativität kein egomanischer Ansatz ist, sondern ein kommunikativer. Das heißt, ich glaube, ohne jetzt wirklich eine Predigt beginnen zu wollen (das ist überhaupt nicht meine Absicht), dass Kunst oder Kreativität in letzter Folge etwas ist, was man in gleichem Maße für jemanden macht wie für sich selbst.

Sie haben am Anfang gesprochen, dass am Anfang Ihres Lebensweges eine Verwundung gestanden hat, eine Operation. Jetzt ist ein Kabarettist doch auch einer, der offen sein muss für die Verwundungen, unter denen viele Menschen leiden. Und indem er den Finger in diese Wunden legt, ist er einer, der etwas sehr Wichtiges für die Gesellschaft tut. Könnte man ein bisschen umformuliert sagen: Ein Grund, weshalb Sie z. B. auf der Bühne stehen bei Kabaretts, aber auch wenn Sie Drehbücher schreiben, ist der therapeutische Ansatz: „Wie ich mit dem Leiden am Absurden fertig wurde."

DORFER: Diese Geschichte hielte ich eigentlich für jeden Menschen für wichtig, egal, in welchem Beruf er sich befindet. Wenn man aber in der Öffentlichkeit steht und damit eigentlich einen sehr irrationalen Lebensinhalt hat, zumindest einen außergewöhnlichen, dann möchte ich das gerne mit einer Aufgabe verbinden, und es ist durchaus ganz richtig, so wie Sie das sagen: Die Kunst des Kabaretts ist es, das Auffällige im Unauffälligen aufzuspüren und natürlich auch Wunden aufzudecken, die nicht gerne gesehen werden, die nicht gut vernarbt sind, oder von mir aus auch neue aufzureißen.

Wenn Sie das Auffällige im Unauffälligen aufspüren, dann bedarf es ja eines Prozesses. Man sieht etwas, darüber wird nachgedacht, das wird dann gereinigt, destilliert und dann in irgendeiner veredelten Form zu Papier oder auf die Bühne gebracht. Woraus beziehen Sie Ihren Stoff?

DORFER: Aristoteles sagt, dass die dramatische Kunst nichts anderes ist als Nachahmung. Und ich meine, dass das auf alle Kunstrichtungen zutrifft. Natürlich genügt es nicht, sich auf die Imitation zu beschränken. Es kommen dann noch ein paar Arbeitsschritte dazu wie Verdichtung oder Analogien herzustellen oder die Dinge auf die Spitze zu treiben, sie absurd zu machen. Da gibt es verschiedene Möglichkeiten, aber die Basis ist für mich auf jeden Fall die Beobachtung.

Was beobachten Sie und wo?

DORFER: Das ist nicht gesteuert. Wenn Sie so wollen, dann bin ich immer im Dienst, aber nicht beabsichtigt. Es ist wie ein Reflex. Ich beobachte Menschen, Situationen, Konstrukte, Strukturen, Gesellschaften, Medien, was auch immer mir unterkommt.

Sie gelten ja nicht erst seit ihrem politischen Kabarettabend „heim.at" als ein Kabarettist, der mit Kritik an politischen Zuständen nicht hinter dem Berg hält. Zugleich wird deutlich, dass Sie sich nicht vereinnahmen lassen wollen für irgendwelche politischen Zwecke. Denn wie Ihr Programm „Badeschluss" z. B. gezeigt hat, ärgern Sie sich auch über die Verkommenheit von einstigen politischen Idealisten, also namentlich der Sozialdemokratie. Bedeutet für Sie einen Standpunkt zu haben notwendigerweise auch zwischen den Stühlen von Mächtigen zu sitzen?

DORFER: Das läuft darauf hinaus, weil die Mächtigen wirkungsvolle Dummheit anwenden, und die heißt Populismus. Und der Populismus greift natürlich gedanklich immer zu kurz. Wenn man etwas verkürzt und in einen Schlagwortsatz bringen will wie z. B.: „Es ist jetzt ein Kampf der Zivilisationen" oder „Wer nicht für mich ist, ist gegen mich", dann ist das bereits dumm – aber wirkungsvoll. Unsere Aufgabe als Kabarettisten ist es, diesen zu kurz geratenen Gedanken zu verlängern, zu Ende zu führen und jeden Punkt irgendwie zu beleuchten, weil ich glaube, dass wir auf Grund der Mediengesellschaft schon viel zu viel an Information und zu wenig an Wissen haben und viel zu viel an verkürzten Botschaften. Es ist die Gesellschaft der Headlines, und Headlines können die Wahrheit nicht richtig transportieren. Es sollte Leute geben, nicht nur Kabarettisten – ich will da unsereinen nicht herausstellen –, Wissenschafter, Politiker. Nur die Politiker tun es nicht. Und jetzt kommen wir auf die Frage zurück: Man setzt sich automatisch, wahrscheinlich notgedrungen, nicht absichtlich, zwischen Stühle, wenn man die Wahrheit benennen möchte.

Sie gelten privat als ein eher scheuer Mensch, Sie sind kein Society-Löwe und auch selten auf Partys zu finden. Sie haben gesagt: „Ich lebe nicht für meinen Beruf, das ist nicht mein Lebensinhalt." Woraus beziehen Sie dann Ihre Kraft, was ist Ihnen dann sozusagen heilig?

DORFER: Ich glaube, dass dieses Zitat auch etwas verkürzt ist. Ich liebe diesen Beruf, und dieser Beruf ist für meine Person sicherlich das Adäquateste. Dennoch lehne ich es ab, für den Beruf zu leben oder den Beruf als Priorität im Leben anzusehen, weil ich glaube, dass Menschen sich größtenteils nicht über den Beruf definieren.

Sie haben eine Frau und einen Sohn. Welche Rolle spielt die Familie für Sie?

DORFER: Eine große Kraftquelle für mich ist natürlich die Zuneigung zu meiner Frau, weil das wieder, wie vorhin angesprochen, eine Fügung in meinem Leben war, jemand hat auf mich scheinbar geschaut, damit wir zusammenkommen, denn das war eigentlich sehr zufällig. Die Familie ist für mich ein Kraftquell. Vatersein-Lernen ist natürlich eine ganz große Aufgabe. Das war auch mit großen Schwierigkeiten verbunden, weil es ja das Leben praktisch in der Sekunde umpolt. Und dennoch gehört es zum Größten, was es geben kann, glaube ich, ein Kind zu begleiten, bis es groß ist.

Sie haben einmal gesagt, Sie wollen Ihrem Sohn nichts in den Weg stellen. Was wollen Sie ihm mitgeben?

DORFER: Ich möchte gerne, dass er sich nicht für mich entwickelt und nicht für seine Mutter entwickelt, sondern dass er sich für sich entwickelt, möchte ihm aber jede Hilfestellung geben, dass er diesen Weg, der ihm vorgegeben ist oder den er selbst beschreiten möchte, möglichst nahtlos gehen kann.

Es gibt ungefähr drei Fragen, die man einem Interviewpartner nicht stellen sollte. Die erste ist: Wieviel verdienen Sie? Die zweite Frage ist: Welche sexuellen Vorlieben haben Sie? Und die dritte Frage ist: Wie halten Sie es mit der Religion? Die ersten beiden Fragen interessieren mich eigentlich herzlich wenig, aber die letzte Frage finde ich spannend, nämlich wie Religiöses in Ihrem Leben eine Rolle spielt. Sie haben ja schon angedeutet, dass das am Anfang so war. Ist das heute auch noch wichtig?

DORFER: Ich glaube, es ist ein Grundbedürfnis der Menschen oder sagen wir eine Conditio sine qua no, sich die finale Frage zu stellen, d. h. die Sinnfrage zu stellen. Und jetzt gibt es verschiedene Modelle, diese Frage beantworten zu können, zu wollen, zu müssen. Ein Modell, das ursprünglichste, ist die Religion. Es gibt auch die Ideologie oder es gibt eine reine Ethosdiskussion. Bezeichnenderweise ist es so, dass die drei Pfeiler Religion, Ideologie und Ethos in dieser Gesellschaft, in der wir uns befinden, über Bord geworfen worden sind, zugunsten von wirtschaftlicher Prosperität. Und wenn sich eine Gesellschaft der wirtschaftlichen Prosperität überantwortet als oberstes Ziel und diese drei finalen Ansätze über Bord wirft, dann ist sie, meiner Meinung nach, dem Untergang geweiht. Das ist vielleicht die Frage, die mir in all diesen gescheiten Diskussionen momentan abgeht: Was machen wir selbst mit dieser Situation? Was müssen wir grundsätzlich in unserer Gesellschaft verändern, unabhängig von Osama bin Laden? Was ist unser Weg? Was müssen wir tun, um die Verhältnisse so zu ändern, dass die Gesellschaft wieder auf einen Weg kommt, der lebbar ist? Denn er ist nicht lebbar.

Welche Rolle spielt aber da die Religion, weil Sie jetzt mit einer politischen Konstellation geantwortet haben?

DORFER: Die Religion ist – und das zeigt uns die jetzt immer mehr in Misskredit gebrachte Gegenseite des Islam – eine Sache, die sich mit der Sinngebung beschäftigt, mit Anfang und Ende, mit Ethos, d. h. mit dem: Wie soll man sein Leben gestalten – wie alle großen Philosophien im Übrigen. Jeder Mensch, dem es möglich ist, in gewissen ruhigen Minuten zu sich zu finden, weiß, dass er endlich ist und dass es dann irgendwann einen Punkt gibt, und wir wissen nicht, wann und wo diese Kerze erlischt. Und die Frage, was dann ist oder was vorher war oder ob man sich jetzt re-inkarnative Literatur aneignet oder daran glaubt – ich halte die Wege für legitim. Also ich glaube nicht, dass Missionarismus angesagt ist.

Aber trotzdem haben Sie einen Standpunkt.

DORFER: Ich habe einen Standpunkt. Ich habe den Standpunkt, dass diese finale Frage zu stellen ist, individuell und kollektiv. Kollektiv muss es nicht religiös sein, da genügt es schon, wenn es eine ethisch kollektive Lösung gibt, die wir jedoch nicht haben. Für mich persönlich, um auf die Frage zurückzukommen, der ich von der katholischen Kirche geschieden bin aus – wie ich glaube – guten Gründen, hat das aber nicht zum Atheismus geführt, wobei Atheismus ja selbst eigentlich ein zutiefst religiöser Standpunkt ist, weil man sich bewusst gegen einen Gott oder gegen ein Gottesbild stellt. Das heißt, es hat nicht zum Nihilismus geführt. Daher bin ich hier, wie es so schön heißt, in progress.

Warum haben Sie nicht eine Haltung eingenommen, die viel verbreiteter zu sein scheint, gerade in intellektuellen Kreisen, in Europa zumindest, dass man sagt, postmodern gedacht: Die großen Erzählungen sind vorbei, also die Ideologien, auch die großen religiösen Erzählungen. Sinn gibt es durchaus, aber ganz individuell. Leben ist sinnvoll, du musst deinen individuellen Sinn finden, aber kollektiv lässt sich überhaupt nichts mehr sagen.

DORFER: Na, eben – wenn das eine geistige Richtung ist, die das Abendland bestimmt, dann führt sie auch direkt in Beliebigkeit, aber auch in Untergang, denn Individualität so zur Spitze getrieben wie bei uns im Westen mündet in Nicht-Solidarität, Nicht-Kommunikation. Es ist ja lustig, dass wir in einem Kommunikationszeitalter leben und es noch nie so viele einsame Menschen gegeben hat wie jetzt. Es kommt immer mehr außer Mode, ist so unchic geworden, etwas für jemanden zu tun. Jetzt klinge ich selber schon ein bisserl wie ein Pfarrer – das möchte ich nicht, aber diese Individualität, auch zu sagen: „Ich kann nur mich lieben, damit ich jemand anderen lieben kann", ist Schwachsinn, definitely Schwachsinn. Die Fähigkeit der Zuwendung, die Liebesfähigkeit und die Fähigkeit der Demut – „Dienmut" in Mittelhochdeutsch, d. h. also Mut zu dienen, Mut, etwas für jemand zu tun – wir haben hier eine Vielzahl von grundsätzlich richtigen Begriffen, die im Laufe der Geschichte etwas abgeleitet worden sind. Dennoch glaube ich, dass sie von Grund auf richtig sind.

Sie haben sich vor einigen Jahren dazu entschlossen, bedürftige alleinerziehende Frauen, Mütter mit zwei bis drei Kindern, monatlich mit mehreren hundert Euro zu unterstützen. Weshalb?

DORFER: Das hängt mit unserer Sinnfrage zusammen. Ich stehe Abend für Abend auf der Bühne und versuche, Systeme zu kritisieren, Dinge aufzuweichen, Dinge zu relativieren, die falsch laufen, meiner Meinung nach (ich kann mich ja irren). Kunst hat für mich aber nur einen Sinn, wenn sie die Realität schneidet, alles andere ist „l'art pour l'art" und ein Privatvergnügen, Tempelsekte usw. – das interessiert mich alles nicht. Es schien mir dann ab einem gewissen Zeitpunkt völlig widersinnig, am Abend diese Dinge zu predigen und zwei Stunden später oder drei Stunden vorher nichts dazu zu tun, dass sich die Dinge in realiter bewegen, jetzt abgesehen von dem, was ich in den Menschen auszulösen versuche. Und so habe ich begonnen, mit der Caritas gemeinsam, die die Familien aussucht, eine monatliche Alimentation für bedürftige Familien zu geben, weil die Hauptnot in diesem Land über das Wohnen geht. Und die Erfahrung hat gezeigt, dass es gescheiter ist, den Menschen kleinere Beträge mehrfach zu geben als große auf einmal. So gibt es eben jetzt fünf Familien, die immer wechseln, je nachdem, wo quasi Delogierungsgeschichten abgewendet werden oder bei Schulbeginn den Kindern unter die Arme gegriffen wird oder wie auch immer. Das war mir das erste Anliegen, und ab dem Zeitpunkt war mir klar, dass es dabei nicht bleiben darf.

Es klingt jetzt vielleicht verwegen, aber hat so ein Engagement für Sie etwas mit Gottesdienst zu tun?

DORFER: Ich glaube, es gibt zwei grundsätzliche Ansätze, so etwas zu tun. Der eine ist dunkel und der andere ist hell. Der erstere ist der Versuch, sein Gewissen zu beruhigen, quasi einen Ablassdienst zu zahlen.

Wofür?

DORFER: Naja, eben! Damit kommen wir zur zweiten Geschichte. Wenn es ein zu beruhigendes Gewissen gibt, und das scheint es ja hier zu geben oder scheint auch weit verbreitet zu sein, dann muss es etwas geben, woran das Gewissen erinnert. Das zu beruhigende Gewissen hängt mit dem Wunsch zusammen, oder eigentlich ist es so etwas wie ein Auftrag. Weil ich aus armen Verhältnissen komme und das nicht vergessen habe und genau weiß, was das für ein Schicksal ist oder was das für eine Lebenskraft erfordert für Mütter, die allein mit ihren Kindern und berufstätig durchkommen müssen, war es mir ein Wunsch, das zu beheben. Noch dazu, wenn für mich als Kabarettist oder als das, was ich halt mache, genau das meine Angriffspunkte sind.

Könnten Sie sich vorstellen, in Zukunft ein Stück zu schreiben oder ein Kabarettprogramm zu machen, in dem genau diese Fragen explizit vorkommen, die Sie jetzt angeschnitten haben?

DORFER: Ich denke, dass das unvermeidlich sein wird, weil ich glaube, dass seit dem 11. September die Welt sich verändert hat. Falsch – sie hat sich nicht verändert, es war schon so – nur der

11. September hat die Hand auf die Wunde gelegt, und man kann an dieser Diskussion nicht mehr vorbei. Ich glaube, dass sich jetzt eine Diskussion entwickeln wird, stetig, wie ein kleiner unterirdischer Bach, der im Positiven oder im Negativen – ich weiß nicht, wie es ausgehen wird – all diese Dinge hinterfragen wird, zum Teil auch die, die wir hier besprechen. Daher wird es meine Aufgabe sein, diese Ströme zu kanalisieren in einem Stück, sobald ich in der Lage bin, sie zu überblicken. Ich kann nur intuitiv sagen, was ich spüre oder was ich glaube, was sich anbahnen wird, und am Ende könnte – und jetzt kommen wir zur Hoffnung – eine positive Veränderung stehen.

HELMUT A. GANSTERER

AUTOR

„Jeder halbwegs gescheit sein Wollende muss sich überlegen: Wer hat meinen Lehm behaucht?“

Helmut A. Gansterer wurde 1946 in Neunkirchen in Niederösterreich geboren. Er studierte Wirtschaft in Wien, war Werbetexter, 1971 gründete er das Magazin „Economy“. Seit 1974 ist er Mitglied der Chefredaktion des Wirtschaftsmagazins „Trend“, ab 1977 war er auch Herausgeber. Seit 1997 ist Gansterer Koherausgeber des „Trend“, Autor und freier Publizist. Gansterer, mit Spitznamen „Edelfeder“, wurde mit zahlreichen journalistischen Preisen ausgezeichnet. 1988 veröffentlichte er das Buch „Tagebuch eines Kapitalisten“. „Das Lernen. Der Geist. Die Siege“ heißt ein Essayband von Helmut A. Gansterer, in dem er polemisch-herzerfrischend und originell einige Lebensweisheiten zusammengefasst hat.

Herr Gansterer, Ihnen sagt man als Herausgeber des „Trend“ nach, Sie würden die Redaktionsstuben des „Trend“ eher meiden und stattdessen lieber zurückgezogen in teuren Hotelbars oder auf Reisen schreiben. Zu allem Überfluss fahren Sie – wie ich – Motorrad. Uns Todesmutigen gilt ja der Satz: „Man soll mit dem Motorrad fahren wie ein Gott, sich aber nicht mit ihm verwechseln.“ Eine Frage an Sie: Sind Sie ein journalistischer Sonderling, dem die Alltagsroutine und die Gefahr nichts bedeuten?

GANSTERER: Erstens einmal glaube ich, dass alle Vorurteile irgendetwas für sich haben, speziell auch in meinem Fall. Wenn mich jemand als Sonderling oder als Exoten bezeichnet, dann fühle ich mich eher geschmeichelt, weil es ja eine Außenseiter- und damit eine Sonderposition ist. Das mit der Alltagsroutine ist so, dass ich sie zwanzig oder fünfundzwanzig Jahre lang brav, anständig, nicht immer sehr gut gemacht habe, aber jetzt tatsächlich froh bin, dass ich davon befreit bin, im Büro arbeiten zu müssen und dank der Hightech, die wir heute haben, auch, wenn es sein muss, auf dem Sattel einer Harley-Davidson oder in Duino bei Triest arbeiten könnte.

„Das Lernen. Der Geist. Die Siege" heißt ein in der Edition Va bene erschienener Essayband von Ihnen, in dem Sie polemisch, herzerfrischend und originell einige Lebensweisheiten zusammengefasst haben. Darin habe ich folgende Passage gefunden: „Wenn man erfolgreich sein will, muss man angstlos werden, genauer, die Angst vor dem Tod überwinden." Rein biografisch gefragt: Wie gelingt Ihnen das?

GANSTERER: Das gelang mir durch eine – wie fast alles im Leben durch Zufall entstandene – Liebe zu Asien, die bei mir ganz echt und ganz tief ist. Sie begann eines Tages in Hongkong. Durch einen Glücksfall war ich in der ersten Gruppe, die nach Tibet hineinkam, nachdem es zwanzig Jahre lang hermetisch abgeschlossen war. Durch sehr viele Asienaufenthalte seither habe ich einiges gelernt, darunter: Der Weg ist das Ziel! Das ist nicht zu verwechseln mit dem, was die Claudia Schiffer uns in dem Zusammenhang erzählt, sondern es besagt in Kürze folgendes: Befreie dich von den Rucksäcken der Vergangenheit – die Erinnerungen belasten dich eher, als dass sie dich weiterbringen. Befreie dich auch von den Rucksäcken der Zukunft – denn unsere Planungen werden auf einem immer ungenaueren Niveau immer präziser. Konzentriere dich auf die Gegenwart, so wie mein Freund Thomas Bubendorfer, der das extrem gut kann: Nur die Qualität des nächsten Schrittes zählt. Und wenn du das kannst, dann baust du deine Straße aus Jade. Und wenn die Straße aus Jade gebaut ist, ist sie so schön, dass es eines Tages egal gewesen sein wird, ob sie kurz war oder lang. So kommt es zu einer Beseitigung selbst der Todesangst, sagen die Asiaten. Das ist natürlich ein Ideal, aber wenn man das tatsächlich erreicht, dann hätte man die stärkste Bremse, die in unserem Leben da ist, gelöst.

Sie haben erwähnt, dass sich die eigentlich kreative Erfolgskraft nicht nach Lob, Tadel, Geld und Ruhm orientiert, sondern dass sie aus den eigenen Bedürfnissen, Fähigkeiten und dem eigenen Geist kommt. Sie nennen das aber erstaunlicherweise Egoismus. Warum?

GANSTERER: Erstens einmal, weil ich originalitätssüchtig bin. Ich weiß, dass die Leute sich aufregen, wenn man für den Egoismus spricht, genauso, wie man beispielsweise, was ich auch sehr gerne mache, für das Wort Elite spricht. Ich stehe zu beiden, habe aber natürlich meine ganz eigene, durchaus christliche Auffassung von diesen beiden Begriffen.

Nämlich?

GANSTERER: Z. B. Egoismus ist mir angenehm, wie es zuvor schon wesentlich gescheiteren Leuten angenehm war, z. B. Sir Karl Popper, der gemeint hat: Selbst das kleinste Lebewesen ist in jeder Sekunde seiner Existenz bemüht, seine Lebensumstände zu verbessern, selbst die Amöbe, hat er gesagt. Ich glaube, es ist ein völlig natürlicher Ansatz von uns Menschen, dass wir zunächst einmal schauen, unsere Lebensumstände zu verbessern, weil wir eingespannt sind in eine Art darwinistische Evolution, die ja heute niemand mehr so richtig ablehnen will. Ein zweiter Grund, die Egoisten ganz gern zu haben, ist meine Abscheu vor der Vielzahl der falschen Altruisten. Das sind die, die die alten Weiber über die Straße führen, ob sie wollen oder nicht.

Sie sagen: Wer erfolgreich sein will, muss einen gesunden Egoismus erwerben. Sie argumentieren da mit dem Urvater des Kapitalismus, Adam Smith, der die Selbstliebe als die fundamentale Triebkraft des Menschen ausgemacht hat. Aber da stellt sich die Frage: Wann ist ein Egoismus gesund und wann krank?

GANSTERER: Gesund ist es dann, wenn es natürlich ist. Wenn einer gelernt hat, mit sich aufrichtig umzugehen, weiß er in jeder Sekunde, ob er anständig oder unanständig unterwegs ist. Und ein gesunder Egoismus ist z. B. einer, der einen jungen Vater bewegt, Karriere zu machen, damit er seinem Kind eine höhere Ausbildung geben kann, der eine Mutter bewegt, vor ihrer Nachbarin das bessere Sonderangebot bei Billa zu bekommen, um das Kind preiswerter und zugleich qualitativ höherwertig zu ernähren. Das hat viele Ausprägungen, und ein jeder, behaupte ich, weiß in jeder Sekunde seines Lebens, wie er mit sich selber dran ist.

In Ihren Essays stellen Sie unter anderem die Frage, ob es im Wirtschaftsleben nicht profitabler sei, ein Schurkenleben zu führen und nicht zu den guten Menschen zu gehören. Das hat mich ein bisschen irritiert, denn ich habe in meinem Leben schon einige schurkisch handelnde Menschen kennen gelernt, und die waren alle der Überzeugung, dass das, was sie tun, gut ist, zumindest für sie. Wie ziehen Sie da die Grenzlinie zwischen Gut und Böse?

GANSTERER: Ich habe diese Frage rein rhetorisch gestellt und habe sie eindeutig beantwortet mit einem Satz, den ich meinem Großvater verdanke. Er war ein Bauer und Dachdecker, ein unglaublich lieber, tiefer, einfacher Mann. Der hat sinngemäß gesagt: Wenn wir ohnehin nicht wissen, welcher Weg zum Erfolg führt, können wir gleich den anständigeren wählen. Und zu diesem Schluss komme ich immer. Klaus Woltron, ein Mann, den Sie von einer Sendung über Motorräder kennen, die ich gehört habe, sagt gerne einen wunderbaren Satz (der aus seiner Zeit beim multinationalen Konzern ABB stammt): Auf kurze Sicht sind Schurken schwer zu schlagen, auf lange Sicht gewinnen die Anständigen. Das deckt sich vollkommen mit meiner Beobachtung.

Wenn ich Sie nochmals zitieren darf mit dem pseudobiblischen Satz „Manager und Unternehmer sind das Salz der Erde" – Sie meinen damit, dass Unternehmer den sozialen Frieden durch Wohlstand schaffen. Das ist so herrlich provokant, das muss man sich einmal auf der Zunge zergehen lassen. Aber im Ernst, das gilt doch erstens und mit Einschränkungen vielleicht für unsere industrialisierte westliche Welt. In Ländern des Südens finden sich etliche transnationale Unternehmen, die Ressourcen und Arbeitskräfte schamlos ausbeuten. Und zweitens müsste man doch sagen – wobei ich hoffe, Sie halten mich nicht für einen

Marxisten –, dass dabei übersehen wird, dass Unternehmer ja auch deshalb so erfolgreich sein können, wenn sie Kapital, Grund und Boden, Arbeiter und das dazugehörige Know-how, also das Wissenskapital haben. Halten Sie auf diesem Hintergrund an dem Satz mit dem Salz der Erde fest?

GANSTERER: Da sieht man, was ein einziges Wort für einen riesigen Unterschied machen kann. Ich habe geschrieben „sind ein Salz der Erde". Und das ist ein Riesenunterschied zu „das Salz der Erde". Mir imponieren beispielsweise Priester, Lehrer, Mütter, beladene Väter hundertmal mehr als jeder Manager und Unternehmer. Um das ein wenig klarzustellen: „ein Salz der Erde" insofern, als ich doch behaupte, es gibt nichts Sichereres als unseren sozialen Frieden, den wir wirklich genießen, als den Wohlstand. Wer das anzweifelt, der möge halt in jene Länder gehen, wo der Wohlstand nicht da ist, und dann sehen, dass die Menschen nicht dadurch besser werden, sondern eher schlechter, weil sie einen ganz anderen Kampf zu kämpfen haben. So ist das gemeint.

Ich möchte noch auf ein anderes Thema zu sprechen kommen. Sie haben in Ihrem Essayband geschrieben: „Heute gilt noch ‚Zeit ist Geld', deshalb versucht man, die Zeit schneller zu machen. Morgen wird gelten ‚Zeit ist Gold', deshalb wird man die Zeit langsamer machen." Das klingt so schön utopisch. Glauben Sie wirklich, dass sich ein langsameres Tempo in der Wirtschaftswelt durchsetzen wird?

GANSTERER: Ich glaube, ja. Wir haben, wenn wir die Geschichte genau studieren, etliche Zyklen reiner Geldgier und danach wieder mit Philosophie, einer gewissen Minimalruhe und dann wieder mit Krieg gehabt. Ich glaube, und ich werde das noch erleben, dass wir z. B. die Idylle, die heute als kitschig verlacht wird, durchaus wieder schätzen lernen werden. Ich denke, wir schwenken zurück in eine langsame Zeit, und das wird gar nicht mehr so lang dauern.

Ja, aber ist das im Wirtschaftsleben zu sehen und durchzusetzen? Hier gehen doch die Uhren anders. Es gibt ja immer noch schnellere Kommunikation. Es heißt, die Schnellen fressen die Langsamen, und ähnliche Glaubensdogmen, die hier verkündet werden.

GANSTERER: Ich glaube, ich bin in meinem ganzen Leben auf eine einzige wirklich gute Idee gekommen, und das ist die, die ich jetzt verrate: Ich glaube, dass die Menschheit gerettet werden kann (ich sage das jetzt übertrieben und spöttisch), wenn wir lernen: Immer weniger von immer Besserem. Damit die Wirtschaft funktioniert, muss unbedingt das Bruttonationalprodukt gleichauf bleiben, mit einer gleichen Steigerung, das ist eine nationalökonomische Gegebenheit. Wie erreichen wir das? Entweder, indem wir immer mehr von immer furchtbarerem Schrott erzeugen, oder immer weniger von immer Besserem. Ich glaube, dass hier „Immer weniger von immer Besserem" sowohl ökologisch als auch ökonomisch, ästhetisch und ethisch einfach die Lösung sein muss. Und etwas, das sein muss, wird auch eines Tages so kommen.

„Wer in Wirtschaft und Politik nach den Sternen greifen will, kommt ohne Glück nicht aus" – so heißt eine weitere These von Ihnen. Jemand, der das hört, wird sagen: No na! Aber No na-Thesen traue ich Ihnen eigentlich nicht zu. Was bedeutet Glück für Sie?

GANSTERER: Erstens danke ich für das Kompliment. Ich habe schon sehr viel Unsinn geschrieben und daher durchaus auch No na-Sachen. Aber ich glaube, dass gescheit und glücklich ein Mensch ist, der nichts erwartet, der seine Ansprüche ganz niedrig hält, sodass er, wenn dann das Glück tatsächlich geschenkt kommt oder wenn ihm von irgendeiner Seite geholfen wird, das immer als eine angenehme Überraschung empfindet und nicht, so wie die meisten Heutigen, die durch fünfzig Jahre Frieden und Wohlstand dekadent geworden überhaupt keine Frustrationstoleranz mehr haben, erwarten, dass ihnen alles geschenkt und geebnet wird, und die durch kleine Geschenke nicht erfreut, sondern enttäuscht werden.

Aber beim Glück, das einem geschenkt wird oder das man sich erarbeiten kann, wird vielleicht übersehen, dass es ja etwas geben muss, auf Grund dessen ich mir überhaupt etwas erarbeiten kann, auf Grund dessen ich überhaupt Glück erfahren kann. Ist Ihnen dieser Geschenkcharakter des Lebens auch bewusst, dass es also etwas gibt, ohne dass wir etwas getan haben?

GANSTERER: Es ist schon klar, dass diese durchaus nicht zu verspottende metaphysische Ebene einfach existiert. Jeder halbwegs gescheit sein Wollende muss sich ja überlegen: Wer hat meinen Lehm behaucht? Wo komme ich her? Wo gehe ich hin? Wer bin ich? All diese philosophischen und zum Teil religiösen Fragen stelle ich mir, bin aber da, wie ich zugebe, nachdem ich immer noch relativ pragmatisch bin, zu einem lauwarmen Ergebnis gekommen. Ich bin ungeheuer gerne Christ, weil ich durch meine Weltreisen draufgekommen bin, dass die Intentionen der Wüstenreligionen, also das Auge um Auge, Zahn um Zahn, diese alttestamentarischen grauslichen Angelegenheiten, die wir jetzt in New York wieder erlebt haben und wo ich befürchte, dass sie auch vice versa wieder ausgelebt werden, nicht nur grauenhaft und abstoßend sind, sondern mich auch langweilen.

Darf ich nur eine Korrektur anbringen: Alttestamentarisch kann man es eigentlich nicht nennen, bzw. war ja „Aug um Aug", also das Gesetz Mose, ein Fortschritt gegenüber der Vergeltung „Siebenmal siebzigmal werde ich dir vergelten". Das war ja eigentlich das Gesetz, also die Blutrache, und der Terroranschlag war in solche Kategorien nicht mehr einzuordnen.

GANSTERER: Wunderbar – da haben Sie schon ein Beispiel für einen glücklichen Tag, wie ich einen bezeichne. Jeder Tag selig, an dem du etwas dazugelernt hast! Habe ich nicht gewusst, ich danke vielmals, wunderbar. Ich schätze diese christlichen Gedanken und diese zwei Brennpunkte einer wunderbaren Ellipse, nämlich Liebe und Verzeihung, so, weil mich das Gegenteil einfach langweilt, es ist auch intellektuell nicht ergiebig, es ist nicht nur menschlich schöner, das, was wir haben, sondern es ist auch gescheiter. Ganz ein anderes Kapitel ist natürlich: Wie stehe ich dann letzten Endes zur Kirche, die als Bodenpersonal versucht, diese großen Gedanken herüberzubringen. Da will ich mich jetzt nicht aufhalten.

Ärgerlich?

GANSTERER: Nein, das ist zu viel gesagt. Ich kann mich nicht ärgern über etwas, was ich verstehe. Denn auf der anderen Seite verstehe ich durchaus, dass der Vatikan in Südamerika – mit seiner geradeheraus gesagt: Unmenschlichkeit – und in all diesen Fragen wie Empfängnisverhütung usw. so stur ist: Erstens haben sie damit zweitausend Jahre lang eine Macht aufrechterhalten, das hat kein anderer Organismus geschafft, und analog zu „Never change a winning team" arbeiten sie wahrscheinlich nach dem Satz „Never change a winning law" und haben damit rein pragmatisch Recht. Ich verstehe auch, dass sie am Zölibat festhalten, obwohl ihnen alle Priester untreu werden, den Frauen oder den Männern gegenüber. Ich weiß gar nicht einmal, welches von den beiden die größeren Probleme für den Vatikan sind. Sie halten daran fest, denn einer der Machfaktoren des Vatikans ist das viele Geld, das sie haben und das sie bekommen, weil viele Menschen den Priestern das Geld vermachen, damit sie auf dem Weg dieses Ablasses in den Himmel kommen. Und dieses Geld fließt, solange die Priester nicht verheiratet sind, nach Rom. Rein kapitalistisch gesehen haben sie damit Recht.

Dazu wäre vieles zu sagen, das sprengt natürlich die Dimension unserer Sendung. Die Frage ist nämlich, ob die Kirche so lange überlebt hat, weil sie Macht ausgeübt hat. Das ist eine Frage, die unentschieden ist, aber es ist eine Möglichkeit der Erklärung. Ich möchte aber trotzdem noch auf etwas anderes kommen: Sie zählen als Wirtschaftsjournalist zu den kreativsten Köpfen des Landes. Kreativität – so sagen Sie – ist ein Sieg über die Zeit, eigentlich über den Tod. Ist der Tod, der Sie und mich begleitet und den wir ständig auch kontrollieren und überwinden wollen, das Letzte für Sie?

GANSTERER: Das Schöne am Wort „Glauben“ ist, dass wir damit in einen Bereich geworfen werden, wo wir nicht mehr wissen können. Daher, so dachte ich mir, kann ich eigentlich gleich das glauben, was mir am angenehmsten ist. Ich halte es für ungleich intelligenter, an das zu glauben, was angenehmer ist, als an das, was unangenehm ist. Ich könnte mir wie Hieronymus Bosch das Leben nach dem Tod extrem grauslich vorstellen. Ich stelle es mir gerne als etwas vor, das weitergeht, ich bin einfach viel zu glücklich, als dass ich wollte, dass es abgeschnitten wird. Zweitens stelle ich mir ganz kitschig und kindisch gerne vor, meine alten Freunde, die mir vorangegangen sind, wieder zu sehen oder die Frauen, die man kennen gelernt hat im Leben, die vielleicht vor einem gegangen sind höflicherweise, was ja ganz selten ist und eher die Ausnahme, oder wenn es eines Tages so weit sein sollte, die Eltern und die Verwandten – das ist mir angenehm. Und dann denke ich mir, wird eine höhere Bewusstseinssphäre da sein, wir werden endlich das begreifen, was uns heute wahnsinnig macht. Wir können uns nicht vorstellen, dass einmal nichts war und nichts sein wird. Genau diese Randpunkte sind die Qual, die der Denkende hier auf Erden hat. Die Wahrscheinlichkeiten sind in beiden Fällen gleich.

Herr Gansterer, ich sehe, wir müssen einander einen Platz im Himmel – ich sage es jetzt einmal ganz naiv – warm halten. Ich danke für das Gespräch.

MICHAEL KÖHLMEIER

PHILOSOPH

„Die wirkliche Religion ist ein Hymnus an die Oberfläche"

Michael Köhlmeier, 1949 in Hard am Bodensee geboren, verbrachte seine Schulzeit in einem katholischen Internat der Kapuziner in Vorarlberg. Später studierte er Germanistik und Politologie in Marburg sowie Mathematik und Philosophie in Gießen und Frankfurt. Seine schriftstellerische Karriere begann Michael Köhlmeier mit Hörspielen, Features und Dokumentationen. Er erhielt zahlreiche Auszeichnungen, darunter den Manès-Sperber-Preis 1993. Seine Nacherzählungen der griechischen Sagen wurden zu Bestsellern.

Herr Michael Köhlmeier, in Ihrem Roman „Die Musterschüler" (1989) beschreiben Sie die ganz normale wölfische Brutalität, derer Menschen fähig sind. Das gilt nicht nur für dieses Internat aus den sechziger Jahren. Der Schüler Gebhart Malin schreibt auf eine Lateinarbeit eine Fünf, und um einer harten Kollektivstrafe zu entgehen, entscheiden sich die musterhaften Mitschüler, Gebhart Malin – wie sie sagen – in die Kinderstube zurückzuprügeln. 25 Jahre später legt einer der sieben in Ihrem Roman vor einem imaginären Inquisitor Rechenschaft ab, er sucht die damals beteiligten Schulkollegen zu einem Verhör auf und rollt das Geschehene neu auf. Herr Köhlmeier, auch Sie haben Ihre Schulzeit in einem katholischen Internat bei Kapuzinern verbracht. Da ich – was auf der Hand liegt – Autobiografisches vermute, interessiert mich die Frage: Waren Sie damals auf Seiten der Opfer oder der Täter?

KÖHLMEIER: Es hat ja nur ein Opfer gegeben und das hat niemand auf seiner Seite gehabt. Es wäre angenehm, zu sagen, ich habe mich neutral verhalten. Aber ich habe mich nicht neutral verhalten, also war ich auch mit auf der Seite der Täter.

Und das hat Sie beschäftigt?

KÖHLMEIER: Ja, das hat mich sehr beschäftigt. Das ist die älteste Geschichte, die ich habe und von der ich weiß, dass ich ein Buch darüber schreiben wollte, immer wieder. Zunächst war einfach die Frage, wie man selber mit so etwas umgehen kann.

Schuld?

KÖHLMEIER: Ja, natürlich mit Schuld umgehen kann. Das Allerschlimmste an dieser Selbsterfahrung – abgesehen davon, dass wir diesen Buben wirklich misshandelt und geprügelt haben – war, dass man sich – obwohl man es nicht wollte, aber in einem gewissen Punkt eben doch – einem Gruppenzwang unterworfen hat. Und es irgendwann einmal sogar, ab einem gewissen Zeitpunkt, ganz gern getan hat. Also gern heißt, es ist etwas Angenehmes, plötzlich sein eigenes Ich und damit seine eigene Verantwortung aufzugeben und wie in einer fremden Masse zu versinken und sich auch auszulöschen. Es ist beschämend, dass das etwas Angenehmes ist.

Denken Sie an Ihre Zeit in diesem katholischen Kapuzinerinternat zurück mit Zorn oder mit Mut, oder gibt es auch so etwas wie Dankbarkeit?

KÖHLMEIER: Dankbarkeit gibt es nicht, aber auch nicht Zorn und Verachtung oder Wut. Es ist eher so, dass ich mit schlechtem Gewissen zurückdenke, nicht allein wegen dieser Sache da. Das schlechte Gewissen ist die vorrangige Empfindung – ich weiß und wusste damals gar nicht, weswegen. Das ist ein ganz existenziell schlechtes Gewissen, das sagt: Du musst dir im Klaren sein darüber, dass es überhaupt nicht den geringsten Grund dafür gibt, dich in deiner Existenz zu erhalten. Und wenn, dann musst du das täglich und immer aufs Neue beweisen.

Stand das in Zusammenhang mit einer neurotisierenden Religiosität?

KÖHLMEIER: Das kann ich nicht beurteilen, wie das allgemein ist. Ich habe ein religiöses Elternhaus gehabt, zumindest eine sehr religiöse Mutter, die mich überhaupt nicht religiös neurotisiert hat. Deshalb war für mich auch ein gewisser Abkühlungs- und Schockmoment da – ich hatte Religion vorher überhaupt nicht als Religion erfahren. Diese himmlische Familie habe ich ähnlich erfahren wie unsere irdische Familie. Alle meine Fürbitten gingen über den Umweg der Mutter Gottes, genau so, wie halt zu Hause alle meine Bitten an meinen Vater über den Umweg meiner Mutter gingen. Für mich war die oberste Gottheit weiblich. Und das war die Mutter Gottes, und die war liebend für mich. Die war eine liebende Gottheit, genau so wie meine Mutter eine liebende Mutter war für mich. Und dass Religion oder Gott etwas sein kann, das einem ein schlechtes Gewissen einjagt – bis zur Empfindung der vollkommenen Nichtigkeit der eigenen Existenz –, das hatte ich vorher nicht erfahren.

Herr Köhlmeier, Sie beschreiben sehr eindrucksvoll in Ihren Nacherzählungen der griechischen Sagen die Schicksalsverflochtenheit der Menschen. Die Götter wie die Menschen zeigen sich darin als von Lust und Grausamkeit Getriebene, von Liebe und Hass Gebeutelte – ist Ihnen diese anthropomorphe griechische Vorstellung einer Götterwelt von Zeus angefangen, mit seinen Frauen und Kindern, sympathisch?

KÖHLMEIER: Vom poetischen Gesichtspunkt aus – natürlich! Vom religiösen Gesichtspunkt aus stellt sich diese Frage nicht, weil diese Götterwelt nicht Gegenstand meines Glaubens sein kann, also an diese Götterwelt glauben wir nicht mehr. Und ich natürlich genau o wenig. Mir hat immer gut gefallen, was Goethe auf die Frage nach seiner Vorstellung von Gott geantwortet hat: Er sagte, als Dichter sei er Polytheist, als Naturwissenschafter Pantheist und als moralischer Mensch Monotheist. Das kann ich sehr gut nachempfinden, ich glaube, das kommt der Sache ziemlich nahe.

Aber wie sehen Sie das Verhältnis zwischen dem griechischen Mythos und dem christlichen Logos? Letztere Gottesvorstellung beansprucht ja, kein Mythos zu sein und sich radikal abzuheben von allem, was vorher über das Göttliche ausgesagt worden ist.

KÖHLMEIER: Ob es ein Mythos ist oder nicht, ist eine Frage der Betrachtung. In der christlichen Religion, wahrscheinlich in jedem Eingottglauben, sind Religion und Moral unmittelbar verknüpft und nicht mehr trennbar: Gott ist auch das Gute. Das ist eine Einheit, die geht bis in das alltägliche Empfinden der Menschen hinein, sogar jener, die nur am Rande christlich erzogen worden sind. Das war bei den Griechen natürlich überhaupt nicht der Fall. Es gab keinen Gott, der für sich in Anspruch nehmen konnte bzw. in Anspruch nahm, dass er das Gute personifizierte. In der Regel hat jeder Gott seine ureigensten Interessen vertreten. Die griechischen Götter sind viel berechenbarer als der israelitische Gott, denn über das Wesen des Guten lässt sich unendlich diskutieren. Was aber eines Gottes oder eines Menschen Interessen sind, ist relativ begrenzt und überschaubar.

Aus welcher Quelle, würden Sie sagen, entspringt das Gute, das uns begegnet? Weshalb können wir überhaupt einander Gutes tun und uns aktiv gegen das Böse entscheiden, das ja auch theoretisch und praktisch in unserer Freiheit liegt?

KÖHLMEIER: Ich weiß es nicht. Die Frage ist interessant, weil sie meistens anders gestellt wird. Meistens wird sie so gestellt: Warum tut der Mensch Böses? Aber diese komplizierte Frage beginnt schon damit, dass man sich nicht einmal in konkreten Fällen bis ins Letzte einig ist, was gut ist. Man weiß, überall dort, wo die westliche Zivilisation – meinetwegen auch mit dem besten Willen, Gutes zu tun – eingegriffen hat, ist meist Verheerendes herausgekommen.

Es stimmt, dass man wahrscheinlich im Namen des Guten, wahrscheinlich jeder eigentlich nur im Namen des Guten ...

KÖHLMEIER: Aristoteles meint das ja!

... auch mordet, auch Krieg führt, auch andere vernichtet, das stimmt schon. Aber: Für mich z. B. ist es staunenswert, dass wir jetzt hier miteinander sitzen, miteinander sprechen können, das ist gar nicht so selbstverständlich. Sie und ich hier – wir erleben einen Moment, der nie mehr wieder kommt, in alle Ewigkeit nicht mehr wieder kommt. Wir können sagen: Es ist gut, dass es Zeit gibt. Und man könnte weiter fragen: Was ist dieses „es", das uns Zeit gibt?

KÖHLMEIER: Warum ist es etwas Gutes? Wollen Sie mich jetzt auf dem Hinterweg zu einem Gottesbeweis führen?

Ich finde es bedenkenswert. Ich möchte Sie nicht überrumpeln.

KÖHLMEIER: Nein, das tun Sie gar nicht, es ist eine ungewöhnliche Interviewführung, aber es ist auch ein Gespräch, gut so. Ich habe nur die Zeit irgendwie als Ausdruck des Guten nie so empfunden, muss ich sagen.

Wir haben natürlich einen Zeitrahmen für dieses Gespräch, die messbare Zeit ist wie ein Korsett. Aber dass wir überhaupt jetzt hier sind – wir kannten uns vorher nicht, und wir sehen uns vielleicht nachher nicht mehr –, ist etwas Einmaliges und etwas möglicherweise Staunenswertes.

KÖHLMEIER: Das ist jeder Augenblick letztendlich. Meine Tochter schreibt zur Zeit Aufsätze in Deutsch über den Sinn des Lebens, und ich habe mit ihr darüber geredet – und das darf ich da jetzt ein bisschen einfließen lassen, weil ich es sehr interessant fand. Sie haben in der Schule daraufhin festgestellt (jedenfalls hat mir meine Tochter das so berichtet), dass die meisten den Sinn des Lebens mit Wünschen an das Leben verwechselt haben. Diese Frage habe ich mir dann auch gestellt. Es ist ja ganz gut, wenn man jemand hat, eine Tochter oder einen Sohn, denn so blank stellt man sich diese Frage selbst kaum mehr. Aber ich frage mich ehrlich: Wann hat der Mensch das Gefühl, etwas Gutes getan zu haben? Ich habe ein verkorkstes Bild von dem Ganzen, weil immer dann, wenn ich das Gefühl habe, also wenn ich z. B. einem Bettler Geld gegeben habe, dann sagt diese Stimme in mir: „Jetzt bist du ein Pharisäer."

Weshalb?

KÖHLMEIER: Weil im Alten und Neuen Testament über diejenigen berichtet wird, die sich einbilden, etwas Gutes zu tun.

Aber an einer Stelle sagt doch Jesus: „Was ihr dem Geringsten meiner Brüder tut, das habt ihr mir getan."

KÖHLMEIER: Woher kommt das Gefühl und der folgende Gedanke, jetzt habe ich etwas Gutes getan, jetzt bin ich eigentlich ein Pharisäer und ein verlogener Hund. Diese ganze christliche Moral ist, so großartig dieses Gebäude ist, schon ein verzwicktes Ding. Und ein tolles Instrument, Leute unter dem Daumen zu halten. Meine Güte – die Feinde lieben. Ich glaube, das muss ein Bibelübersetzungsfehler sein. Ich weiß es nicht, aber ich glaube, es ist nicht möglich.

Könnte nicht das Gebot der Feindesliebe auf folgender Einsicht beruhen: Du bist zwar in einem Konflikt mein Feind geworden, aber könnte nicht etwas Größeres uns beide verbinden, nämlich das Menschsein – verweist die Feindesliebe eben darauf, dass es das Unrecht einfach zu töten gilt und nicht den Unrecht-tuenden.

KÖHLMEIER: Da interpretieren wir so lange herum, und am Schluss kommt heraus, dass in Wirklichkeit damit nicht lieben, sondern respektieren gemeint ist. Aber es heißt lieben und nicht respektieren. Das ist es. Es gibt Richtlinien für moralisches Verhalten, gut zu sein, die erfüllbar sind. Und es gibt Richtlinien und Gebote für moralisches Verhalten, die nicht erfüllbar sind. Bei den nicht erfüllbaren gibt es solche, die wir von vornherein als Absurdität ablehnen und deshalb gar nicht installieren in uns drinnen. Und dann gibt es solche, die wir doch installieren und deswegen ein ganzes Leben unter dem Konflikt leiden, es nicht erfüllen zu können. Und das ist – wie soll ich sagen, das vermutlich beste Instrument des Christentums, um die Herzen zu beherrschen.

Sie sehen das Christentum sozusagen als Knechtung.

KÖHLMEIER: Nicht nur – ich sehe es natürlich auch als ganz großen Kulturstifter.

Wer ist Jesus Christus für Sie persönlich? Ist das ein gescheiterter palästinensischer Revoluzzer, ein religiöser Freiheitskämpfer oder eine mythische Gestalt, die an der Gewalt und deren Mechanismen zu Grunde gegangen ist?

KÖHLMEIER: Wahrscheinlich alles zusammen. Aber das ist es nicht für mich. Jesus Christus ist nur als Symbol da, Sie könnten auch fragen: Wie halten Sie es mit der Religion, um es globaler zu machen. Und ich bin ein gläubiger Mensch, das heißt, mein Glaube reicht bis an die Lippenspitzen, von innen gesehen, und sobald er in Worte gefasst werden sollte, fallen mir hundert Gegenworte dazu ein, bin ich ein Agnostiker, ein trainiertes Kind der Aufklärung. Das berührt aber meinen Glauben in mir in keiner Weise, nur kann ich ihn nicht aussprechen, außer in der Poesie, in Umschreibungen.

Sagen Sie es in einem poetischen Bild!

KÖHLMEIER: Mir wäre lieber, ich würde Sie danach fragen. Ich kann es nicht. Vielleicht kann ich Ihnen sagen, dass der erste Schluck etwas Absolutes ist, wenn man viel Durst und lange nicht getrunken hat. Und jeder, der dieses Empfinden kennt, der so viel Durst hatte, dass es keinen anderen Gedanken mehr in seinem Kopf gab außer zu trinken, der weiß, dass er in diesem ersten Schluck sich selber auflöst. Aber ich sehe schon, ich kann es nicht in Worte fassen.

Ein Gott, der Mensch geworden ist, um zu zeigen, wie er den Menschen liebt, der seinen Sohn Jesus am Kreuz leiden sieht und sterben und auferstehen lässt – ist das für Sie ein geschichtsmächtig gewordener Mythos? Zählen Sie das zu den „großen Erzählungen" der Menschheitsgeschichte oder, bösartiger formuliert, ist das für Sie eine projektierte Geschichtsfälschung der Jünger Jesu, die das unerträglich Grausame nicht aushalten konnten?

KÖHLMEIER: Es hat etwas Vorbildhaftes und insofern etwas Mythisches. Das Mythische ist man gewöhnt als eine Vorstufe der Religiosität zu sehen. Das heißt, vom Magischen entwickelt sich der Mensch im Glauben zum Mythischen, und vom Mythos entwickelt er sich zum Logos, zur Religion hin. Aber das ist eine Behauptung. Der Mythos zeigt uns vorbildliches Verhalten, mögliches Verhalten.

Woody Allen hat einmal zu Protokoll gegeben: „Ich fürchte mich nicht vor dem Tod – ich möchte nur nicht dabei sein, wenn es passiert." Wie ist das bei Ihnen?

KÖHLMEIER: Ich fürchte mich schon. Rational würde ich sagen, ich fürchte mich vor dem Sterben. Jeder kennt furchtbare Todesarten, bei denen er sich denkt: So möchte ich nicht sterben. Aber das ist ja etwas anderes als die eigentliche Angst vor dem Tod. Die Vorstellung, dass das mir Vertraute und mein Ich – das ich mehr liebe als alles andere auf der Welt – nicht mehr sein könnten, diese Vorstellung ist unerträglich, es ist ein Skandal und schreit zum Himmel. Meiner Empfindung nach ist es nicht vorbei, aber inwieweit das nicht meine Wünsche sind, weiß ich natürlich nicht. Es ist nicht vorbei, natürlich nicht!

Sie sind mit der Schriftstellerin Monika Helfer verheiratet, haben auch zwei Kinder. Sprechen Sie mit Ihren Kindern über religiöse Fragen oder sagen Sie: Die sollen sich die Welt anschauen, die sollen auch alles kennen lernen, was es gibt, und dann selber nach ihrem Willen entscheiden.

KÖHLMEIER: Ja, ich denke beides. Ich rede auch gerne mit den Kindern drüber, weniger in einem belehrenden Sinn. Mein fünfzehnjähriger Sohn ist ein ungeheuer rationaler, klarer Kopf, der schon mit zwölf gesagt hat, er sei Agnostiker und auch verstanden hat, was er darunter versteht, als ich mit ihm darüber gesprochen habe. Mit ihm kann ich nicht über Religion reden. Mit meiner Tochter rede ich gerne über Religion, weil sie versteht, was ich darunter meine: Das ist nichts aus dem Staub des Alltags Erhabenes für mich, sondern im Gegenteil, das ist plan im Staub des Alltags sich Befindliches. Wo soll es denn sonst sein? Das Metaphysische ist entweder, dann ist es überall, und zwar wirklich überall, oder es ist nicht.

Es ist keine Welt hinter dieser Welt?!

KÖHLMEIER: Nein, es befindet sich auch nicht einen halben Millimeter über dieser Welt, sondern es ist in dieser Welt, und zwar in der Oberfläche. Ich glaube, dass die wirkliche Religion ein Lob, ein Hymnus an die Oberfläche ist. Das ist es, wir suchen immer hinter der Oberfläche!

In den Dingen selbst Gott auch entdecken, das ist ja etwas durchaus Christliches.

KÖHLMEIER: Danke, das ist nichts Christliches, das glaube ich nicht!

Es gibt das aber in der Form des Christentums auch – in allen Dingen Gott finden ...

KÖHLMEIER: Ich habe immer das Gefühl gehabt, die Kapuziner haben etwas anderes darunter verstanden.

Das kann sein, aber das Religiöse als eine Erfahrung dessen, was uns unbedingt angeht, wie z. B. unser heutiges Gespräch ...

KÖHLMEIER: ... auch wenn ich in der Nase bohre – es gibt nichts Banales. Ich glaube, das ist die vermutlich religiöseste und poetischste Erfahrung, die man haben kann, dass die banalste Tätigkeit, die banalste Erfahrung in nichts der so genannt erhebendsten Erfahrung – wie meinetwegen der Erscheinung der Mutter Gottes in Lourdes – nachsteht. Jetzt rede ich schon wie ein Pfarrer – so weit treiben Sie mich. Ich habe mir vorgenommen, bockig bei diesem Gespräch zu sein.

Herr Köhlmeier, ich sehe, es wird Zeit –

KÖHLMEIER: Ich bedanke mich für die Einladung!

WENDELIN SCHMIDT-DENGLER

LITERATURKRITIKER

„Worüber ich nicht zweifeln kann, ist der Zweifel"

Die Götterwelt der alten Römer fasziniert Österreichs wohl bekanntesten Literaturkritiker Wendelin Schmidt-Dengler (geboren 1942 in Zagreb, Kroatien). Er ist Leiter des Österreichischen Literaturarchivs an der Österreichischen Nationalbibliothek und Vorstand des Instituts für Germanistik an der Geistes- und Kulturwissenschaftlichen Fakultät der Universität Wien. Seine Schwerpunkte sind die Österreichische Literatur des 19. und 20. Jahrhunderts sowie die Deutsche Literatur des 18. Jahrhunderts und die Antikenrezeption seit dem Humanismus. Er ist u. a. Herausgeber der Werke, vor allem Tagebücher, Heimito von Doderers und Mitherausgeber der Werke Fritz Herzmanovsky-Orlandos, 1997 erschien in dritter Auflage „Der Übertreibungskünstler. Studien zu Thomas Bernhard".

Herr Professor Schmidt-Dengler, Sie sind Österreichs prominentester Literaturwissenschafter. Ihre Verrisse als Literaturkritiker sind gefürchtet, Ihr Lob wird wie ein Adel empfunden. Als studierter klassischer Philologe haben Sie an den Anfang ein griechisches Zitat aus dem Johannesprolog gesetzt: „En archee en ho logos", im Anfang war das Wort, das Wort war bei Gott, und das Wort war Gott. Einmal abgesehen von der Literaturgattung, was bedeuten Ihnen diese Worte?

SCHMIDT-DENGLER: Diese Worte sind mir tatsächlich durch den Ritus der Messe eingeprägt worden. Sie waren in mir da, ehe ich über die Worte nachdenken konnte, und das ist wohl etwas, was jede religiöse Erziehung irgendwie begleitet. Man hat vorher die Worte und dann später beginnt man nachzudenken, was diese Worte bedeuten können. Und was man am Anfang für eine Leerformel hält, das offenbart sich im Laufe des Lebens doch als etwas, woran man sich halten kann, bzw. etwas, was einem weiterhilft oder worüber man nachdenken muss. Und dass „im

Anfang das Wort" war, ist eigentlich das, was mein Leben irgendwie bestimmt hat. Denn ich habe mit Wörtern zu tun und bin eigentlich sehr froh darüber, dass ich es mit der Sprache zu tun habe, auch wenn sich die Sprache auf sehr verschiedene Weise mir in meinem Leben präsentiert hat.

Obwohl natürlich im Johannesprolog mit logos die Weltvernunft, die dann in Christus inkarniert ist, gemeint ist.

SCHMIDT-DENGLER: Wenn wir über religiöse Fragen nachdenken, dann läuft das, ob wir wollen oder nicht, über die Sprache. Und die Sprache setzt uns auch die Grenze in diesem Denken.

Sie haben sich sehr stark auch mit griechischen Texten befasst. Unterscheidet sich Ihre Sicht bzw. die Redeweise der Bibel über Gott, die sich ja als ein dynamischer Offenbarungsprozess versteht, von der Redeweise der Griechen mit ihrem anthropomorphen Götterhimmel?

SCHMIDT-DENGLER: Sehr stark. Ich glaube, dass diese Texte mir sehr viel an Verbindendem gezeigt haben, aber auf der anderen Seite doch auch an Trennendem.

Wo war etwas trennend z. B.?

SCHMIDT-DENGLER: Ich muss dazu sagen, dass mir die antike Religion sehr viel bedeutet. Ich kann das ruhig einmal sagen, vielleicht auch in einer Sendung wie dieser, ob bei einer ökumenischen Feier nicht durchaus einmal antike Götter drankommen könnten. Ich weiß, dass die großen christlichen Denker der ausgehenden Antike und des beginnenden Mittelalters immer gegen diese heidnischen Götter, contra gentiles, gewettert haben, aber auf der anderen Seite ist die antike Religion eine unerhört lebendige Religion, eine Religion, die ja später immer wieder auf merkwürdige Weise zumindest in der Literatur erneuert wurde, sei es in der Antike, sei es vor allem in der deutschen Klassik. Bei Goethe, bei Schiller hat man natürlich auch eine ganz heftige Kritik am Christentum, und ich glaube, man sollte diese Kritik von der Antike her ernst nehmen können.

Was fehlt denn dem Christlichen in diesem Fall? Wovon würde das Griechische noch sprechen?

SCHMIDT-DENGLER: Man könnte vielleicht diese schillersche Formel verwenden: „Da die Menschen Götter waren, waren Götter menschlicher." Man kann das auch umdrehen. Ich glaube, dass dieses Anthropomorphe nicht nur negativ zu sehen ist – der eine abstrakte, dahinter ruhende Gott –, sondern dass diese Emanation eines Gottes im Menschen etwas viel Persönlicheres sein kann. Ich denke hier vor allem an diesen einen Ovid-Vers „Est deus in nobis, agitante calescimus illo" – „Es ist ein Gott in uns, und wenn er sich regt, dann wird uns förmlich warm", den Hölderlin sehr schön nachgebildet hat. So geht mir also manchmal an dem christlichen Glauben doch das ab, dass für einen alles geopfert wurde. Es geht mir vielleicht auch diese Religionskritik ab, die wir bei Goethe etwa in der „Braut von Korinth" finden, wo es heißt: „Opfer fallen hier weder Lamm noch Stier, aber Menschenopfer unerhört", wo er also gewissermaßen das Lebensfeindliche des Christentums attackiert – und auf der anderen Seite eben diesen bunten Götterhimmel der Antike preist. Das ist ja eine Attacke, die wir dann auch bei Heinrich Heine finden und vielleicht auch viel später noch viel radikaler, mit dem Hammer ausgesprochen, bei Friedrich Nietzsche. Das bewegt mich schon. Ich will nicht sagen, dass das für mich die einzige Alternative ist. Ich glaube, man muss da heute auch dieses Gegeneinander wirksam werden lassen.

Sie haben schon Hölderlin angesprochen, einen ihrer Lieblingsdichter. Zwei Zitate, die Ihnen viel bedeuten in diesem Zusammenhang: „Ach, wir kennen uns wenig, denn es wohnt ein Gott in uns", und zweitens „An das Göttliche glauben nur die, die es selber sind." Ich will Sie jetzt nicht zu theologisch-dogmatischen Aussagen verführen, aber mich interessiert schon: Was verstehen Sie darunter, wenn vom Gott in uns und von der Identifizierung mit dem Göttlichen die Rede ist?

SCHMIDT-DENGLER: Das Ganze hat auch mit meiner wissenschaftlichen Biografie zu tun. Ich habe meine Habilitationsschrift über den Genius geschrieben. Und das ist die personale Gottheit der Römer. Meine Beobachtung war die, dass diese personale Vorstellung des Genius, des persönlichen Schutzgottes, durchaus nicht identisch ist mit dem, was wir heute als Genie bezeichnen. Genius meint viel mehr, eben diese persönliche Gottheit, die mich vom Anfang meines Lebens bis an dessen Ende begleitet. Ich glaube, dass hier ein sehr wesentliches Moment des Autonom-Werdens des Menschen dahinter steckt. Jenseits aller Aufklärung doch der Gedanke, das Göttliche in uns selber zu finden, und das hat man jetzt nicht auf dem Umweg über das Christentum, sondern auf dem Umweg über die Antike gefunden.

Also Gott wird Mensch, damit der Mensch Gott werden kann?

SCHMIDT-DENGLER: Damit der Mensch Gott werden kann. Hölderlin hat ja an bezeichnender Stelle in seiner Hymne „Brot und Wein" Christus als einen stillen Genius bezeichnet, und dasselbe haben Sie bei dem Romantiker Novalis in seinen „Hymnen an die Nacht", wo ebenfalls ein Genius auftritt, der mit Christus identifiziert werden kann. Dieser Synkretismus, den man in der deutschen Klassik nachweisen kann, gehört für mich zu den aufregendsten Ereignissen der deutschen Geistes- und Kulturgeschichte.

Was glauben Sie, wenn Sie den Satz sagen „Ich glaube an Gott"? Ist das für Sie ein persönlicher Gott?

SCHMIDT-DENGLER: Meine Beschränktheit reicht so weit, dass ich keinen anderen Gott als meinen persönlichen Gott annehmen kann. Ich habe ganz große Schwierigkeiten mit dem Wort Glauben, ich habe große Schwierigkeiten mit dem Wort Gott. Das hängt vielleicht auch damit zusammen, dass ich Philologe bin, und es ist vielleicht auch die von Wittgenstein herkommende Skepsis der Möglichkeit, über diese Dinge zu reden. Und die möge ernst genommen werden. Es ist also nicht eine Form von Religionslosigkeit oder Pietätlosigkeit. Mir läuft es manchmal kalt über den Rücken und ich bekomme Gänsehaut, wenn so emphatisch ein Glaubensbekenntnis kundgetan wird. Zum anderen aber ist mir völlig klar, dass wir diese Empfindung haben und diese Empfindung haben müssen oder haben können. Und ich halte es für verfehlt, wenn wir uns darum herumdrücken wollen. Aber wenn ich eben einen persönlichen Gott annehme, so ist mir das eine – wenn ich so sagen kann – sehr entgegenkommende Vorstellung, ein Eudämonismus, wenn man so sagen kann, ein guter Dämon geleitet mich. Da bleibt natürlich sehr viel noch draußen, eben das Böse in der Welt. Wer ist es, der dieses Böse versorgt? Gibt es auch den Genius malus, diesen bösen Dämon, der hinter mir sitzt und mich verfolgt? Das sind sehr weitreichende Fragen, und ich glaube, das Große an der deutschen Literatur dieses Zeitraums war es, dass sie versucht hat, diese Vorstellung noch zu bebildern und ihr in der Literatur die verschiedensten Prägungen, Anschaulichkeit zu verleihen.

Allerdings auch mit der Verfänglichkeit: In dem Moment, wo ich dem ein Bild gebe, projiziere ich etwas, natürlich aus mir heraus. Weil Sie das Böse gerade angesprochen haben – wir sind eben zum Guten und zum Bösen fähig.

SCHMIDT-DENGLER: Das ist leider eine Tatsache, die durch die Französische Revolution allen Optimisten der deutschen Aufklärung, der deutschen Klassik nur allzu schroff bewusst wurde. Und das kann man auch sehr schön zeigen, wie sich dieses Gottesbild gewandelt hat und an Stelle einer positiven, göttlichen Immanenz auch eine negative angenommen wird. Dieser Wandel zum Pessimismus bei Büchner, bei Heine, bei Grabbe ist auch so ein erregender Vorgang. Und wir würden ihn gerne rückgängig machen.

Sie haben gesagt, dass die religiösen Gefühle der anderen – interessanterweise – Ihnen heilig sind. Das hat mich hellhörig gemacht, weil ich mir gedacht habe: Heißt das, Sie respektieren die religiösen Gefühle der anderen, bleiben aber sozusagen, was Sie persönlich betrifft, in einer Aphasie, in einer religiösen Sprachlosigkeit? Oder haben Sie da Vorbehalte?

SCHMIDT-DENGLER: Natürlich habe ich mir gegenüber selber Vorbehalte, weil ich auch meinen Gefühlen nicht traue. Man entdeckt manchmal an sich verwegene Gedankengänge, denen man nachläuft, und dann plötzlich merkt man, das geht so nicht. Aber das Verächtlichmachen der Religion des anderen oder der anderen oder der religiösen Gefühle, das führt zum Widerstand, und zwar auch zum berechtigten Widerstand jener, die sie hegen.

Und die eigenen religiösen Gefühle – sind die zu intim in einem gewissen Sinn?

SCHMIDT-DENGLER: Ich tu mir ehrlich schwer, mich darauf sprachlich einzulassen. Ich bin kein Mystiker, denen ja diese Sprache zum Teil gegeben ist, die diese Momente haben, wo das Herz sich ausspricht und wo die Zeit stille steht. Diese mystischen Momente, von denen Wittgenstein und Robert Musil gesprochen haben, an den interessantesten Stellen ihrer Werke, sind mir irgendwie fremd, diese Momente einer plötzlichen Epiphanie, obwohl ich sie manchmal irgendwie zu spüren vermag. Aber ich würde mich nicht darüber äußern, da reicht meine Sprache nicht hin. Es ist etwas tatsächlich Intimes, darüber zu sprechen, und diese Intimität möchte ich mir, so lange ich irgendwie kann, auch bewahren. Auf der anderen Seite kommt man natürlich selber in Zweifel. Und der Zweifel ist, ich würde fast sagen, eine der größten Tugenden, die wir haben. Augustinus, der ja auch nach Gottesbeweisen sucht, hat einmal gesagt: Worüber ich nicht zweifeln kann, ist der Zweifel – de dubitando dubitare non possum. Also am Zweifeln kann ich nicht zweifeln. Und er leitet dann in einer unerhört faszinierenden Weise eine gewisse Gottesgewissheit ab. Das hat mir schon eingeleuchtet. Das ist ja auch ein Punkt, den sogar Descartes von Augustinus übernommen hat. Das sind wohl sehr erregende Vorgänge in unserer Geistesgeschichte, und das bewegt mich schon, dass es diesen einen Punkt einer gewissen Sicherheit gibt. Aber sonst wage ich über solche Sicherheiten nicht zu sprechen. Sie kommen mir sehr unsicher vor, und ich glaube, dass ich mit meinen fragenden Zweifeln zumindest für mich selber oder mit mir selber besser umgehen kann.

Probieren wir es einmal über die Literatur. Wie Sie wissen, gab es im 20. Jahrhundert noch einige Dichter, die lange Jahre als so genannte christliche Schriftsteller galten. Ich nenne jetzt Marie-Luise Kaschnitz, Reinhold Schneider, Gertrud Fussenegger. Reinhold Schneider hat einmal an einem Radiogespräch mit Gottfried Benn zum Thema „Soll die Dichtung das Leben bessern?" teilgenommen. Während Benn den Standpunkt vertrat, nein, sie verändere nur, meinte Reinhold Schneider: „Der christliche Dichter muss das Antlitz der Geschichte aushalten, weiß aber auch, dass er der Welt nicht helfen kann. Vielleicht ist es den Dichtern gegeben, den Menschen zu stellen für den Biss des himmlischen Jagdhundes, dass er Trost von Gott erfahren kann." Sehen Sie heute zeitgenössische Schriftsteller, die das Gespür für diese religiöse Existenz des Menschen wach halten?

SCHMIDT-DENGLER: Das ist eine sehr schwere Frage. Zunächst einmal zum Gespräch Benn/Reinhold Schneider. Ich bin hier auf der Seite von Reinhold Schneider. Ich habe immer meine Schwierigkeiten mit Gottfried Benn gehabt, der so elegant seine Desperation zu besingen wusste. Auf der anderen Seite sehe ich gerade in diesen Autoren, die auslöschen – und wenn ich das Wort Auslöschung verwende, denke ich natürlich an einen ganz großen Dichter, nämlich an Thomas Bernhard, ohne Bernhard jetzt zu einem religiösen Dichter stempeln zu wollen –, jemanden, der von diesen Fragestellungen auch ausgegangen ist. Was dabei herausgekommen ist, sind meistens dunkle Töne, schwarze Töne. Aber für mich war eben diese Dunkelheit, diese Radikalität oft viel überzeugender als diese schwachen Hoffnungsschimmer, die uns christliche Literatur manchmal noch gelassen hat. Ein Leben ohne Hoffnung – ich sage das jetzt fast etwas blasphemisch – kommt mir fast leichter vor als ein Leben mit Hoffnung. Nicht zuletzt deshalb, weil ich vielleicht dann für mich gerade noch einen Punkt finde, der eben nicht das Dunkel hat. Sagen wir, Bernhard übermalt alles, und für mich bleibt dann noch ein ganz lichter Fleck.

Bleibt da so etwas wie ein provokanter Therapieansatz? Es geht ja letztlich darum, dass du selbst das Hoffnungsvolle oder die neue Welt erschaffst, wenn man so will.

SCHMIDT-DENGLER: Diese radikalen Autoren wie Thomas Bernhard oder Beckett oder, wenn Sie so wollen, auch Ingeborg Bachmann, die ja sehr weit gegangen sind in ihrer Kritik, haben mir mehr geholfen als alle jene, die mich behutsam bei der Hand nehmen und mich bessern wollten. Diese Besserungswünsche – von Albert Schweitzer angefangen bis in die Gegenwart – haben immer meinen Widerspruch geweckt. Das ist vielleicht auch für mich der Umweg gewesen, da ich wahrnehmen musste, zumindest in meiner Schulzeit, dass mir so eine Art Feindschaft gesetzt zu sein schien zwischen der katholischen Kirche und der Literatur. Goethe war ja fast so etwas wie ein Schandmal in der Literatur, es gab den Index, es gab Nietzsche und diese Dinge. Das hat mich schon wohl sehr gereizt, wenn man Dichter nach dem Dogma beurteilt hat. Und ich möchte sagen, dass unter Umständen gerade für eine lebendige Religion man der Literatur viel mehr ablesen kann als den Sätzen des Dogmas. Ich glaube, dass da die Dichter doch faszinierende Spuren gelegt haben, Spuren, denen wir folgen können.

Sie haben in einer Würdigung Elias Canettis ein Buch von ihm genannt, das Ihnen am liebsten ist. Es heißt „Der Ohrenzeuge", und darin zeichnet Canetti fünfzig Charaktere nach, die hauptberuflich mit dem Wort zu tun haben. Ich greife einen heraus, den Gottprotz. Canetti sagt über diesen Menschentyp: „Was immer er unternehmen will, Gott unterschreibt es. Wenn er zornig ist, droht er mit Gottes Worten, er macht das Wort Gottes zur Munition." Die Zahl der Gottprotze scheint in den letzten Jahren zwar etwas abgenommen zu haben, aber unverkennbar gibt es sie unter den christlichen Predigern, Priestern, Bischöfen. Wenn Sie heute in eine katholische Messe gehen, wie geht es Ihnen da mit der Predigt und den Predigern?

SCHMIDT-DENGLER: Ich habe von früh auf ein gestörtes Verhältnis zu Predigten gehabt. Zunächst einmal, wie ich klein war, habe ich sie nicht verstanden. Und wenn ich so arrogant sein darf: Wie ich dann älter wurde, habe ich mich oft über die Predigt erhoben, da war mir das dann oft zu wenig. Es gibt natürlich schon solche Predigten, die faszinierend waren, von der Rhetorik und so, aber mir war die Strafgebärde, die Drohgebärde, die da oft zum Tragen kam, etwas zu viel. Da habe ich mir gedacht, da fühle ich mich nicht betroffen oder es hat mich doch zu stark in meinem Selbstverständnis gebrochen, vielleicht mit Recht, mag sein. Zum anderen gibt es auch diese betulichen Behutsamkeitsprediger, wo man sagt: Es wird euch schon nichts geschehen – nach dem anzengruberschen Motto „Dir kann nix g'schehn". Es waren auch diese Versicherungen auf die Ewigkeit, wo man also beschwichtigt. Ich halte die Predigt für ein ganz wichtiges Instrument und für eine kulturgeschichtlich unerhört bedeutende Tatsache. Mir selber aber haben Predigten nie besonders zugesagt, abgesehen davon, dass viele auch sehr langweilig gepredigt haben, das wird man auch sagen müssen. Aber das war nicht der Ort. Mich hat eigentlich mehr die Geste, der Ritus, das Gleichbleibende und dann das gelesene Wort, das Evangelium, fasziniert. Das waren die Punkte, an denen ich mich festhalten konnte, die mir gefallen haben, also die Bewegung am Altar, die Geste, die Symbolik, die da dahinter steckt.

Warum war das so faszinierend für Sie?

SCHMIDT-DENGLER: Zunächst einmal war das für mich ein Geheimnis. Was geschieht hier? Deswegen bin ich auch Ministrant geworden, weniger aus Glaubensgründen. Ich glaube auch jetzt noch, dass diese Abläufe der Messe durchaus mehr sind als eine bloße Form oder Erfüllung eines Rituals, sondern in dieser Form gibt es eine gewisse Geborgenheit. Und diese Geborgenheit des canon missae möchte ich durchaus nicht vermissen. Peter Handke hat ein Werk „Die Wiederholung" genannt, womit er ja auch ganz deutlich auf diese Macht des simili modo – auf ähnliche Weise – anspielt. Das heißt, diese Kraft der Wiederholung ist etwas, das nicht nur primitiv und naiv ist, sondern tatsächlich unserem Leben Halt zu geben vermag. „Halte Ordnung, und die

Ordnung wird dich halten", sagt Augustinus für die Dinge des alltäglichen Lebens. Ich glaube, dass die Messe als etwas im Raum steht, das uns immer wieder begeistern kann, und ich vermisse sie heute manchmal.

Noch einmal abschließend Canetti zitiert: „Ich verfluche den Tod, ich kann nicht anders, und wenn ich darüber blind werden sollte, ich kann nicht anders. Ich stoße den Tod zurück. Würde ich ihn anerkennen, ich wäre ein Mörder." Canetti widersetzt sich dem Skandalon des Todes. Der Tod ist ja das ultimative Problem, nämlich dann, wenn man sich seiner Individualität bewusst wird. Warum gibt es mich persönlich? Welche Rolle spiele ich im Konzert des Lebens? Was wäre da Ihre persönliche Antwort darauf?

SCHMIDT-DENGLER: Zunächst einmal: Den Kampf gegen den Tod verlieren wir sicher, das ist klar. Auch Canetti hat ihn verloren, so bedauerlich das für ihn oder für uns ist.

Aber er hat zumindest dieses Gespür gehabt, dass er mehr ist, als was seine biologische Existenz hier ausmacht?!

SCHMIDT-DENGLER: Das mag sein, aber vor allem, dass er sagen kann: Ich kämpfe gegen den Tod. So schrecklich das klingen mag, er ist im Leben drinnen, also media in vita in morte sumus. Wir sind mitten im Leben im Tode, und eine gewisse Gewöhnung an dieses Denken ist nicht das Schlechteste. Ich glaube, wir lernen dann das Leben erst richtig schätzen.

Aber die Endperspektive, die Anfreundung mit dem Tod, ist ja auch etwas durchaus Religiöses, das kommt immer wieder vor. Aber das dient ja nicht dazu, den Tod heilig zu sprechen.

SCHMIDT-DENGLER: Nein, den Tod würde ich auch nicht heilig sprechen. Es ist aber sicher die Grenze, die meinem Erkenntnisvermögen gesetzt ist. Das ist für mich völlig klar. Was nachher ist, darüber kann ich wirklich nichts sagen, und will ich auch nichts sagen. Nur glaube ich, je besser wir diese Begrenztheit unserer Existenz erfahren, desto leichter tun wir uns im

Leben, eben nicht zu glauben, dass wir Monumente gestiftet haben, die dauerhafter als Erz sind. Wir müssen diese Vergänglichkeit in Kauf nehmen, und das ist vielleicht das, womit wir uns vielleicht eher abfinden können. Diese Diesseitigkeit, zu der ich mich auch bekennen möchte, fast im Sinne des Achill, der lieber ein Taglöhner wäre als der Fürst der Schatten, kommt mir als ein sehr schönes Lebenskonzept vor.

Zum Abschluss noch in etwas seichtere Gewässer. Zwei bis fünf Prozent der Österreicher lesen Literatur. Das sind zwei- bis vierhunderttausend Leser. Sie haben einmal darauf hingewiesen, das ist mehr als bei einem Fußball-Bundesligaspiel. Sie lesen und sind zugleich begeisterter Fußballanhänger, namentlich Rapid-Fan. Ich nehme nicht an, dass Rapid für Sie eine Religion ist, auch wenn die Begeisterung, die Ekstase vom Religiösen der Verbundenheit unter der Fangemeinde lebt. Weshalb fasziniert Sie dieser Sport?

SCHMIDT-DENGLER: Das ist sehr einfach zu erklären. Ich glaube, dass Fußball die ideale Mischung von Teamwork und Einzelleistung ist. Man hat das nie so deutlich vor sich, dieses Dramatische, das unser ganzes Leben bestimmt, durch die Einzelleistung etwas zu erreichen, aber ohne das Team auch nichts erreichen zu können. Und dieses Ineinander einer Sportart, die ich körperlich überhaupt nicht beherrsche, enthält für mich tatsächlich das Drama des Lebens: sich durchsetzen zu müssen, laufen zu müssen, am Ball zu bleiben und am Ende doch dem Gegner fair die Hand zu schütteln.

FUGE 3

MOMENTAUFNAHMEN VON GOTT UND DER WELT

„Geblieben ist mir die Ehrfurcht vor einem so genannten Heiligen Geist, der mir die Dinge einflößt." – *Friederike Mayröcker*

„Jede Kunst, wahrscheinlich die Musik am stärksten, ist imstande, Schleusen zu öffnen, weil sie einen subversiv erreicht durch Eingänge, die nicht mit dem Intellekt verknüpft sind." – *Nikolaus Harnoncourt*

„‚Gott ist die Liebe' war mir von der ganzen christlichen Lehre das Verständlichste und das Klarste." – *Erika Pluhar*

„Es gibt keinen reineren Stoff als die Liebe." – *André Heller*

„Die Quelle der Freude ist Gott." – *Bijan Khadem-Missagh*

„Die Sehnsucht ist ein Elementarantrieb in meinem Leben, die Sehnsucht nach dem Geheimnis im Leben." – *Veronica Ferres*

„Nur an einer stillen Stelle legt Gott seinen Anker an. Aus der Stille heraus gibt es dann auch Hilfe." – *Martin Schwab*

„Ich glaube daran, dass das, was von uns übrig bleibt, nachdem der Körper verfallen ist, in irgendeiner Form weiter besteht." – *Hilde Zadek*

FRIEDERIKE MAYRÖCKER

SCHRIFTSTELLERIN

„Wenn der Geist nicht da ist, dann geht überhaupt nichts"

Von Gedichten über experimentelle Prosa, von Romanen, Hörspielen, Bühnentexten bis zu poetologischen Aufsätzen reicht das Werk von Friederike Mayröcker. Ihre berufliche Laufbahn begann die 1924 in Wien Geborene als Englischlehrerin an Wiener Hauptschulen. Bereits 1946 erschienen erste Gedichte in der Wiener Avantgardezeitschrift „Plan". 1969 ließ sie sich vom Schuldienst beurlauben, um sich ganz dem Schreiben widmen zu können. Von ihrem ersten Buch mit Prosaskizzen und Miniaturen unter dem Titel „Larifari" bis zum heuer erschienenen „Requiem für Ernst Jandl" ist Friederike Mayröcker eine Sprachsucherin mit heiligem, akribischem Ernst. Mayröcker lebt in Wien und war bis zu dessen Tod mit dem Dichter Ernst Jandl in einer Lebensgemeinschaft verbunden.

Friederike Mayröcker, Ihre Wohnung ist legendär. Wenn man sie betritt, dann stolpert man über Geschriebenes und Gedrucktes in Wäschekörben, Kartons und an die Wand Gepinntes – ein genialisches Chaos, in dem nur Sie sich zurechtfinden. Es heißt, das seien lauter Fundsachen, aus denen auch Ihr Schreiben besteht – ich erinnere etwa an die Buchreihe „Magische Blätter". Sie sind ja eine Sprachmagierin und schreiben quasi in einer privaten Wildnis. Ist das Ausdruck Ihrer Lebenssicht?

MAYRÖCKER: Also, um zu schreiben, brauche ich sehr, sehr viel Material, um dann aus dem vielen Material das Wenige herauszukristallisieren. Das heißt, das Material um mich herum muss ungeheuer sein, und daher auch die Ansammlung von so viel Papier und Notizen. Ich habe das Gefühl, ich darf nie ohne Notizenvorrat sein, darum ist mir auch erspart geblieben das unangenehme weiße Blatt vor mir.

Wonach wählen Sie aus, womit Sie sich umgeben, was suchen Sie da?

MAYRÖCKER: Ich suche Material, das mich anregt, erregt, wo ich einen gewissen Zauber finde. Man kann auch sagen, das ist etwas, was außerhalb des Normalen ist, außerhalb des Gewöhnlichen ist. Ich könnte also z. B. nie etwas machen, das eine Art Erzählabfolge darstellt. Ich arbeite eben manchmal, das habe ich jedenfalls früher gemacht, bis zur Erschöpfung, weil ich genau weiß, wenn ich am nächsten Tag das Zeug anschaue, ist es leblos, hat den Reiz, den Zauber verloren, und ich schau's an und denk mir: Das ist überhaupt nichts, mit so was kann man nichts anfangen.

Sie haben einmal gesagt: Alle Lebens- und Todesangst ist nicht mehr zu trennen von der Schreibangst, die immer gleichzeitig eine Angst vor dem Schreiben und eine Angst um das Schreiben ist. Wie hat denn Ihr Schreiben angefangen, wann hat Sie die Sprache erstmals gepackt?

MAYRÖCKER: Naja, die Sprache hat mich eigentlich gepackt schon als Schüler, wenn ich einen Aufsatz schreiben sollte. Da war ich ganz begeistert, und die eine Stunde war mir immer zu wenig, diese Aufsatzstunde. Und dann später hat es einen Pfingsttag gegeben, das ist ganz eigenartig, so symbolhaft, aber es war wirklich so, Pfingstsonntagmorgen 1939, noch in der elterlichen Wohnung natürlich, ich war ja erst 14 oder 15. Und da hat man hinunterschauen können in einen Abbruchgarten, Abbruchhof. Da hab ich in diesem Hof, wo auch Gebüsch war, plötzlich gesehen, dass aus einem Gebüsch ein Feuer gekommen ist. Ein Strauch hat plötzlich Feuer gefangen. Ich konnte aber nicht sehen, woher dieses Feuer plötzlich gekommen ist, und da habe ich so ein Buch gehabt, mit der Hand hinein zu schreiben. Da hab ich diese ersten Aufzeichnungen aufgeschrieben von diesem brennenden Strauch. Das war eigentlich so das erste Aug-in-Auge mit dem Magischen, mit dem Unerhörten, mit dem Unglaublichen, mit dem auch vielleicht Religiösen, das kann ich jetzt nicht sagen. Ich war natürlich von zu Hause schon in einer gewissen Religiosität erzogen, nicht kirchenstreng, aber doch immerhin mit Nachtgebet und hie und da einmal auch Beichte, Kommunion usw., was ich aber dann sehr bald abgelegt habe. Geblieben ist mir die Ehrfurcht vor einem so genannten Heiligen Geist, der mir die Dinge einflößt. An das glaube ich ganz fest. Ohne diesen Geist kann ich nichts arbeiten, wenn der Geist nicht da ist, dann geht überhaupt nichts.

Heiliger Geist ist für Sie sozusagen eine Kraft, die sich durch Ihre literarische Suche zieht?

MAYRÖCKER: Ja, ja!

Und das Staunen ein Stück weit der Anfang des Schreibens?

MAYRÖCKER: Nein, nicht so sehr das Staunen, das ist es nicht. Ich weiß ja ungefähr, was da herumliegt und so. Sondern es ist etwas anderes. Ich hab das auch beschrieben in vielen meiner Prosabücher, ich glaube besonders in der „Lection", dass man ja da am liebsten niederfallen möchte und Dankgebete ausstoßen möchte, dass es wieder einmal geht. Man ist natürlich in einer ungeheuren Aufregung oder Erregung während des Schreibens, und das hat mich gesundheitlich ziemlich kaputt gemacht. Ich habe dann ganz hohe Blutdruckwerte bekommen und musste mir dann doch Zügel auferlegen, was mir gar nicht gefallen hat, weil, wie gesagt, wenn ich das aufgeschoben hab auf den nächsten Tag oder übernächsten Tag, dann war dieses, was einem den Atem geraubt hat, weil es so ungeheuer war, eben weg. Dann war das nur bloßes Papier und sonst nichts.

Ich habe den Eindruck – korrigieren Sie mich, wenn es falsch ist –, dass Ihr Leben eigentlich im Schreiben besteht und dass Ihre Biografie, Ihre eigene Lebensgeschichte im Schreiben verborgen wird. Kann das damit zu tun haben, dass für Sie Ihr Leben oder das, was Sie in Ihrem Leben bewegt, etwas Heiliges ist?

MAYRÖCKER: Ja, man hat natürlich eine gewisse Hemmung oder eine gewisse Angst, dieses Wort „heilig" überhaupt zu gebrauchen. Aber da ist sicher irgend so etwas da. Ich hab mir ja immer verbeten, meine Biografie unter die Leute zu bringen. Ich habe immer gesagt: Ich habe keine Biografie, sondern ich bestehe auf meiner Biografielosigkeit, für mich gilt nur die Bibliografie. Also nur das, was ich gearbeitet hab, ist für mich wichtig und sollte auch für andere wichtig sein. Natürlich lässt sich dann einiges von meinen Dingen, die vielleicht ein bisschen hermetisch sind, wenn man so will, obwohl ich dieses Wort auch nicht sehr mag, aus dem Biografischen, wer gut schauen kann, herauslesen. Aber die meisten können nicht gut schauen und glauben nur: Aha, jetzt ist Ernst Jandl gestorben z. B., und jetzt schreibt sie also nur ein Requiem. Aber das ist ja nicht nur so, sondern da gibt es ja viele andere Stränge und Adern und Bahnen und so weiter, und das kann man ja auch gar nicht ... Darum bin ich auch so gegen das biografische Nachschnüffeln, weil es kommt was ganz Falsches heraus.

Hm – ich wollte Sie eigentlich fragen, wer Ernst Jandl für Sie als Lebensgefährte war, aber jetzt habe ich natürlich auch Angst vor dem „Schnüffeln".

MAYRÖCKER: Nein, das kann ich schon mit ein paar Worten sagen: Ernst Jandl war einfach die Basis meines Lebens, nicht unbedingt die Basis meines Schreibens. Seit Ernst Jandl tot ist, ist mir die Basis entzogen, und das Leben ist sehr viel schwerer geworden.

Inwiefern Basis entzogen?

MAYRÖCKER: Ernst Jandl war sehr viel für mich, er war nicht nur Lebensgefährte, das kann man nicht sagen, wir haben ja nicht zusammen gewohnt. Er war eigentlich Freund, Helfer, Bruder – alles eigentlich. Und es war auch eine Art Ersatz meiner Eltern, die ich sehr lange gehabt hab, meine Eltern sind sehr alt geworden. Und das Sterben meiner Eltern, der Tod der Eltern war für mich eine schwierige Sache. Und er hat mir da sehr geholfen. Jetzt natürlich habe ich niemanden, der hilft, außer ich helf mir selbst durch das Arbeiten.

Im Februar 1998 hat Ernst Jandl in der Sendung „Logos – Theologie und Leben" gesagt, in seinen letzten Lebensjahren beschäftige er sich neu mit Gott: „Wenn der Mensch am Schluss oder gegen Ende seines Lebens oder wann immer wiederum den Zustand erreicht, dass Gott für ihn da ist, dann ist alles, was dazwischen war, soweit es sich auf Gott oder seinen Unglauben bezieht, belanglos geworden. Dann ist Gott wieder da, so wie er am Anfang da war." Jandl sagte über sich, er sei die meiste Lebenszeit kein gläubiger Mensch gewesen. Wie sehen Sie das?

MAYRÖCKER: Obwohl ich seine Kindheit nicht mitgemacht hab, weiß ich ungefähr, wie er sich als Kind vorgekommen ist, und ich kann mir vorstellen, dass in dieser strengen, katholischen Erziehung, die er genossen hatte, vor allem durch seine Mutter, dann im Alter von 16, 17 Jahren ein unerhörtes Aufbäumen gegen das, was man ihm auferlegt hatte als Kind, stattfand, ein unerhörtes Aufbäumen, ein Sich-Aufbäumen gegen Gott und gegen die Religion usw. Das hat ihn wohl lange Zeit begleitet, aber wir haben oft darüber gesprochen, und er hat gewusst und er hat meine Religiosität gekannt, und im Laufe dieser letzten acht oder zehn Jahre haben wir oft davon gesprochen, dass er sich wieder annähert an eine Art von Gläubigkeit oder Religiosität.

In „Logos" hat er auch erzählt, er stehe zwar zu diesen Jahren des atheistischen, er nannte es das gottlose Leben, doch je älter er werde, desto sicherer sei er, dass es besser sei, seinen eigenen Atheismus zu verraten, als auf Gott zu verzichten. Teilen Sie diese Erfahrung als Dichterin und auch als Lebensgefährtin?

MAYRÖCKER: Das kann ich nicht teilen. Ich meine, ich verstehe es bei ihm, ich habe nie, wie er es nennt, Gottlosigkeit erlebt bei mir selbst. Ich habe das nie durchgemacht.

Aber Sie verstehen das?

MAYRÖCKER: Natürlich verstehe ich das vollkommen. Ich hab's ja auch miterlebt bei ihm, mit ihm, und es ist mir manchmal auch schwer gefallen es gutzuheißen, ich habe dann oft mit ihm lange über die ganze Sache geredet.

Worum ringt man, wenn man sozusagen mit diesem Gott, mit diesem Gottesbild ringt, mit Bildern, die einem aufgeprägt oder aufgedrückt wurden, die einen eigentlich belasten?

MAYRÖCKER: Naja, er wollte es abwerfen, nicht? Es ist ihm auch zum Teil gelungen.

Wieso haben Sie eine andere Position eingenommen, und wie ging das zusammen?

MAYRÖCKER: Das ist wunderbar zusammengegangen. Erstens einmal haben wir schon hie und da über Religion gesprochen, aber es hat nicht zu unserem Tagesgespräch gehört. Und das ist alles wunderbar gegangen.

Wenn ein Lebensmensch stirbt, dann stirbt meistens eine ganze Welt mit ihm. Hat der Tod Ihres Lebenspartners Jandl Ihre eigene Beziehung, Ihr eigenes Nachdenken über den Tod verändert?

MAYRÖCKER: Ja, es war eigentlich so, dass ich seit mindestens 30, 40 Jahren den Tod abgelehnt habe. Ich habe immer wieder gesagt und geschrieben: Ich hasse den Tod. Und der Tod ist eigentlich das Bedauerlichste und ist auch das, was den Menschen herabsetzt, weil er als so genannte Krone der Schöpfung eben nicht über sein Weiterleben bestimmen kann, er wird einfach weggerissen, mitten aus der Arbeit und mitten aus dem Leben heraus. Und man kann gar nichts machen dagegen. Und es war für mich also wirklich eine entsetzliche Erfahrung, dass er mir, wie ich auch im Requiem sage: Er wurde mir weggerissen, und er wurde allen Menschen weggerissen, die ihn geliebt haben. Und er wurde praktisch aus der Welt, aus dem Kosmos der Poesie weggerissen. Denn er hätte noch sehr viel zu schreiben gehabt.

Taucht dann die Frage auf: Wohin ist er entrissen? Was denken Sie, was glauben Sie? Wir wissen ja nicht, wir sehen ja eigentlich nur in ein Dunkel, wenn jemand nicht mehr da ist, wenn jemand gestorben ist, den wir geliebt haben.

MAYRÖCKER: Ich weiß es nicht, ich habe viel darüber nachgedacht. Es ist einfach eine Abwesenheit des liebsten Menschen.

Und das ist so bitter: eine Abwesenheit. Ich fasse es jetzt noch immer nicht ganz.

Würden Sie sagen, für Sie persönlich, dass mit dem Tod alles aus ist, was ja möglicherweise impliziert, dass alles sinnlos ist, alles verloren ist, alle Anstrengung umsonst, alle Liebesmüh, alles Schreiben?

MAYRÖCKER: Unter Umständen ist es so, ja. Denn ich habe lange gewartet, es ist jetzt fast schon ein dreiviertel Jahr, dass Ernst Jandl gestorben ist – ich habe nach dem Tod oft gewartet, immer wieder gewartet, dass irgendetwas eintritt, dass ich eine Ahnung bekomme, ob er sich wo aufhält und wo er sich aufhält. Es waren keine Meldungen, sind keine Meldungen gekommen. Es ist eine große Verlassenheit in mir, und das wird auch noch lange so sein. Es wär natürlich schön, wenn das möglich wär, dass man wenigstens in dem, was man gearbeitet hat, weiter existiert. Aber auch das ist ungewiss.

Ist diese Ungewissheit für Sie Anlass zur Verzweiflung?

MAYRÖCKER: Nein, das ist nicht Anlass zur Verzweiflung. Es ist zum Verzweifeln, dass man eben sterben muss eines Tages, dass man nicht dieses ewige Leben hat, das man sich eigentlich immer gewünscht hat.

Und woher wissen Sie das?

MAYRÖCKER: Man muss es annehmen. Man weiß natürlich gar nichts.

Aber dieses ewige Leben war ein Wunsch, eine Sehnsucht von Ihnen?

MAYRÖCKER: Ja, ich habe gedacht, es wär doch schön, wenn Ernst Jandl sehr lange oder überhaupt ewig leben könnte und ich ewig leben könnte und viele unserer Freunde ewig leben könnten – das wär eine wunderbare Situation. Es wäre natürlich wichtig, dass man dann auch ewig schreiben könnte. Aber das sind kindische Sichten auf Leben und Tod. Man selber stirbt eben auch.

Was ist eigentlich mit dem Heiligen Geist, der Ihr Schreiben begleitet hat, wenn alles aus ist nach dem Tod?

MAYRÖCKER: Ich könnte mir vorstellen, dass er nur mein Schreiben begleitet hat und dass er dann auch weg ist, wenn man sterben muss.

Dann würden Sie aber sagen, ist er nur eine Inspirationskraft und nichts Transzendentes, das uns auch im Leben den Atem gibt.

MAYRÖCKER: Ja, Inspirationskraft ist er auf jeden Fall für mich. Ich weiß nicht, ob es noch jemanden gibt, der beim Arbeiten eben an diesen Geist glaubt. Wie das ist mit der Begleitung, ob der Geist, dieser Heilige Geist auch mein Leben begleitet hat oder das Leben von Ernst Jandl, das sehe ich nicht, also ich sehe es nicht, ich kann es nicht sagen. Es gibt so Übergangssituationen, wo man das unter Umständen glauben kann, aber die vergehen dann wieder. Es ist nicht etwas, was so ganz fest in einem drin ist und auf das man sich wirklich so ganz fest verlassen kann.

Schreiben Sie heute noch gegen den Tod an?

MAYRÖCKER: Ja, die Gedichte schreiben gegen diesen Tod an, gegen den Skandal an.

Eine Beschwörung der Ewigkeit?

MAYRÖCKER: Das weiß ich nicht, das wäre vielleicht noch etwas, was vor mir liegt, wenn ich das noch könnte.

Sie haben ja noch Zeit.

MAYRÖCKER: Das kann man auch nicht wissen. Ich möchte noch Zeit haben, ja, ja.

Sie haben einmal gesagt, Sie wollen 150 Jahre alt werden.

MAYRÖCKER: Seit Ernst Jandl tot ist, habe ich das etwas heruntergeschraubt, den Jammer kann ich so lange nicht mehr ertragen, da genügen wahrscheinlich hundert Jahre.

NIKOLAUS HARNONCOURT

DIRIGENT

„Kunst ist für mich ein Geschenk Gottes“

Nikolaus Harnoncourt wurde am 6. Dezember 1929 in Berlin als Spross eines luxemburgisch-lothringischen Adelsgeschlechtes geboren, seinen Urgroßvater kann er Erzherzog Johann, den großen Förderer der Steiermark, nennen. Nach der Ausbildung an der Wiener Musikakademie wird er 1952 Cellist bei den Wiener Symphonikern. Ein Jahr später gründet er gemeinsam mit seiner Frau Alice den Concentus Musicus Wien, um seiner immer intensiveren Arbeit mit Originalinstrumenten und der musikalischen Aufführungspraxis von Renaissance- und Barockmusik ein Forum zu geben. Nikolaus Harnoncourt sammelt historische Instrumente und entwickelt parallel zum Musizieren und Dirigieren auch in musikphilosophischen Schriften seine Analysen der „Musik als Klangrede“. Nikolaus Harnoncourt ist em. Professor für Aufführungspraxis und historische Instrumentenkunde an der Hochschule Mozarteum in Salzburg, unterrichtet auch in Wien und Zürich und lebt in Sankt Georgen im Attergau, Oberösterreich.

Herr Harnoncourt, „Musik ist eine heilige Art von Kunst, zu versammeln alle Arten von Mut“. Das ist ein Satz, den Sie kennen, von Hugo von Hofmannsthal in Richard Strauss' „Ariadne“. Zu welchem Mut hat die Musik Sie versammelt?

HARNONCOURT: Ich muss sagen: Ich unterschreibe diesen Satz nicht. Denn heilig ist die Kunst, und unter den Künsten ist die Musik eben die Musik.

Wieso oder worin ist Kunst heilig?

HARNONCOURT: Wenn der mit einem Kehlkopf Begabte, der bis jetzt seine Stimme nur genützt hat, um Semmeln oder Kaffee zu bestellen, nicht ein eingefahrenes Balzlied singt wie ein Vogel, sondern eine Melodie erfindet, die einen anderen ergreift, oder wenn er statt „Geh dorthin, dort findest du etwas" sagt „Über allen Gipfeln ist Ruh", so ist das unvorstellbar, in der Evolution nicht vorgesehen. In diesem Moment ist – von meiner Sicht aus – etwas Heiliges, etwas mir nicht Erklärbares passiert, und deswegen würde ich sagen: Die Kunst ist das, woran ich den Menschen überhaupt erkennen kann.

Wenn etwas heilig ist, erfüllt es uns mit einer großen Achtung, mit einem großen Staunen. Wir weichen zurück, weil hier sich etwas zeigt, was wir nicht machen, herstellen, produzieren können. Das ist ein Mehr, etwas, das Wert in sich hat, und trotzdem ist es nicht gemacht. Kommt es dem nahe, was Sie meinen?

HARNONCOURT: Die meisten Sprachen haben dafür ein Wort, das zugleich schrecklich bedeutet. Es ist so wie awful im Englischen; awe bedeutet Hochachtung und zugleich Angst. Auch wir nennen seit Jahrhunderten unsere Hochachtung vor Gott Gottesfurcht und auch Ehrfurcht. Es ist etwas Furchtbares darin, aber nicht im modernen Sinn des Wortes. Es erweckt ein Staunen, vor dem wir auch wieder etwas wie Angst bekommen, weil etwas passiert, was wir uns nicht erklären können. Es gibt sehr wenige Berührungsflächen und Erkenntnisorte, wo wir das absolut und total Unbegreifliche und Unanalysierbare sehen. Es ist wie ein Blick in einen Abgrund. Es kann wie ein Blick in das eigene Innere sein oder in eine Landschaft, in eine Gegend, die man nicht verifizieren kann. Und jede Kunst, sei es die bildende Kunst, die Sprache, die Musik (wahrscheinlich die Musik am stärksten), ist imstande, Schleusen zu öffnen, weil sie einen subversiv erreicht – durch Eingänge, die nicht mit dem Intellekt verknüpft sind und daher nicht abgeschlossen werden können. Für mich ist die Musik ein Geschenk, das von außen kommt.

Sie teilen Ihr Musikverständnis mit dem französischen Mathematiker und Philosophen Blaise Pascal, der Musik als eine andere, nicht rational begründete Logik, als eine „raison du cœur" sieht. Was verstehen Sie unter diesem „Denken des Herzens"?

HARNONCOURT: Ich habe als Kind mit 15 oder 16 Jahren zum ersten Mal Schriften von Pascal gelesen, und es hat mich richtig getroffen, wie ich erfahren habe, dass ein so bedeutender Physiker und Naturwissenschafter, der gerade das französische logische Denken bis in die letzten Feinheiten beherrscht hat, ein nicht rationales Denken als dem rationalen Denken gleichwertig sieht. Das andere, das rationale Denken, hat er „raison arithmétique" genannt; mit diesem Denken kann man alles erreichen und erklären, was einen Zweck hat. Und dann gibt es ein anderes Denken, eine andere Denkweise, die nicht einen Schritt nach dem andern macht – „Wenn das Eine so ist und das Zweite so, dann ist das Dritte so" –, sondern quasi verrückt-hypothetische Sprünge über alle Realitäten hinweg setzt, das kann man empfinden. Pascal war der Meinung, dass diese beiden Denkweisen für den Menschen gleich wichtig sind und dass daher die Kinder schon von klein auf mit beiden Richtungen (also mit dem Denken der Logik und mit dem Denken des Herzens – was immer das jetzt ist, die Sprache dieses Denkens ist auf jeden Fall die Kunst) vertraut gemacht werden sollen und dass das unumgänglich notwendig ist. Ich finde, dass in der Erziehung der Kleinkinder, im Elternhaus, aber auch im Kindergarten und in der Schule, dieses zweite Standbein überhaupt nicht mehr vorkommt. Man sagt: Das Kind soll ausgebildet werden, um lebenstüchtig zu sein. Dass das Kind einen Anspruch hat, ein voller Mensch zu werden, in beiden Richtungen ausgebildet zu werden, das ist verloren gegangen. Dort sehe ich eine ganz große Gefahr.

Ihr musikalischer Weg wird immer als eine Rebellion beschrieben. Es war Widerstand gegen das, was sie „stumpfsinnig ästhetisierendes Musizieren" genannt haben. Sie haben 1953, damals als Cellist bei den Wiener Symphonikern, gemeinsam mit Ihrer späteren Frau, der Geigerin Alice Hoffelner, den Concentus Musicus gegründet. Zurück zu den Wurzeln, zum Ursprungsgedanken, Originalpartituren, Originalinstrumente, die Zeitschrift „Die Bühne" nennt Sie den „Originalklangapostel". Sie spüren also der historischen Wahrheit der Musik nach, versuchen, die so genannte „Klangrede" zu erheben. Dieser Begriff, den Sie geprägt haben, gilt heute weltweit als Interpretationsideal. Was meinen Sie damit genau?

HARNONCOURT: Es ist sehr merkwürdig, dass dieser Begriff so eingeschlagen hat, denn es ist ein uralter Begriff. Den Begriff „Klangrede" gibt es schon bei den Theoretikern im 17. Jahrhundert, und ich habe einfach keinen besseren gefunden und den gewählt. Dass ich wieder zu den Wurzeln zurück wollte, hat eigentlich nur einen einzigen Grund, und zwar habe ich Inhalte in der Musik gesehen und gefunden, die in der normalen, der damals üblichen Interpretationsweise nicht zur Kenntnis genommen worden sind. Das konnte ich nicht mehr ertragen und habe aus diesem Grund das Orchester verlassen. Ein krasses Beispiel: Die g-Moll-Symphonie ist eines der populärsten Werke Mozarts. Wir haben sie im Orchester der Wiener Symphoniker mit allen berühmten Dirigenten immer wieder gespielt, ich glaube in einem Jahr einmal 30 oder 40 Mal. Ich habe die Partitur dieser Symphonie auf meinem Pult liegen gehabt, und das, was im Saal passiert ist, wenn diese Symphonie gespielt worden ist, und das, was die Symphonie nach meinem Verständnis sagt, war das genaue Gegenteil: Wenn diese Symphonie begonnen hat, haben die Leute zu lächeln angefangen und haben den Kopf im Takt dieser Musik gewiegt. Dafür gab es den Ausdruck „Mozartglück".

Musik als Behübschung.

HARNONCOURT: Ja. Ein schwerer Tag, Arbeit hinter sich, man geht da hin, hört die g-Moll-Symphonie, die ist überhaupt der Inbegriff der Schönheit, alles leicht und perfekt, und so erholt man sich wieder. Wenn man es von der anderen Seite sieht, ist g-Moll die Tonart des Todes. Man kann über das so hinwegspielen, dass der Hörer das gar nicht bemerkt. Aber die damaligen Musikverständigen haben gefragt: Darf man ein Werk, das so in Abgründe, und zwar in Abgründe der Seele, blicken lässt, das so aufdeckt – auch wie man selbst ist –, überhaupt einer Öffentlichkeit zeigen? Davon kann überhaupt keine Rede mehr sein, wenn dieses Stück heute gespielt wird. Das hat dazu geführt, dass ich gesagt habe: Das kann ich so nicht mehr spielen. Ich bin vom Orchester weggegangen und habe so ziemlich als Erstes unter den Werken, die ich dann als Dirigent aufgeführt habe, diese Symphonie gespielt, auch in Salzburg in der Mozartwoche, und bin dafür prompt ausgebuht worden. Ich glaube, dass das in Wirklichkeit nicht mir gegolten hat, sondern der Deutung dieses Werkes. Inzwischen sind 40 Jahre vergangen, und in diesen 40 Jahren hat sich sehr, sehr viel geändert. Man ist durchaus betroffen, wenn dieses Werk gespielt wird, und diese Behübschungsveränderungen, die da dran sind und die ich auch jetzt noch nicht ertragen kann, wenn ich das höre – es geht mir einfach um Inhalte –, die sind schon in vielen Fällen weggeräumt.

Ich möchte noch einmal zu Ihrer Person zurück. Ihre Familie hat sich 1938 zum Teil auch gegen die Nazi-Herrschaft aufgelehnt. Sie sollten, glaube ich, mit zehn dem Deutschen Jungvolk beitreten.

HARNONCOURT: Ich war dabei, in Uniform.

In den letzten Kriegsjahren haben Sie zusammen mit dem späteren Philosophen Karl Wucherer-Huldenfeld eine Widerstandsgruppe gegründet, Waffen gestohlen, sie im Wald eingegraben. Kultur und Religion waren Bestandteil Ihrer Familienwerte. Wie haben Sie damals auf diese totalitäre Herrschaft reagiert?

HARNONCOURT: Es war sehr viel Angst dahinter. Ich selbst habe eigentlich überhaupt nicht reagiert, war auch bei den Aktionen nicht dabei. Meine tatsächlichen Versuche waren kläglich. – Aber Druck empfand ich: Beim Deutschen Jungvolk, der Hitlerjugend für die Zehn- bis Vierzehnjährigen, musste man jeden Mittwoch weltanschauliche Schulung hören. Die kann ich noch heute auswendig. Ich habe mich auch gezwungen gefühlt, irgendetwas Bestimmtes zu denken, was ich nicht denken wollte. Das war ein sehr beklemmendes Erlebnis.

Sie galten als sehr eigensinniges Kind, eigensinnig im positiven oder auch negativen Sinn. Sie haben sich nichts gefallen lassen.

HARNONCOURT: Ich war grundsätzlich immer dagegen. Als Elf- oder Zwölfjähriger habe ich im Bücherkasten meiner Eltern die „Kulturgeschichte der Neuzeit" von Friedell gefunden. Das hat mich unheimlich begeistert, denn die Denkweise von Friedell war genau meine. Ich habe mit meinem Vater, wann immer er zuhause war, diskutiert bis gestritten, wie man Kultur, wie man Geschichte sehen soll. Ich war immer anderer Meinung als er. Er hat gesagt, seine Meinung sei richtig, weil er auf Grund seiner Autorität und seines Alters die richtige Meinung hat. Das konnte ich überhaupt nicht akzeptieren, und jetzt lese ich Friedell, und sehe, dass er „meine Meinung" vertritt. Das habe ich meinem Vater gesagt: Der Friedell sagt das auch. Darauf sagt er: Der Friedell ist ein Journalist, und außerdem dürfen wir den Friedell gar nicht besitzen, und wenn du den Namen Friedell in der Schule überhaupt nur erwähnst, kann das für uns katastrophale Folgen haben. Er hat nicht gesagt, welche Folgen, aber es war ein verbotenes Buch, und es wäre wahrscheinlich am nächsten Tag die Gestapo da gewesen. Das hätte wirklich furchtbare Folgen gehabt. Ich habe den Namen nicht erwähnt, aber nicht gewusst, warum. Mein Vater hat nicht gesagt „Der ist jüdisch", sondern nur „Du darfst diesen Namen nicht erwähnen". Und was mich am meisten wundert: Er hat die Bücher genommen und wieder in den mit Glastüren versehenen Bücherkasten zurückgestellt, sodass man sie sehen konnte. Er hat sie nicht versteckt. Das verstehe ich bis heute nicht. Ich bin dem Friedell treu geblieben, es hat mich fasziniert, wie unvoreingenommen er dachte; ich war stolz, ähnlich zu denken von Haus aus. Bei der Hitlerjugend habe ich gleich eine kleine Theatergruppe gegründet und habe mich da ein bisschen aus dem allgemeinen Trend raushalten können. Wir haben Straßentheater gemacht, und da waren einige Leute dabei, die jetzt einen Namen als Theaterleute haben. Wir haben in Graz an den Straßenecken Sketches gespielt, die alle nicht regierungskonform waren.

War der Glaube auch etwas, das Ihnen in diesem Ringen um geistige Identität geholfen hat?

HARNONCOURT: Es war sicher ein Kinderglaube, und es war auch ein gewisser Widerspruchsgeist. Denn man ist am Sonntag früh in die Kirche gegangen, man hat in der Kirche ministriert, und ich bin zu einem „Dienst" gegangen (das hat Dienst geheißen, wenn man zur HJ gegangen ist) und bin um eine Stunde zu spät gekommen. Ich werde gefragt „Wo warst du?", und jetzt zu sagen „Ich war in der Kirche", da hat Mut dazugehört, denn dafür ist man öffentlich, unter Umständen vor der Einheit, verachtet worden. Diesen Widerspruchsgeist habe ich genossen, das habe ich gerne gehabt. Ich weiß nicht, ob das zulässig ist, über die eigene Religiosität zu sprechen, und ich werde es auch nicht machen. Aber ich kann jetzt nicht sagen, ob ich mit 14 Jahren gläubig war. Ich habe sicher sehr, sehr große Zweifel gehabt, und ich habe ein Bestreben gehabt, mich selbst zu erziehen. Ich habe mir Bücher über Selbsterziehung besorgt. Das hat damit zu tun gehabt, dass ich nicht selbst etwas tun wollte, was ich selbst nachher falsch und schlecht finde. Ich war ein sehr zorniger Mensch. Ich habe Angst gehabt, wenn ich mit meinem Zorn groß werde, dass ich im Moment des Zornes Dinge tue, die ich mir nie mehr verzeihen kann. Und ich glaube, das, was man Glauben nennt, ist ein Geschenk. Ich sehe als jemand, der Kunst liebt und mit der Kunst zu tun hat, dass es in unserem Lebensbereich etwas gibt, das ich mir nur mit Religion erklären kann. Die Kunst ist für mich ein Geschenk Gottes. Wo sie sonst herkommen soll, wäre für mich nicht erklärbar.

Gegenargument: Kunst wird von Menschen gemacht.

HARNONCOURT: Ja, aber wenn die Menschen Affen sind, machen sie auch keine Kunst. Ich glaube nicht, dass die Menschen einfach ein bisschen weiter entwickelte Affen sind.

Was ist der Mensch für Sie?

HARNONCOURT: Da ist eine Inspiration nötig, ein Hauch.

Noch zurückkommend auf die Familie: Sie leben sehr einfach, Sie müssten es nicht. Seit 1953 leben Sie mit der bedeutenden Geigerin Alice Harnoncourt zusammen, Sie haben miteinander drei Söhne, eine Tochter. Was auffällt, ist, dass Ihre Frau nicht in Ihrem Schatten steht, sondern trotz Mutterschaft und Musikerberufung ihren eigenen Weg gegangen ist. Wie sehen Sie dieses Zueinander von Mann und Frau? Welche Werte haben Sie da geprägt, getragen?

HARNONCOURT: In meiner Familie gab es immer sehr viele starke Frauen. Ich habe diese starken Frauen bewundert. Einen kraftvollen Mann, der ohne Frau stark sein kann, habe ich eigentlich nicht gesehen. Ich finde wichtig, dass jedes Leben die Chance hat, ein eigenes Leben zu sein und nicht der Efeu am Leben des anderen. Und ich habe natürlich ein unverdientes Glück gehabt: eine große Liebe. Wenn die vier Kinder nicht gespürt haben oder hätten, dass eine sehr, sehr große Liebe da ist ... Mitgegeben haben wir unseren Kindern wahrscheinlich unser eigenes Leben. Man lebt, und das sehen die Kinder.

ERIKA PLUHAR

LIEDERMACHERIN

„Ich glaube an das Leben und an die Erinnerung"

Zwar lebte Erika Pluhar mehrere Jahre auch an der Seite berühmter Männer, war aber nie deren Anhängsel. Seit ihrem 20. Lebensjahr bis zum Jahr 1999 war sie ständiges Mitglied des Wiener Burgtheaters. Schon früh wurde sie durch Film und Fernsehen im gesamten deutschsprachigen Raum bekannt. In ihrer ersten Ehe war Pluhar mit dem Industrie-Designer Udo Proksch verheiratet. Sie begann eine Laufbahn als Interpretin berühmter Liedermacher. Nach ihrer Ehe mit André Heller ging sie allmählich dazu über, die Texte ihrer Lieder selbst zu schreiben. Dies ging Hand in Hand mit ihrer sich immer intensiver entwickelnden belletristischen schreibenden Arbeit, die zu mehreren Veröffentlichungen führte. Heute sind ihre eigenen Liedtexte nahezu Voraussetzung ihrer musikalischen Bühnen- und Tonträgerarbeit geworden; Inhalt und Interpretation verbinden sich auf authentische Weise. Das jüngste Buch von Erika Pluhar heißt „Die Wahl".

Frau Pluhar, ich habe einen Artikel aus der „Kleinen Zeitung" aus dem Jahr 1974 gefunden, Titel: „Die österreichische Garbo". Gemeint sind Sie. Sie wurden immer wieder mit starken Frauen verglichen, auch mit Marlene Dietrich. Sehen Sie sich selbst auch so?

PLUHAR: Erstens einmal waren die Frauen, die Sie genannt haben, wirklich Schau-Spielerin, in der Vollkommenheit dieses Begriffs. Dafür habe ich mich nie gehalten, auch in der Zeit, als ich einzig und allein als Schauspielerin und dann noch ein bissel femme-fatale-mäßig berühmt war. Ich habe diesen Beruf schon mit einer großen Leidenschaft gewollt, und ich hatte da auch immer wieder, wie ich immer sage, meine Hoch-Zeiten, schöne Aufgaben, das Durchwandern von Figuren, die dann auch etwas mit mir zu tun hatten. Aber das ist von mir abgeblättert, und ich habe nach 40 Jahren Burgtheater (und dazwischen lag diese ganze Fernsehzeit und eben auch meine „Berühmtheit“ im deutschsprachigen Raum) wirklich abgestreift. Das alles ist wunderbar, aber Schau-Spielerin, reine Interpretin, ein wenig auch immer Knecht – das könnte ich gar nicht mehr sein.

Meine Frage war aber, ob Sie sich selber als starke Frau sehen.

PLUHAR: Das höre ich andauernd irgendwann in meinem Leben. Das kann ich in keiner Weise beurteilen. Vielleicht bin ich eine selbständige Frau. Das bin ich immer gewesen, und vielleicht bedeutet das innerhalb eines weiblichen Lebens bereits Stärke. Ich bin nie ein Anhängsel gewesen. Ich habe auch in all meinen Ehen mein eigenes Brot verdient und, schlicht gesagt, mich und meine Tochter immer selbständig ernährt. Ich habe die so genannten Schicksalsschläge überlebt und bin daran nicht zugrunde gegangen. Wenn man das alles als stark bezeichnet, bin ich ein starker Mensch, aber als Frau? Ich finde es unzulässig, dass man dieses Adjektiv bei Frauen scheinbar verwenden muss, die nicht winzig sind, zerdrückt, klein, schmählich, dumm, puppig. Als Mensch bin ich sehr oft sehr schwach, sehr müde, sehr verzweifelt und immer wieder bereit, mich auch aufzugeben. Dann singe ich halt das Lied „I gib net auf“ und gehe dennoch weiter.

Sie stammen aus relativ einfachen Verhältnissen, aus einer Beamtenfamilie in Floridsdorf, haben aber sehr früh gewusst, als Sie am Burgtheater vorbeigegangen sind: Da will ich hin. Was hat Sie als Mädchen am Bühnenberuf so gereizt?

PLUHAR: Meine Eltern waren sehr musische Menschen. Meine Mutter hat gedichtet und gemalt, mein Vater hat zur Gitarre Lieder konzipiert und gesungen. Es waren gutbürgerliche Menschen, die mich in all meinen Bestrebungen weg aus der Enge, der gewissen Ärmlichkeit der Nachkriegszeit sehr bestärkt haben, und ich wollte, nachdem ich die ersten Filme gesehen habe und das erste Mal im Theater war, halt Schauspielerin werden. Und ich hatte eine Oma, die früher immer in diesem Burgtheater war, und als es in der Nachkriegszeit noch so zertrümmert und durch Planken zugenagelt vor uns lag und sie mir das so erzählt hat, da habe ich den Wunsch ausgesandt: Da möchte ich einmal spielen. Als ich dann wirklich dorthin engagiert wurde, ist mir dieser kindliche Wunsch wieder sehr stark eingefallen. Meine familiären Wurzeln waren also schon beatmend für das, was ich wollte.

Sie hatten am Anfang Ihrer Schauspielkarriere eine innige Freundschaft zu einem Priester, über den Sie schreiben: „Er mochte die meditative Kraft in mir, das, was ich war und was ich schrieb." Was hat Sie zu diesem Dominikaner hingezogen?

PLUHAR: Der Pater Diego Hanns Goetz hat dazumal – das war damals noch so – an der Schauspielschule, am Reinhardt-Seminar, Metaphysik quasi unterrichtet. Das war ein wunderbarer Prediger, ein ganz gescheiter Priester, ohne jede Enge. Aus dieser Begegnung in der Schauspielschule entstand eine lebenslange Freundschaft, also bis zu seinem Tod. Ich habe zu seinem 20. Todestag, nach dem Tod meiner eigenen Tochter, in der Dominikanerkirche aus seinen eigenen Texten gelesen. Dieses Programm habe ich dann auch für den Kreuz-Verlag für eine Sprech-CD gelesen, und es trägt den Titel „Es gibt keinen Tod". Die letzten Worte seiner letzten Predigt lauteten so. Dieser Mensch, dieser Mann war sicher eine ganz, ganz bedeutende Begegnung in meinem Leben.

Sie haben in diesem Zusammenhang einmal gesagt: „Ich glaube nicht, dass mit dem Tod alles aus ist. Es erhebt sich etwas aus unseren Körpern, das bleibt."

PLUHAR: Ist das ein Zitat von mir?

Ja.

PLUHAR: Wo haben Sie das her?

Aus der Zeitung.

PLUHAR: Es stimmt natürlich in etwa. Nur habe ich dazumal noch ein bisschen mehr über dies alles gesprochen, als ich es jetzt tun möchte. In unserer zum Teil wirklich esoterisch verblödeten Zeit wird getan, als könnte man spirituell seine Rezepterln haben, und dann wissen alle, was sein wird – dagegen bin ich. Ich glaube an das Leben und an die Erinnerung. Darf ich Ihnen ein paar Zeilen vorlesen, die ich im Jahr '85 in mein Tagebuch geschrieben habe und die jetzt in meinem allerletzt erschienenen Buch drinnen stehen? Ich dachte mir, wenn das eine Sendung darüber ist, woran ich glaube, dass das immer noch bestimmend ist: „Ich glaube an die Schönheit eines Blattes, ich glaube an das unversiegbare Leben, ich glaube an die Nichtigkeit meiner Zweifel, ich glaube an mein tiefes Unverständnis und an meine Sehnsucht. Ich glaube daran, dass jede Ahnung von Seligkeit, Schönheit und Glück wissender ist als unser Wissen."

Darf ich daraus etwas herausgreifen: unversiegbares Leben. Das kommt ja aus einer Quelle.

PLUHAR: Das Leben!

Es kommt aus einer Quelle.

PLUHAR: Das Leben *ist* eine Quelle. Wir kommen zur Welt, wir sterben, es wird Frühling, es wird Winter, es ist ein ständiger Prozess der Veränderung. Für mich ist die Natur deshalb ein sehr, sehr starker Gegenpol zu meiner Geistigkeit. Und im Hinblick auf das, was ich Verlust nenne, was für mich ein ganz gravierender Bestandteil meines Lebens wurde: Jeder Verlust bedeutet aber auch Erinnerung, und allein Erinnerung ist für mich Anwesenheit. Ich muss nicht darüber reden, dass der Mensch, oder was ich verloren habe, vom Himmel herunter winkt, sondern solange ich in der Lage bin, mich zu erinnern, mit diesem Menschen zu sprechen, und sei es, dass ich mit mir selbst spreche, empfinde ich das als eine Einheit, und das ist Leben. Ich habe den Tod in meinem Leben so gewaltig erlebt, dass er für mich nicht etwas ist, dem ich in meinen Gedanken, in meinen Überlegungen ausgewichen bin. Es ist ganz schlimm, wie sehr wir Menschen geneigt sind, so zu tun, als gäbe es den Tod nicht. Ich weiß ganz einfach, dass er zum Leben dazugehört, ich habe es schmerzhaft und zu eindringlich erfahren. Das alles nenne ich Leben, und das muss ich nicht mit irgendwelchen Fiktionen, die mir alle vergleichsweise lächerlich erscheinen, umgeben oder bemänteln und es mir leichter machen.

Aber Sie sprechen in Ihrem Tagebuch vom unversiegbaren Leben, und das ist ja ein Stück weit im Kontrast zu dem, wie wir Leben leben. Wir erleben uns als sterblich, in irgendeiner Form als gebrechlich, auch krank. Alles, was wir tun, ist irgendwie Stückwerk, das schönste Lied, das interessanteste Buch, die spannendste Sendung.

PLUHAR: Nur das Irdische ist Stückwerk. Wir bestehen ja nicht nur aus dem Irdischen.

Ach so!

PLUHAR: Ja, aber da muss ich jetzt nicht sagen: „Gott thront da oben." Schon das Wort Gott ist mir eigentlich zu viel an Hintatschen. Es ist etwas, das Geheimnis bleiben soll.

Sie müssen darüber gar nichts sagen, aber es interessiert mich natürlich, wie Sie das denken.

PLUHAR: Allein, dass wir in der Lage sind, zu erfinden und zu träumen – ich denke mir so oft: Dass ich in der Lage sein darf, mir ein ganzes Buch, eine ganze Erzählung, eine ganze Welt schreibend zu erfinden, ist ein Geschenk. Dass ich nachts in der Lage bin, träumend in Welten zu gehen, die ich in meinem Leben überhaupt nie betreten könnte, ist ein Geschenk. Wir haben zu unserem irdischen Elend einen solchen Reichtum mitbekommen; den zu nutzen, den auszuleben bedeutet, sich auch bewusst zu werden, dass das Leben nicht auf unser irdisches Hiersein beschränkt ist.

Wenn Sie von dem Geschenk sprechen, sprechen Sie ja von einer Gabe. Und da liegt es natürlich nahe, zumindest darüber nachzudenken, ob es nicht ein Gebendes gibt, etwas, das gibt, das schenkt, das dieses unversiegbare Leben gibt, mit dem wir gern etwas anfangen können, mit dem wir Lieder schreiben, auf der Bühne stehen, Sendungen machen, sogar unseren Abwasch machen, unsere Kinder erziehen. Diese Möglichkeit, dass wir selbst sein können, ist doch etwas Staunenswertes, das alle Menschen immer übergehen, indem sie sagen: „Ist eh klar, dass ich da bin."

PLUHAR: Ich staune von Herzen, ich danke von Herzen, ich trauere von Herzen, und ich nenne das, was mir dies alles gibt und schenkt, das Leben. Oder ich spreche von den Göttern, wenn ich sage: „Ich schreibe erst einmal für die Götter." Aber das sind nur Chiffren, und ich möchte das Geheimnis dessen, das wir eventuell „das Göttliche" nennen können, in keiner Weise mit verbaler Nichtigkeit antasten.

Aber nicht deswegen, weil es irrelevant ist, sondern weil es für Sie in irgendeiner Weise heilig ist?

PLUHAR: Ja, es ist für mich ein heiliges Geheimnis und bedeutet mir zu viel, um es in mein irdisches Denken hinunterzuzerren. Wir leben ja nur mit einem kleinen, schmalen Segment an Wissen. Davon bin ich überzeugt. Warum können wir nicht kapieren, was Ewigkeit bedeutet? Was ist der Kosmos? Allein wenn man versucht, sich das wirklich vorzustellen, kann man ja schon verrückt werden. Also noch eine Galaxie und dahinter noch eine und noch eine! Allein, dass etwas endlos sein kann, dass es die Ewigkeit gibt, zeigt mir, wie hinfällig wir sind mit dem, wie weit wir ausgestattet sind, uns verbal oder auch gedanklich diesem Geheimnis zu nähern. Wesentlicher erscheint mir – und das glaube ich ja sehr intensiv zu tun – trotzdem – ein wichtiges Wort für mich – dieses Leben hier, dieses Da-Sein intensiv zu leben. Das ist mir schon ein Anliegen, es auf eine ganz lebendige Weise zu leben. Aber das Einzige, um dieses Sein, das uns geschenkt wurde, zu beantworten, ist, hier auf Erden den Augenblick zu leben und die Liebe zu leben. „Gott ist die Liebe" war mir in der ganzen christlichen Lehre das Verständlichste und das Klarste. Und ich denke, dass wir aufgerufen wären oder sind, uns zu verwirklichen im Hinblick auf Lebendigkeit und Liebe.

Was bedeutet Liebe für Sie?

PLUHAR: Liebe bedeutet mit Sicherheit genau das Gegenteil von etwas haben zu wollen, einen anderen Menschen besitzen zu wollen, einen anderen Menschen nach seinen Vorstellungen umformen zu wollen, Kinder haben zu wollen, einen Mann haben zu wollen, eine Freundin haben zu wollen. Das ist nicht Liebe. Liebe ist genau das Gegenteil, Liebe ist Wahrnehmung, die nichts damit zu tun hat, was man selber davon hat.

Wie war es, wenn Sie geliebt wurden?

PLUHAR: Ich bin durch all diese Irrtümer wunderbar durchmarschiert und habe Sexualität und Erotik mit Liebe verwechselt oder dass man mich gern und bitte möglichst lieb haben soll; ich habe Bewunderung von Männern, die mir gefallen haben, mit Liebe verwechselt. Ich weiß, wovon ich rede. Prinzipiell habe ich aus meinem Leben Männer und Menschen, die ich liebte, niemals hinausgeworfen. Eine Trennung hat schon bedeutet, dass man eine gewisse Form der Liebe ad acta gelegt hat oder auch dass man durch eine ganz intensive Phase von Abneigung, Hass und Zorn durchgehen musste. Aber ich hätte nie gewollt, Menschen, die in mir waren, die ich liebend in mein Herz hineingenommen habe, aus meinem Leben herauszuschmeißen. So gesehen bin ich all meinen Lieben immer treu geblieben. Das war für mich ganz klar. Der Udo Proksch ist der Vater meiner einzigen Tochter, und gerade im Gefängnis haben wir uns wieder in einer besonderen Weise auch geistig liebend wiedergefunden und konnten sehr vieles an vergangenem Fehlverhalten besprechen. Wir haben uns wiedergefunden. Es muss sich verändern, die Liebe zu einem Menschen verändert sich unaufhörlich. Und wenn man das nicht bejaht und wenn man sagt: „Aus, Schluss, Trennung und nie mehr wiedersehen", dann wäre das für mich ein großes Grauen. Das wäre das Verwerfen meines eigenen Seins, meines eigenen Hierseins, meines eigenen Lebens. Ich habe nie Menschen verworfen. Wenn man erfahren hat, wie es ist, ein menschliches Wesen zu verlieren durch den Tod: Der klärt sehr scharf auf im Hinblick auf Liebe.

Diese Erfahrungen oder Erschütterungen, wenn geliebte Menschen gestorben sind, ich denke an Peter Vogel und vor allem Ihre Tochter Anna – was hat Sie da am Leben gehalten?

PLUHAR: Das Leben. Man geht einen Schritt weiter, am nächsten Tag geht man noch einen Schritt weiter.

Das ist mir noch zu unspezifisch. Denn man kann total depressiv leben und sich aufgeben und man kann wieder Hoffnung schöpfen und sehen, dass das Leben einen Sinn hat und mit mir noch etwas vor hat. Mich interessiert, was das ist.

PLUHAR: Das Wesentlichste ist wohl, dass man vorerst die Trauer durchwandert und nicht umschifft. Das ist wirklich ein großes Meer, das man überwinden muss. Dann waren es in meinem Fall natürlich auch die kreativen Aspekte meines Lebens: Ich konnte umsetzen, ich konnte durchsichtig machen, ich konnte verwandeln, Lieder und Bücher schreiben, konnte singen, musizieren, und jeder kreative Ausdruck ist natürlich diesem Trauern oder Durchschiffen der Trauer sehr hilfreich. Ich habe außerdem einen Enkelsohn, für den ich da sein musste, Ignaz, und wenn man nicht der Gefahr nachgibt, zu Stein zu werden (das gibt es ja auch), dann merkt man plötzlich: Es kommen alle diese Gefühle des Lebendigseins wieder zurück, und ich beantworte weiterhin das, was das Leben mir über den Weg schickt. Das ist für mich ein bisschen etwas wie Heil oder Heilung. Ich habe ein Lied, das heißt „Weiter", ich habe viele Trotzdem-Lieder, ich habe Lieder geschrieben zu Zeiten, wo ich noch gar nicht so viel Anlass hatte, sie mir vorzusingen, die ich mir jetzt beim Konzert mit aller Ruhe noch einmal selbst vorsinge und sage: Ja, Erika, da hast du, ahnend, sehr recht gehabt.

ANDRÉ HELLER

POET

„Heimweh nach dem Reich, aus dem ich komme“

Mir träumte, ich sei versunken
tief im Chinesischen Meer,
versunken nur, nicht ertrunken,
und Lärm kam vom Süden her.

Das waren die Insekten,
die bauten die Mandelbaumstadt,
worin jedes Lebewesen
seine Entsprechung hat.

Da fragte ich den, der ich war,
ob er wisse, wozu wir sei'n,
und er erwidert sorgsam:
Wir sind der Zweite aus drei'n.

Der Erste kam aus dem Feuer,
der Dritte geht in das Licht,
der Zweite im Zeichen der Schwäne
besitzt das zweite Gesicht.

In ihm offenbart sich der ferne Klang,
ihm werden die Bilder zuteil.
Erwache nun und schreib dies als Lied,
es sei dir Bogen und Pfeil.

André Heller, „Mir träumte“

Herr Heller, 1972 lief im ORF-Fernsehen die Show „Wer war André Heller?“. Ich habe es nicht gesehen, ich war sieben Jahre alt damals, wir hatten damals auch keinen Fernsehapparat. Heute haben wir 30 Jahre danach. An Sie die Frage: Was ist aus André Heller geworden?

HELLER: Jeder von uns ist hier, um sich lernend zu verwandeln und um sein Potenzial aufs Liebevollste, aufs Genaueste, aufs Effizienteste zu verwirklichen. Das heißt, meine Ambition, so wie die von jedem anderen, der halbwegs bei Bewusstsein ist, kann nur sein, die gelungenste Form von André Heller aus mir zu machen, die möglich ist. Ich muss behutsam mit diesem Kind, das mir da anvertraut ist, das ich selber bin, umgehen und muss es ermutigen, muss es für fähig halten. Und das ist eigentlich von der Früh bis am Abend mein Hauptberuf.

Sie haben einmal in einem Interview mit mir gesagt: Was mich und meine Arbeit betrifft, bin ich eine Auslage in Arbeit. Das klingt so wie ein One-Man-Museum in progress. Sie sind sozusagen im Prozess. Und bei diesem Im-Prozess-Sein ist die Frage: Wonach streben Sie da?

HELLER: Ich weiß, dass ich mich bewusst entschieden habe, in dieser Welt zu sein. Es ist nicht ein Zufall, dass ich hier bin. Ich habe mir das ausgesucht, um bestimmte Erfahrungen der Polarität zu machen, die man nur hier machen kann. Die große Spezialität auf diesem Stern ist das Polare. Und ich bin hier nicht zu Hause, habe mich hier nie heimisch gefühlt, sondern ich bin eher wie eine Figur, die eine Universität besucht in einem fremden Land.

Herr Heller, was heißt, ich habe es mir ausgesucht? Wir sind doch irgendwie in diese Welt hineingeworfen als kleine Kinder und kommen erst später zu Bewusstsein. Sie sagen, ich habe mir das bewusst ausgesucht.

HELLER: Also ich habe eine ganz andere Erinnerung an mein Leben als die, die Sie jetzt gerade geschildert haben. Ich habe auch als Kind immer ein klares Bewusstsein dafür gehabt, dass ich von woanders herkomme und dass dieses andere zwar Anteile in dieser Welt hat, aber in diese Welt nur irgendwie hineinragt. Heute würde ich das die geistige Welt nennen. Und ich habe auch nie das Gefühl gehabt, dass ich ein Kind bin, sondern dass ich mit einer erwachsenen, wissenden Seele in einem kleinen Körper drin bin. Ich habe auch meine Eltern nicht als Eltern empfunden – das hat mir vielleicht auch die Lebensqualität gerettet –, sondern, ich kann mich erinnern, wenn ich als Sechsjähriger in der Zauberflöte war, habe ich mir gedacht, aha, das ist jetzt ein wirklicher Verwandter. Und mir war die Musik von Mozart damals schon etwas Liebevolleres, mich Betreffenderes als alle Gespräche mit meinem Vater. Ich habe immer Heimweh gehabt nach dem, wo ich herkomme. Und Heimweh kann man ja nur nach etwas haben, was man kennt. Und die Intensität dieses Heimwehs, die mich bis heute nicht verlassen hat, die sich eher gesteigert hat, ist mir in sich schon ein Beweis, dass es dieses Reich, aus dem ich komme, tatsächlich gibt.

Ihre Geschichte vom Jesuiteninternat bis auf die großen Phantasieshows und Erlebniswelten in aller Welt, hat Konstanten, aber auch Brüche. Da gibt es das unstete Streunende, aber dann zugleich dieses unzufriedene Suchen, das auch Kennzeichen eines wahrhaft religiösen Menschen ist. Würden Sie sich als religiösen Menschen in diesem Sinn bezeichnen?

HELLER: Ich würde mich als spirituellen Menschen bezeichnen. Ich glaube nicht, dass Gott bei einem Verein ist. Ich bin nie von irgendeiner Sekte oder einer großen Religionsgemeinschaft fasziniert gewesen. Die Vorstellung, dass eine Gruppierung im Besitz der Wahrheit ist, ist mir vollkommen absurd. Und meine äußerst kritische Haltung gegenüber dem Katholizismus kommt aus meiner Ausbildung, die teilweise bei den Jesuiten stattgefunden hat. Ich glaube, dass die jüdisch-christliche Tradition eine Angst- und Qualtradition ist, eine Einschüchterungstradition, so wie sie sich in den Menschen tatsächlich ausgewirkt hat. Ich weiß schon, dass es da immer Nischen gegeben hat, die viel schwebender und viel heller und leichter waren, aber im Großen und Ganzen ist dieses Uns-mit-Sünde-Belasten, diese enorme bleierne Macht, die da auf uns einfährt und der wir Rechenschaft schuldig sind, und die uns bestrafen wird oder uns verzeihen wird, etwas, das mir schon ganz früh nicht nur absurd, sondern als die Haltung der Feinde erschien. Das sind diejenigen, die mich klein machen wollen. Das sind diejenigen, die mir Krankheit als Weg und Not und Erkenntnisprozess ... Ich bestehe darauf, dass man durch

Freude lernen kann. Am Ende einer bestimmten Entwicklung steht lieben und geliebt werden und in dieser Haltung geborgen sein.

Sie haben von Gott gesprochen. In ihrem letzten Roman „Als ich ein Hund war“ schreiben Sie: Der Hund: „Gott bin ich oft begegnet. Wo Scherben sind, ist Gott.“ Was meinen Sie damit?

HELLER: Gott, das sind natürlich wir alle. Wir sind in ihm, und er ist in uns. Gott ist nicht eine Person, sondern Gott ist eine Energie, der wir auch zugehörig sind. Das ist eine Erkenntnis- und Liebesqualität, der wir auch zugehörig sind. Und wir haben ja in uns unsere Seele, die Teil dieses Göttlichen ist. Mein Geist, mein Körper, das ist etwas anderes. Das ist bis zu einem gewissen Grad, würde ich sagen, Polaritätsmüll. Aber meine Seele, die ist ganz weise, ganz wissend. Es kann deswegen auch keine seelischen Erkrankungen geben.

Wie nennen Sie das?

HELLER: Ich glaube, dass es Verzweiflungen gibt, die aber nicht das, was im spirituellen Sinn die Seele ist, erreichen.

Sie sprechen sozusagen von einer Tiefenschicht der Seele, die unzerstörbar ist.

HELLER: Ja, aber ich glaube, dass wir das Wort Seele nicht mit dem Wort Erkrankung in Zusammenhang bringen dürfen, obwohl ich natürlich genau weiß, was unter seelischen Erkrankungen gemeint ist, und weiß, dass es das ganz stark gibt. Aber das Wort seelische Erkrankung erscheint mir dafür falsch. Die Seele ist durch und durch für immer und ewig gesund, weil sie aus der höchsten Liebe, aus dem höchsten Wissen, aus der höchsten Reinheit geschaffen ist. Und die lässt sich von der Welt nicht krank machen.

Sie haben vorhin von den Scherben gesprochen, beziehungsweise ich habe das zitiert.

HELLER: Ich empfinde mich durchaus an vielen Tagen als Scherbengericht, und dass in diesem Scherbengericht Gott ein

Zuhause hat, das ist das, was mich die Scherben ertragen lässt und was mich auch wieder ermutigt, sie irgendwie zusammenzukleben und als Figur durch diese Welt zu schreiten. Ich habe darüber keine Vermutung, sondern für mich, so erschreckend oder unglaubwürdig das für manche klingen mag, ein absolutes Wissen – keinen Glauben, sondern ein Wissen. Ich habe es erfahren, und zwar von Kindheit an. Und das, was ich in der so genannten Kunst oder mit meinem Talent anfange, das sind alles nur Erkenntnisübungen, die mir verhelfen sollen, bestimmte Dinge schneller zu erfahren oder besser zu erfahren. Mit den Hobelscharten dessen, was meine eigentliche Arbeit ist, möbliere ich dann irgendwie mein Leben, und das könnte man dann Kunstversuche nennen.

Sie haben das Wort Liebe jetzt schon zweimal verwendet. Warum ist die Liebe das Zentrale für Sie? Was heißt das genau: Liebe?

HELLER: Es gibt einfach keinen reineren Stoff als die Liebe. Und jede Seele hat eine tiefe Sehnsucht, das, worin sie sich jetzt aufhält, nämlich unseren Körper und unseren Geist, in diese Liebe zurückzuführen, weil sie dort zu Hause ist. Und so sind wir immer auf der Suche und in der Bemühung, uns ein würdiges Zuhause für die Seele zu schaffen. Und das würdigste Zuhause ist einfach lieben und geliebt werden.

Wie formt sich diese Liebe aus? Die muss sich ja materialisieren, konkretisieren.

HELLER: In Bezug auf die Arbeit heißt das für mich, dass es absolut keine Möglichkeit für das gibt, was man im Wienerischen einen Schmäh nennt. Man muss genau das tun, was man für seine Ausbildung braucht (ich sage ja nicht Arbeit, sondern ich sage Ausbildung). Das muss man suchen und annehmen, auch wenn das außen missverstanden wird und nicht gebraucht wird. Das ist natürlich gerade für einen Künstler besonders schwierig, denn ich muss in Projekte hineingehen, die vielleicht die Kritiker entsetzlich finden, die aber für mich ganz zentral notwendig sind. Und solang man in der Welt ist, wird man natürlich immer mit Verstörungen, mit Nöten, mit Verzweiflungen, mit Rätselhaftem, wofür man noch nicht sensibilisiert genug ist, um es zu durchschauen, konfrontiert werden. Da kann man dann den Trost haben, zu wissen, dass das eben eine begrenzte Ausbildungszeit ist und dass man von dieser Ausbildung dann in jedem Fall noch in einen Heimaturlaub kann, gerade bevor man vielleicht mit einer nächsten Ausbildung beginnt.

Höre ich da heraus, dass Sie ein Stück weit so einen Reinkarnationsglauben haben?

HELLER: Ich bin der, der den Button tragen würde „Wiedergeburt – nein danke!“, weil ich diese Welt in Wirklichkeit für unerträglich halte, obwohl ich mir ausgesucht habe, hier schlauer zu werden. Aber ich glaube, dass man in einer permanenten Ausbildung ist und dass das nie aufhört, dass man nur eines Tages das Glück hat, in einer Ausbildung zu sein, in der es die Polarität dann nicht gibt. Also ich glaube nicht, dass man hundertmal in diese Welt kommen muss. Ich glaube, man kommt 100- und 1000- und Millionenmal in neue Erfahrungen.

Was wäre das Ziel Ihres Lebens? Wo, würden Sie sagen, ist die Ausbildung aufgehoben? Es bleibt ja alles bruchstückhaft, was wir tun.

HELLER: Als Mensch kann man nicht alles, als Seele kann man alles. Das sind zwei Wahrheiten, die in mir anwesend sind. Das heißt, ich habe überhaupt keinen Grund, mich zu ducken, sondern ich habe in mir ein Konsulat des Wunderbarsten. Der Mensch ist halt mit Patschertheit bandagiert, würde ich beinahe sagen. Und das bringt mir etwas Wunderbares bei, was ich viele Jahre meines Lebens nicht kapiert habe, nämlich ein Mitgefühl für mich selber, nicht ein Mitleid – ein Mitgefühl. Erst dieses Annehmen-Können meiner Patschertheit, dieses Annehmen-Können meiner Unfähigkeit, bestimmte Lektionen 55-mal erfahren müssen, bis ich sie kapiert habe, das habe ich mir immer irgendwie übel genommen. Und jetzt bin ich so weit, dass ich sage, nein, ich unterstütze mich im Überwinden dieser Patschertheit, aber ich habe auch eine Sympathie für mich im Patschert-Sein, weil ich eben ein Mensch bin.

Sie haben in Ihrem Leben große Triumphe gefeiert, unbestritten. Sie sagen darüber, das sei gelungenes Scheitern gewesen. Es gab aber auch Abstürze – berufliche, auch private. Dieses Unaufgearbeitete, vielleicht auch Schuldhafte – wie gehen Sie damit um?

HELLER: Ich bemühe mich immer, das zu tun, was ich zusammenbringe als Bestes im Augenblick, und in der Retrospektive ist mir das oft unheimlich, wie wenig ich zu einem bestimmten Zeitpunkt gekonnt habe. Oder es ist mir unheimlich, wie brutal ich vorgegangen bin oder wie lieblos ich anderen gegenüber war. Wäre mir das in diesem Augenblick bewusst gewesen, hätte ich es sicher nicht so gemacht, weil ich immer eine Sehnsucht danach gehabt habe, mich selber achten zu können. Und man kann sich nur dann achten, wenn man achtenswert agiert. Es ist ein ununterbrochenes, ja, mir fällt nichts Besseres ein, ein ununterbrochenes In-Arbeit-Sein.

Ich möchte die Frage andersherum noch einmal formulieren: Wie gehen Sie mit dem Schmerz um, mit Leiden?

HELLER: Ich habe das Leiden und den Schmerz, was Sie nicht wundern wird als Antwort, nicht gern. Ich habe begriffen, dass ich es offensichtlich, wenn es jetzt noch kommt, jetzt noch brauche. Ich bitte nicht um den Schmerz, ich bin nicht masochistisch, ich bitte um die Freude, aber ich muss leider auch zugeben, dass mich der Schmerz verfeinert hat. Gefährlich wird es dort, wo Menschen durch Schmerz vergröbert werden.

Herr Heller, wenn uns ein geliebter Mensch stirbt oder im Sterben liegt, dann werden wir mit der Tatsache des Todes unmittelbar betroffen. Kennen Sie so eine Erfahrung, und wie verhalten Sie sich dazu?

HELLER: Es gibt Arten von Abschieden, die unsagbar sind in ihrem Schrecken. Das Schrecklichste, was ich je miterleben musste, und im Nachhinein wird man auch sagen müssen, durfte, war, wie die Erika Pluhar ihre Tochter verloren hat. Also das Sich-Verabschieden eines Kindes ist sicherlich so, dass man jede Faser an Trostmöglichkeit, an Hilfe in Anspruch nehmen muss, um es irgendwie auf Füßen stehend verarbeiten zu können. Also ich glaube, dass die Spiritualität einem hilft, vielleicht dem einen ab dem dritten Tag und dem anderen ab dem sechsten Monat, aber der Schock des Abschieds, dass einem weggerissen wird ein Lachen, ein Geruch, eine Berührung, das zählt zum Allerhärtesten, was die Polarität zu bieten hat. Von den 20 mir am nächsten gewesenen Menschen sind 13, 14 tot und übersiedelt. Das macht mich eine Zeit lang unendlich traurig, weil mir diese Berührungen abgehen, weil mir die Stimme von dem abgeht, weil mir die Art, wie er in meinem Garten in Gardone an einem Baum gelehnt ist und auf den See geschaut hat, unendlich abgeht. Aber dann weiß ich natürlich, dass er dort ist, wo wir eh hingehören. Und ich habe mit all diesen Menschen eine innige Verbundenheit und ich würde auch sagen, ein nie endendes Gespräch mit all diesen Seelen. Sie sind mir nah, und sie sind Teil dieser vielen Hilfen, die ich habe, weil ich glaube, dass ich alle Hilfen des Himmels und der Erde habe. Vorher waren sie halt Hilfen der Erde, jetzt sind sie halt Hilfen des Himmels.

Wer war André Heller? So haben wir unser Gespräch begonnen. Was bleibt angesichts des Todes, worauf ist Verlass, was gibt Ihnen Hoffnung?

HELLER: Es bleibt immer nur das, was man selber als Erfahrung gemacht hat und was andere durch einen an Erfahrung gemacht haben, positiv oder negativ. Einen Sinn hat ein Leben in jedem Fall gehabt. Ich bin voll der Hoffnung, ich bin nur nicht gern in dieser Welt. Diese Welt ist, was die Menschen betrifft, schon in einem miserablen, misslungenen, über weite Passagen misslungenen Zustand. Und was Prioritäten in dieser Welt sind, das ist schon beschämend. Und insofern würde ich sagen, ich versuche hier mit einem Lächeln durchzukommen, aber wenn der Zug hier wegfährt, werde ich mich bemühen, einen Fensterplatz bei der Abreise zu haben.

BIJAN KHADEM-MISSAGH

DIRIGENT

„Die Quelle der Freude ist Gott"

Bijan Khadem-Missagh ist gebürtiger Perser. Er kam als Kind nach Wien, wo er zum Violin-Virtuosen und Dirigenten ausgebildet wurde. 1973 begann er seine internationale Konzerttätigkeit als Solist, Kammermusiker und Dirigent und gründete 1979 das „Internationale Kammermusik Festival Austria – Allegro Vivo", initiierte die „Midsummer Music Academy" in Schweden, die Badener Beethoven-Tage und das Musikforum in der Schweiz. Von klein auf interessierte er sich für die Zusammenhänge von Kunst und Wissenschaft. Eine Frucht davon ist die Initiative „GlobArt", deren Mitglieder sich Gedanken machen über die internationale Vernetzung, Einbindung und Zusammenarbeit von Kunst und Wissenschaft im Hinblick auf eine friedliche Koexistenz der Kulturen auf dem Weg zur globalen Gesellschaft.

Es ist Zwischenkriegszeit in Berlin, der damals dreizehnjährige Geiger Yehudi Menuhin gibt ein viel umjubeltes Konzert. Danach kommt ein alter Mann in seine Künstlergarderobe, er streicht ihm über den Kopf und sagt: „Mein lieber Junge, deine Kunst hat mir mehr als alle Wissenschaft bewiesen, dass es einen Gott gibt." Der alte Mann war niemand Geringerer als Albert Einstein. Diese Geschichte haben Sie an den Anfang Ihres Buches mit dem Titel „Das Musische als Lebensweise" gesetzt. Das muss einen Grund haben. Herr Khadem-Missagh, was sagen Sie damit über sich und Ihre Musik?

KHADEM-MISSAGH: Diese Geschichte ist für mich die Möglichkeit, darauf hinzuweisen, dass es eine Kraft gibt, die verbal und wissenschaftlich nicht adäquat beschrieben werden kann. Eine Kraft, die uns hat werden lassen, eine Kraft, die die Ursache der Schöpfung ist. Man kann es mit dem Begriff Schöpfung, mit dem Begriff Gott gleichsetzen, aber alle diese Begriffe sind nur

Hilfsbegriffe, sie können nicht die Wirklichkeit beschreiben. Die Kunst, die Musik vor allem, ist ein wunderbares Zeichen dieser urewigen Kraft und ein Symbol des menschlichen Geistes.

„Musik ist höhere Offenbarung als alle Weisheit und Philosophie." Diesen Satz von Ludwig van Beethoven fand ich ebenfalls in Ihrem Buch. Die Musik rückt mit diesem Satz eigentlich in die Nähe des Religiösen. Was offenbart denn Musik mehr als es z. B. die Sprache kann?

KHADEM-MISSAGH: Darf ich das mit dem ersten Satz aus dem Johannesevangelium assoziieren: „Im Anfang war das Wort." Das Wort ist die schöpferische Kraft, die von Gott ausgeht. Aber was ist das Wort selbst? Ist das Wort nicht Klang in dem Moment, wo man spricht? Und ist das nicht bereits Musik? Das heißt, ist das nicht dieser Urton? Es gibt eine altpersische Anekdote, die mystische Geschichte, wonach Gott den Menschen nach seinem Bild erschaffen hatte, und zwar in Form einer Tonstatue. Dann wollte Gott, dass eben die Seele in diese noch leblose Gestalt einzöge. Aber die Seele weigert sich. Und so lässt Gott durch seine Engel Musik spielen. Und die Seele ist so entzückt und verzückt durch diese Musik, dass sie die Musik noch deutlicher und noch reiner hören möchte. Das aber kann sie im Moment noch nicht, weil sie noch nicht Ohren hat. Und deshalb ist sie bereit, in den Körper einzuziehen, damit sie dort die Musik noch besser und reiner hört. Diese mystische Darstellung eines Schöpfungsaktes kommt in ähnlicher Form in vielen Kulturen vor. Das heißt, die Musik ist eine Kraft, die zwischen dem Geistigen und dem Materiellen angesiedelt ist, und so wird Musik zur Nahrung für die Seele. Wenn wir erlauben, dass die Musik tiefer in unsere Seele eindringt.

Was waren denn Ihre ersten musikalischen und religiösen Erfahrungen, an die Sie sich erinnern können?

KHADEM-MISSAGH: Musikalische Erfahrungen sind in unserer Familie stark vorhanden gewesen. Mein Vater ist ja selbst Geiger gewesen, und ich bin überzeugt, dass ich schon während der Phase der Schwangerschaft, also als ich noch im Leibe meiner Mutter war, sicherlich damit in Berührung gekommen bin, denn es ist ja nachgewiesen, dass Kinder schon vor der Geburt musikalisch geprägt werden. Und ich erinnere mich genau an die früheren Zeiten, als bei uns zu Hause musiziert worden ist, mein Vater mit seinen Kollegen Kammermusik gemacht hat. Aber wahrscheinlich hat mich auch die Stimme meiner Mutter maßgeblich geprägt, denn die Stimme der Mutter ist die erste direkte musikalische Erfahrung, die jeder macht. Meine Mutter war sehr gläubig. Sie hat uns den Zugang zum Geistigen, dem zweiten prägenden Bereich, weit geöffnet, würde ich sagen. Meine Eltern waren Bahai, und als solcher ist man in dem Bewusstsein aufgewachsen, dass es nur einen Schöpfer gibt, dass unsere Definitionen von Gott nicht zutreffen, weil wir ja materiell beschränkt sind und unser Denkvermögen nur in Raum und Zeit denken kann. Aber Gott ist eben der Schöpfer des Raumes und der Schöpfer der Zeit und daher kann keine Definition – welche auch immer – sein Wesen treffen.

Sie schreiben: „Wahre Tradition muss bewahren und bewegen zugleich." Man kann auch sagen: „Aufs Feuer schauen und nicht auf die Asche." Gilt das auch für Ihren Glauben und was Sie mit Ihrem Glauben im Leben bewegen?

KHADEM-MISSAGH: So wie ich mich jeden Tag erneut dem Licht zuwende – Nahrung zu mir nehme, mich bewege und verdaue, mich bemühe usw. –, so ist es auch im täglichen religiösen Leben. Ich weiß ja auch nicht, ob nicht heute der letzte Tag meines Lebens ist, ob nicht der morgige Tag für mich gar nicht mehr existiert auf dem irdischen Bereich. Daher ist die Bemühung, mich im geistigen Bereich zu entfalten und zu entwickeln und dem Willen des Schöpfers näher zu kommen, täglich neu zu führen.

Den Willen des Schöpfers auch in seinem Leben zu entdecken – da braucht es in der religiösen Tradition auch eine persönliche Beziehung, das Gebet, die Meditation. Ich weiß, dass das etwas sehr Intimes ist, dass es sich schwer darüber sprechen lässt. Aber spielen Gebete und Meditation in Ihrem Lebensalltag als Musiker, Ehemann, Familienvater eine Rolle?

KHADEM-MISSAGH: Das Gebet spielt eine große Rolle und ist genauso wichtig wie die Aufnahme der geistigen Werte. Ich vergleiche das gerne mit einem Baum. Der Austausch von oben nach unten erfolgt, wenn ich mich überhaupt öffne, meine Blätter aufmache Richtung Licht, wie im Zustand des Gebetes. Auf der anderen Seite aber muss ich auch bereit sein, das in dieser Welt Vorhandene ins Geistige umzusetzen. Das heißt, ein wirkliches Gebet ist nur dann ein Gebet, wenn dem Gebet Taten folgen. Ein Gebet, das sich nur in Worten erschöpft, ist nicht vollendet.

Sie sind nicht nur ein international anerkannter Dirigent und Komponist, Sie sind auch ein Lehrer, einer, der andere Menschen zu einer anderen Lebensweise provozieren will. Frederik Meier vom „Club of Rome", schreibt über Sie: „Der Künstler versucht, durch seine Darstellung so zu wirken, dass Träume Realitäten werden." Herr Khadem-Missagh – von welcher Lebensweise träumen Sie?

KHADEM-MISSAGH: Traum und Wirklichkeit sind oft getrennt nur durch einen Bruchteil eines Augenblicks. Die Menschheitsgeschichte hat zwar viele Jahrhunderte durchwandert, aber letztlich sind Jahrhunderte Augenblicke im Vergleich zur Ewigkeit. Mich haben sehr die Worte Bahaulas inspiriert: Die Erde wird ein Land sein und alle Menschen die Bürger des gleichen Landes. Um dahin zu kommen, werden wir sicher sehr hart arbeiten müssen, das fällt nicht vom Himmel. Der Friede, das so genannte Reich Gottes auf Erden, ist das Ergebnis unserer Bemühung. Und je mehr Menschen guten Willens sich bemühen, umso leichter und schneller wird das erfolgen. Zu glauben, dass das passiert, ohne dass wir uns anstrengen – das wäre Illusion, das wäre Träumerei, wenn ich das Wort weiterspinnen darf: Utopie. Utopien müssen ersetzt werden durch pragmatische Visionen, d. h. Visionen sind Bilder, die wir vor unseren Augen sehen, und pragmatisch heißt, wir müssen sie gehen können, sie müssen

Wirklichkeit sein und nicht nur Träumerei. Die Menschheit hat ja gar keine andere Alternative. Es gibt nur die Alternative der Selbstzerstörung, der Barbarei, des Rückfalls in Fanatismus, oder es gibt die Vision einer geeinten Menschheit, in der wir die großartig vorhandenen Quellen der Völker ausnützen zum Wohle aller Menschen. In der die Künste eine bedeutende Rolle spielen werden, indem sie die Bereicherung des Lebens darstellen, die vorhandenen Quellen der Erde allen zur Verfügung stehen, nicht nur einigen wenigen, und wir die Arbeit verteilen, sodass sich die Arbeitslosigkeit reduziert. Vor allem sollte der Mensch erkennen, dass das Wesen des Menschen nicht bloß seine materielle Existenz, sondern seine geistige Wirklichkeit ist.

Sie haben bereits zwei erwachsene Kinder und ein kleines Kind. Aber diese zwei erwachsenen Kinder sind bereits erfolgreiche Musiker, die gerade auf Tournee sind. Was haben Sie denen als Vater auf den Lebensweg mitgegeben?

KHADEM-MISSAGH: Das Beste, was ich ihnen geben konnte, war die richtige Mutter. Und ich bin sehr dankbar, dass sie so eine großartige Mutter haben, denn die Mutter ist die erste und die wichtigste Erzieherin des Kindes. Und meine Frau ist selbst sehr musikalisch, und ich weiß, dass sie die ist und war, die die Kinder zur Musik hingeführt hat, aber auch eben zu jenen Werten, die, glaube ich, unersetzlich sind, nämlich zum Verständnis, dass es eine höhere Kraft gibt außer der menschlichen Existenz selbst und dass es einen Schöpfer gibt, den wir anzubeten und zu erkennen haben.

Es fällt manchmal schwer, diesen Schöpfer zu erkennen in unserer aufgeklärten Welt, die sehr vernunftorientiert ist, die sehr stark auch materialistisch orientiert ist. Wie gelingt Ihnen denn das in der Erziehung der Kinder?

KHADEM-MISSAGH: Ja, den Schöpfer zu erkennen, das ist wohl das Allerschwierigste in unserem Leben. Das Höchste, was wir vom Schöpfer erkennen können, ist sein Wort. Das Wort Gottes ist wie das Licht der Sonne, es ist den Menschen durch die

Stifter der Hochreligionen geschenkt worden. Daher ist ein wesentlicher Teil der Bahai-Kindererziehung, den Kindern Liebe und Respekt zu den Stiftern der Hochreligionen zu vermitteln, ob das Moses, Jesus, Mohammed oder ob das Bahaula ist.

Gibt es etwas aus der Erfahrung Geschöpftes, wo man sagen kann: Ja, also das ist etwas, das kann ich unabhängig jetzt von einer spezifischen Religion oder auf Grund dieser religiösen Prägung erkennen?

KHADEM-MISSAGH: Die stärkste Prägung ist in der Natur gegeben. Ich habe selbst diese Erfahrung gemacht, und ich denke, dass wir, wenn wir uns durch die so genannte Zivilisation von der Natur des Menschen entfernen, auch vom Schöpfer entfernen. Zur Natur und zum Wesen des Menschen gehört das Gemeinsame, d. h. der Mensch ist nicht erschaffen, um isoliert zu leben, sondern in einem Gemeinschaftskreis, in einer Familie z. B. Und die schönsten Erfahrungen sind jene, die man mit anderen Menschen auf dem gemeinsamen Weg hat, auf der Suche nach dem Schöpfer. Zu sagen, wir haben den Schöpfer gefunden, wäre vermessen.

Wie denken Sie eigentlich persönlich über Ihren eigenen Tod oder auch den Tod geliebter Menschen? Was kommen da für Gedanken und Gefühle in Ihnen auf?

KHADEM-MISSAGH: Der Tod ist für uns so unverständlich und unvorstellbar wie es für ein noch ungeborenes Kind dieses Leben ist. Das ungeborene Baby im Mutterleib braucht eine Phase der Entwicklung und des Übergangs in diese Welt. Die Geburt stellt den Wandel dar, das ist so quasi der Tod für den Embryo. In Wirklichkeit aber ist dieser Tod der Beginn eines Lebens, das weit, weit größer ist als in der Beschränktheit des Mutterleibs. So verstehe ich dieses Symbol. Das Jenseits verhält sich zum Diesseits so, wie das Diesseits zum ungeborenen Kind im Mutterleib. Angesichts des Todes eines geliebten Menschen – ich habe vor zwei Jahren meinen Vater verloren und vor zweieinhalb Jahren meine Mutter – können wir die Gewissheit haben, dass die Wirklichkeit dieses geliebten Menschen sich nicht auf seine sterbliche Hülle beschränkt, sondern er in seiner geistigen Wirklichkeit, nämlich als unsterbliche Seele existiert, und als solche in eine geistige Welt, unabhängig von der Vergänglichkeit des Raumes und der Zeit. Das ist unvorstellbar, und keine Definition trifft zu.

1979 haben Sie das Internationale Kammermusikfestival Austria unter dem Titel „Allegro vivo" gegründet. Allegro steht für die Freude, vivo für das Lebendige. Was bedeuten denn Freude und Lebendigkeit für Ihr Leben?

KHADEM-MISSAGH: Freude ist das Wichtigste im Leben, denn wir sind ja erschaffen worden, um glücklich zu sein und nicht, um traurig zu sein. Leben ohne Freude ist für mich Tod. Und die beste Voraussetzung für das Schöpferische und für das Musikalische ist die Freude. Ich habe das in den letzten Jahren immer deutlicher erlebt. Wenn ich nicht glücklich bin, dann kann ich auf der Bühne keine Aussage treffen.

Ich nehme an, dass Sie nicht von einer Freude sprechen, die man sich einredet, wie z. B. ein positives Denken oder eine positive Motivation, sondern dass es etwas gibt, dass Sie froh macht.

KHADEM-MISSAGH: Wenn ein kleines Kind auf der Straße geht und glücklich ist und lacht und einem Menschen begegnet, der traurig und schlecht gelaunt ist, so vergeht dem Kind sofort das Lachen. Und das finde ich unverantwortlich, als Künstler kann ich nicht in dieser Welt das Unmögliche noch weiter verstärken. Es ist insgesamt die Verantwortung der Kunst, eine Art Spiegel der Zeit zu sein, glaube ich. Die eigentliche Frage lautet: Wohin wende ich den Spiegel: zum Licht und lasse Licht zurückkehren oder zur Finsternis und lasse Finsternis wiederkehren.

Noch einmal nachgefragt: Hat die Freude vielleicht auch etwas mit Gott zu tun?

KHADEM-MISSAGH: Ausschließlich! Denn die Quelle der Freude ist Gott, und wenn wir würdig sein wollen, ihm zu begegnen, dann müssen wir diese Freude in unseren Herzen widerspiegeln.

VERONICA FERRES

SCHAUSPIELERIN

„Sehnsüchtig nach dem Unergründbaren"

„Rossini" oder „Die mörderische Frage", „Wer mit wem schlief", „Das Superweib" und „Les Misérables" – mit Filmen wie diesen wurde die Schauspielerin Veronica Ferres berühmt. Dass sie an der Seite von Kinogrößen wie John Malkovich oder Gérard Depardieu gespielt hat, davon wurde in der einschlägigen Presse ausführlich berichtet. Weit weniger bekannt ist, dass sie in Wien am Max-Reinhardt-Seminar studiert hat, dass sie mit bürgerlichem Namen Veronika Maria Ferres heißt und dass sie sich selbst unumwunden als gläubigen Menschen bezeichnet. Bei den Salzburger Festspielen war Veronica Ferres bis Ende der Spielzeit 2004 in der Rolle der Buhlschaft zu sehen.

Sie kommen gerade direkt vom Domplatz in Salzburg. Der Tod hat Jedermann mit sich genommen, die Buhlschaft hat letztlich das Leben gewählt. Wie geht es der Buhlschaft jetzt?

FERRES: Christian Stückl hat in seiner Inszenierung das erste Mal der Buhlschaft nicht nur einen Auftritt von 20 Minuten gegeben, den Auftritt der Tischgesellschaft, der den Höhepunkt des Lebens, der Sinnlichkeit, des Verliebtseins verkörpert, sondern hat ihr die Möglichkeit der Entwicklung zugestanden – ich bin ca. eineinhalb Stunden auf der Bühne – und eine Szene aus dem ursprünglichen englischen Stück „Everyman" aus dem 16. Jahrhundert aufgenommen. Darin setzt sich die Buhlschaft mit dem Tod auseinander, beobachtet sein Verhalten und kommt zu der Erkenntnis, dass sie als junge Frau ein Recht auf Leben hat. Sie macht diesen schmerzlichen Erkenntnisprozess durch und entschließt sich danach, Jedermann eiskalt zu verlassen und in der Stunde des Todes allein zu lassen. Wie es mir dabei geht? Man spielt sich hier auf dem Domplatz im wahrsten Sinne des Wortes die Seele aus dem Leib. Es geht um die existenziellen Begriffe, um Leben, um Tod, um Abschied, um Einsamkeit, und wir sind danach alle immer sehr, sehr erschöpft. Das bin ich tatsächlich, aber trotzdem glücklich, weil es für mich eine große Gnade und ein großes Geschenk ist, an einer wunderbaren Neuinszenierung eines wunderbaren Stücks teilnehmen zu dürfen.

Ich hoffe, ich kann Sie ein bisschen aufmuntern. Jedermann, wie ihn Hofmannsthal schildert, ist einem Götzen verfallen, dem Mammon, modern gesagt: der Kapitalvermehrung und -verehrung. Er erliegt dem Trugschluss, „Mehr Geld bedeutet mehr Leben", bedeutet Hinauszögern, Überwindung oder Überlistung des Todes. Es gibt aber auch andere Götzen, Möglichkeiten, sein Selbst zu verfehlen, z. B. dem Götzen Erfolg zu verfallen, dem Narzissmus des Selbstbildes. Haben Sie in Ihrem Leben etwas entdeckt, was Sie davor schützt?

FERRES: Ich denke, dass ich so erzogen wurde, dass ich mir selbstkritisch gegenüberstehen kann. Ich bin sehr bodenständig aufgewachsen, sehr einfach. Meine Mutter – sie ist vor vier Jahren gestorben – war Bäuerin, mein Vater Kartoffelhändler. Sie haben uns drei Kindern die Möglichkeit gegeben, aufs Gymnasium zu gehen, zu studieren, viele Sprachen zu lernen, eine fundierte Bildung zu bekommen. Auch weil ich sehr naturverbunden aufgewachsen bin, habe ich mir wohl ganz heilige, wichtige Momente in meinem Privat- und Alltagsleben bewahren können. Ich kämpfe auch dafür, z. B. wie ich die Freizeit gestalte, die Familie, die Tochter komplett aus der Presse halte. Es gibt von unserer Tochter, die inzwischen drei Jahre alt ist, kein einziges Foto in der Presse, das wird es auch nicht geben. Wir werden unsere Tochter nicht vermarkten, wie es viele andere tun. Um mich nicht von der Oberflächlichkeit und der Schnelllebigkeit, die in meinem Beruf gnadenlos ist, beschädigen zu lassen, habe ich z. B. das transzendentale Meditieren erlernt, das ich jeden Tag zweimal 20 Minuten übe. Mir ist Sport wichtig geworden, weil er Stress abbaut. Ich habe ein Pferd, ich liebe das Reiten. Wenn ich im Stall vor dem Pferd stehe und die Box ausmiste, dann relativieren sich Probleme. Nach dem Reiten weiß ich, wie ich in einer schwierigen Phase meines Lebens zu entscheiden habe. Diese intuitiven Momente, die man durch die Hetze und den Alltagsstress vergisst, werden einem von der Natur, den Tieren und der Ruhe wieder gegeben.

Ich möchte ein Stichwort aufgreifen, das Sie vorher genannt haben, den Kampf mit der Oberfläche. Eine bekannte österreichische Kolumnistin, Marga Swoboda, hat Sie folgendermaßen zitiert: „Offensive, glückliche Ausstrahlung, alles sehr authentisch, ein Bestseller aus Fleisch und Blut, Vollweib mit bewusst gesetzten Akzenten, ein echtes Kunststück, Vroni, der demoskopisch ausgewiesene Traum aller deutschen Männer, Millionen hätten gerne nur das eine von ihr, und dann vernichtet sie alle schmutzigen Gedanken mit einem Blick, der scharf sein kann wie zwei gezogene Revolver – Selbstbestimmung total." Können Sie sich darin wiederfinden oder ist das wieder so ein mediales Klischee, das über Ihr wahres Ich draufgeklatscht wird wie das des erotisch-naiven Superweibs vom Kartoffelacker?

FERRES: Zuerst muss ich sagen, dass diese Frau sehr gut schreiben kann. Das ist schon einmal ein Genuss, Ihnen dann zuzuhören. Es ist sicherlich ein Klischee, aber das „bewusst gesetzt" stimmt nicht. Ich habe nie meine Karriere geplant, sondern immer eine ganz große Sehnsucht gehabt. Die Sehnsucht ist ein Elementarantrieb in meinem Leben, die Sehnsucht nach etwas Unbestimmtem, nach dem Geheimnis im Leben, nach dem, was dahinter und für uns nicht ergründbar ist. Diese Sehnsucht hat ein großes Geheimnis und eine große Kraft. Ich glaube auch an die Kraft der Träume, an die Kraft der eigenen Phantasie. Das alles treibt mich an. Ich habe die Rollen immer nach meinem Bauchgefühl ausgesucht, habe mich gefragt: „Interessiert dich das? Möchtest du das spielen?" Und da war es egal, ob es ein Hochschulfilm war, wo ich noch Geld mitgebracht habe, oder ob es ein teuer produzierter Kinofilm war.

Wenn ich Sie aus einem Interview zitieren darf: Sie sagen: „Ich springe gern von der Hure zur Heiligen, von der Guten, die zur Mörderin wird." Liegt das für Sie nah beieinander?

FERRES: Die Widersprüche im Menschen liegen für mich sehr nah beieinander. So wie hier Christian Stückl der Botschaft beide Seiten gegeben hat, nämlich Freude, Glück, Höhepunkt des Lebens im Glauben zu genießen, alles vor sich zu haben, und dann kommt plötzlich der Abgrund – dadurch lernt sie auch eine andere Seite an sich kennen. Sie wird ja das erste Mal mit Tod und Abschied konfrontiert. Dadurch lernt sie auch die kalte Seite an sich kennen, um sich zu schützen. Eine andere Person geht förmlich in der zweiten Szene ab. Mich interessieren diese verschiedenen Facetten sehr.

Ein anderes deutsches Superweib hat folgende Worte geschrieben: „Das Herz ist das Fundament des Lebens, es ist die Wohnung des Wissens von Gut und Böse. Das Herz muss deshalb ständig und mit ganzer Kraft laufen." Irgendeine Ahnung, von wem das stammt?

FERRES: Ich glaube, nicht von Hera Lind, oder?

Es stammt nicht von Hera Lind, sondern von einem geistlichen Superweib vom Rhein, das übrigens auch Theaterstücke geschrieben hat.

FERRES: Elke Heidenreich?

Nein, von der heiligen Hildegard von Bingen, vor 1000 Jahren.

FERRES: Nein, wunderbar!

Ich muss zugeben, ich hätte es auch nicht gewusst. Wofür schlägt denn in Ihrem Leben Ihr Herz, und wie bewahren Sie sich das?

FERRES: Die Liebe ist das Unantastbarste und Wunderschönste und Reinste, bedeutet aber auch Arbeit: Erkämpfen muss man sich ja auch z. B. die Liebe zu sich selbst, indem man sich gegenüber aufrichtig und kritisch bleibt und sich nicht vom Lob verderben lässt, sondern sich bewusst ist, wo die eigenen Schwächen und Fehler zu suchen sind. Die Liebe zu der Familie, zu einem Mann, zu den Eltern, die Liebe zu den Kindern, die Liebe zur Natur sind für mich das Wichtigste, das Heiligste, das Schönste, und darüber spiegelt sich alles in meinem Leben.

Sie haben vorhin von der Sehnsucht gesprochen. Wonach sehnen Sie sich?

FERRES: Manchmal nach konkreten Dingen, nach einem Sonnenuntergang, manchmal nach einem gewissen Moment, den ich mit meiner Mutter erlebt habe, die es leider nicht mehr auf dieser Erde gibt. Ich habe Sehnsucht nach Menschen, die man verabschieden musste, aus welchen Gründen auch immer, Sehnsucht nach einem Traum, einem Geruch aus der Kindheit.

Hat diese Sehnsucht ein Ziel? Ihre Mutter konnte Ihre Tochter leider nicht mehr erleben, das hat Sie ja stark getroffen.

FERRES: Das hat mich nicht nur stark getroffen, dass sie die Geburt nicht erleben konnte, sondern da ist heute noch ein großes Loch. Man sagt, die Zeit heilt alle Wunden, aber dem ist nicht so. Das ist eine Volksweisheit, die nicht stimmt. Man gewöhnt sich daran, aber dass die Wunde nach dem Verlust eines geliebten Menschen heilt, ist nicht wahr.

Gibt es da für Sie irgendeinen Trost?

FERRES: Nein, man sollte lernen – und das gehört auch zum Älter- und Erwachsenwerden –, dass man mit der Zeit Wunden davonträgt und gewisse Schmerzen annehmen muss. Wenn man sich nicht wehrt, sondern lernt, sich dem Schicksal zu stellen und es anzunehmen, dann ist man schon einen großen Schritt weiter.

Aus welchen Quellen leben Sie? Woraus beziehen Sie Ihre Orientierung, im Alltag, in Ihrem Leben?

FERRES: Da kann ich nur sehr weiblich antworten: Indem ich mich immer mehr traue, meiner weiblichen Intuition zu folgen, auf sie zu hören – und meistens gibt sie mir Recht.

Aber auch die richtet sich ja hin und wieder nach Leuchtbojen, Leuchttürmen, Befreiungserfahrungen oder Sehnsüchten, denen man im Leben nachgeht.

FERRES: Richtlinien hat mir mit Sicherheit meine Erziehung gegeben, da ich gläubig erzogen worden bin, an Moral und Tugenden glaube und für mich Respekt vor jedem Menschen, der mir begegnet, das Allerwichtigste ist. Und den Respekt, den ich von anderen mir gegenüber erwarte, möchte ich selbstverständlich jedem Menschen entgegenbringen, der mir begegnet.

Sie haben gerade gesagt, Sie sind gläubig erzogen worden. Ist das verdunstet?

FERRES: Nein, in keinster Weise.

Sind Sie ein gläubiger Mensch?

FERRES: Ich bin ein gläubiger Mensch, ja.

Hat das eine Auswirkung, macht das für Sie einen Unterschied, zu glauben oder nicht?

FERRES: Natürlich ist es ein Unterschied. Es gibt gläubige Menschen, die nicht religiös sind, und es gibt religiöse Menschen, die nicht gläubig sind, die sich hinter der Hülle und Fassade dieses „Vereins" verstecken und darüber die wirkliche Auseinandersetzung mit dem, ob sie glauben oder nicht, vollkommen vergessen und verloren haben. Es gibt für mich Menschen, die behaupten, Atheisten zu sein, aber gar keine sind, weil sie in einem ständigen Kampf sind mit sich selber, mit der Sinnfrage, mit der Kirche, mit dem Glauben. Und diese Menschen sind gläubiger als viele, die jeden Tag in die Kirche rennen.

Hilft Ihnen der Glaube z. B., mit den destruktiven Seiten, die in uns allen stecken – ich denke z. B. an Gier, Neid, Hochmut –, besser umzugehen als ohne?

FERRES: Ich glaube, dass unsere Gesellschaft teilweise so verloren und brutal geworden ist – denken Sie nur, was im modernen Terrorismus passiert, was in der Welt an Kriegen geschieht; die Formen, wie man versucht, sich gegenseitig zu vernichten, werden ja immer brutaler und skrupelloser. Das hat, meine ich, mit einer großen Orientierungslosigkeit zu tun. Früher gab es den Glauben, und es gab sehr, sehr wenige Menschen in einer Dorf- oder Stadt- oder Landgemeinschaft, die sich getraut haben auszubrechen. Heute hat die Jugend keinen Halt mehr, da gibt es Götzen wie den Fernseher, Computer, Drogen. Ich glaube, dass man wieder dafür sorgen muss, dass der Glaube – und da hat die Kirche einen großen Anteil daran – für die Jugendlichen zugänglicher wird, dass das jünger wird, dass die jungen Leute damit wieder etwas anfangen können. Denn jeder braucht Halt, jeder braucht ein Gerüst.

Da braucht es aber mehr Menschen wie Sie, die überzeugt davon sprechen. Was Sie sagen, ist wahrscheinlich weitaus überzeugender, als was so mancher Bischof verkündet.

FERRES: Mich fragen auch ständig Bischöfe und Priester, ob ich nicht zu Gottesdiensten und zum Kirchentag kommen möchte, dort auftrete oder was vorlese, was Hoffnung macht, oder einfach meine Meinung über den Glauben sage. Aber ich bin keine Predigerin, ich bin Schauspielerin und möchte meinen Figuren so viel Wärme und Menschlichkeit in all ihrem Versagen, in all ihren Fehlern verleihen, wie ich nur irgendwie kann. Und wenn ich die Menschen damit emotional berühre, wenn ich sie damit zum Nachdenken – eine Sekunde nur –, zum Schmunzeln, vielleicht sogar zum Lachen oder vielleicht auch zum Weinen bringe, dann ist das das größte Geschenk, das man mir machen kann.

Sie haben sich seit einigen Jahren in einem Verein für sexuell missbrauchte Kinder engagiert. Warum?

FERRES: Vor einigen Jahren sind Therapeuten auf mich zugekommen und haben gesagt: Wir stoßen auf viel Widerstand, da es ein Tabuthema ist und mit so viel Schamgefühlen und Angst und Schuld behaftet, dass wir jemanden mit einer breiten öffentlichen Wirkung brauchen. Sie haben mich konkret um meine Hilfe gebeten, um die Möglichkeit, das Thema in der Gesellschaft zur Sprache zu bringen, zu erhöhen und Geld für Therapieplätze zu sammeln. Diese Kinder sind die vernachlässigtsten Geschöpfe unserer Gesellschaft, weil das alles unter den Teppich gekehrt wird.

Der Verein heißt „Power-Child".

FERRES: Wir arbeiten mittlerweile in ganz Deutschland. Der Sitz ist in München, dort haben wir eine Beratungsstelle aufgebaut. Wir kooperieren mit dem „Bündnis gegen Gewalt", mit dem Sozialministerium und unterstützen den Bayerischen Jugendring. So erreichen wir mit einem Schlag über 1 Millionen Kinder in Deutschland. Wir leisten auch Präventionsarbeit, weil wir etwas tun wollen, bevor das Kind in den Brunnen gefallen ist. Die Kinder sind stark und können sich wehren. Aber dazu muss man auch die Sinne der Eltern schärfen und den Kindern beibringen, darüber zu reden und ihre Scham zu verlieren.

Frau Ferres, was wollen Sie in 20 Jahren über sich sagen können, wenn Frauen aus der Generation Ihrer Tochter die Buhlschaft auf dem Domplatz spielen?

FERRES: Ich möchte eine glückliche Oma sein.

Das reicht?

FERRES: Das wäre schon ein großer Traum, mit meinem Mann glücklich im Sommer irgendwo die Füße in den See baumeln zu lassen und vielleicht ein bisschen für Kinder tun zu können, die große Probleme haben.

MARTIN SCHWAB

SCHAUSPIELER

„Die größte Offenbarerin ist die Stille“

Der Burgschauspieler Martin Schwab wurde am 9. November 1937 geboren. Seine Vorfahren waren fast alle Pfarrer, Lehrer und Weinbauern im Schwabenland. Schwabs Vater war im Widerstand gegen die Nazis interniert, wurde aber nach einem halben Jahr freigelassen und strafversetzt, weil er zuhause seine Frau und acht Kinder zu versorgen hatte. Der junge Martin engagiert sich anfangs stark in der CVJM, einer evangelisch-christlichen Jugendbewegung. Von seiner Familie wie auch aus der Jugendarbeit lernt er Toleranz. Geben statt Nehmen und Dienen vor dem Verdienen, das sind die Werte die auch den Schauspieler Martin Schwab zeit seines Lebens prägen. Seit 1986 spielt er in diversen großen und kleinen Rollen am Burgtheater. Der Vater zweier Söhne ist ein großer Liebhaber der Natur, der Musik und Literatur. Die Bühne ist für ihn eine große Kanzel der Menschlichkeit, die auch die Sehnsucht nach Transzendenz wachhält.

Herr Schwab, Ende der achtziger Jahre standen Sie in einer berührenden Rolle als Priester im Burgtheater im Stück „Tod und Teufel“ auf der Bühne. Wenn Sie zurückdenken, was war in diesem Stück für Sie die Schlüsselrolle?

SCHWAB: Ja, nun – das war der Pfarrer Blei, ein katholischer Priester, und alle Nöte und alle Schwierigkeiten, die ein Mensch, ein Mann durch diesen Beruf und das Leben zu leben hatte und hat. Das war für mich eine Aufgabe. Ich hatte versucht, auch meine eigenen Nöte in meine Vorstellung mit einzubringen. Pfarrer Blei versteht sich ganz in der Nachfolge Christi und muss sehen, dass das Leben nicht so gelebt wird, wie er sich das vorstellt. Er geht eigentlich auch zugrunde daran, dass, glaube ich, die Vorgesetzten seine innigsten Ansprüche gar nicht ernst nahmen und sagten: „Naja – man muss auch Zugeständnisse machen und so weiter." Das behagt ihm nicht, er will so absolut leben, wie Christus es vorgegeben hat, auch hinab zu den Sündern und hinab zu den Armen steigen – daran ist er letztendlich zerbrochen. Turrini hat damit ein sehr aktuelles Thema angesprochen, wie in den nachfolgenden Jahren die Einsamkeit thematisiert wurde, in der diese Menschen sich befinden.

Ist das eine religiöse Einsamkeit, die Sie auch von sich selbst kennen? Sie haben vorhin gesagt, da hätten Sie etwas abgearbeitet.

SCHWAB: Vielleicht ist jeder Mensch plötzlich allein, und wenn er dann niemanden hat, mit dem er diese Einsamkeit durchbrechen kann, dann kommt so etwas heraus wie beim Pfarrer Blei. Ich persönlich bin in der glücklichen Lage, dass ich nicht einsam zu sein habe.

Auch in diesen Fragen nicht?

SCHWAB: Ich denke, auch in diesen Fragen nicht, nein! Da gibt es eine wunderbare Geschichte von einem Kollegen von der Technik im Burgtheater, der die Vorstellung immer gerne von der Seite ansah, und der sagte einmal: „So, und jetzt gehe ich mit meiner Frau in die Vorstellung, und dann reden wir darüber!" Da dachte ich: Das ist toll, wenn das auch bei den Zuschauern ausgelöst wird und sie danach noch über Probleme religiöser, erotischer, sexueller Art usw. reden, dann hat das Theater ja schon einen tollen Sinn.

Sie wurden am 9. November 1937 geboren. Am 10. November ist Geburtstag von Martin Luther, so sind Sie zu Ihrem Namen Martin gekommen. Fast alle Ihrer Vorfahren waren Pfarrer, Lehrer und Weinbauern in Schwaben. Da sind Sie doch ein schwarzes Schaf, oder?

SCHWAB: Überhaupt nicht! Das ist ja etwas Wunderbares, wenn man als Vorfahren Pfarrer und Lehrer hat und dazu noch bodenständige Weinbauern, da ist der Weg zum Missionar oder zum Schauspieler ein ganz kurzer. Und wie heißt es so schön in der Bibel: „Ich bin der Weinstock und ihr seid die Reben" – wenn ich das für mich so auslege, dann fühle ich mich sehr glücklich.

Wie verstehen Sie Ihre Rolle als Schauspieler?

SCHWAB: Ohne jetzt so missionarischen Eifer zu haben, aber schon im Faust heißt es: „Ein Komödiant kann einen Pfarrer lehren", es sei denn, dass der Pfarrer ein Komödiant ist. Die Bühne gleicht der Kanzel – um von oben jemanden unten zu erreichen und ihm den Sinn für sein Leben zu vermitteln. Die Theaterstücke von der Antike bis zur Moderne bieten ja einen Schlüssel für das eigene Herz an, und daher hat Theater auch einen Sinn. Theater ist für mich auch in irgendeiner Weise Verkündigung.

Was wird da Ihrer Meinung nach verkündigt? Geht es um ein bestimmtes Sein?

SCHWAB: Gerade heute, mehr als früher, ist Theater nicht nur Unterhaltung. Es ist eine Rückführung, eine Besinnung, ein Bremsen, ein Innehalten im Strom der Zeit. Und wenn man vermitteln kann, man soll nicht Öl, sondern Sand im Getriebe – auch der eigenen Zeit – sein, dann ist das schon ein Theater, das ich gerne spiele.

Theater in der Antike hat als heiliges Geschehen begonnen, als eine Liturgie sozusagen, an deren Angelpunkt die Katharsis gestanden ist, die Umkehr. Finden Sie diesen kathartischen Anspruch heute auch noch im Theater oder würden Sie sagen, das ist eine Art Zeichen, Deutung der Zeit, aber aufs Ganze gesehen ist das ein illusorischer Prozess, die Menschen werden nicht besser?

SCHWAB: Was wir bewegen können, weiß ich auch nicht. Aber bei gelungenen Aufführungen spürt man, wenn der Atem zwischen Zuschauerraum und Bühne oben stimmt, wenn da eine Einheit ist zwischen gemeinsamem Einatmen und gemeinsamem Ausatmen. Wenn zumindest für einen Moment eine gewisse Läuterung oder ein gewisses Gemeinsamkeitsgefühl entsteht – ich nenne es das Nicht-allein-Sein –, wenn wir beim

Zuschauer erreichen, dass er hinausgeht und sagt: „Ja, ich bin mit dem, was ich denke oder fühle, nicht allein", dann wären wir wieder bei der Verkündigung oder bei dem, dass Theater Sinn macht und Kraft fürs Leben gibt.

Sie haben sich in Ihrer Jugendzeit sehr stark für diese Gemeinschaft CVJM – Christlicher Verein junger Männer – engagiert. Welche Werte haben Sie geprägt?

SCHWAB: Alles das, was das Leben ausmacht. Also auf der einen Seite das, was die Bibel lehrt oder man daraus gelernt hat, z. B. zu danken, zu bitten, fürzubitten für den anderen, solidarisch zu sein, Trost zu finden im Wort Gottes. Also ich würde immer die Bibel auf die berühmte Insel mitnehmen, obwohl ich kein Bibelfanatiker bin. Das Alte und Neue Testament zusammen genommen sind ein ganz schön dicker Wälzer. Man kann aufschlagen, wo man will, man findet irgendwelche Geschichten oder Sprüche, die Lebenshilfe geben, die einen herausfordern, einmal eine Stille einzutreten zu lassen. Denn nur an einer stillen Stelle legt Gott seinen Anker an. Und die größte Offenbarung ist wirklich die Stille. Aus der Stille heraus gibt es dann auch Hilfe. Und ich glaube, dass es in der heutigen Zeit sowieso viel wichtiger ist, gegen das Getriebe der Zeit einmal eine Stille zu setzen. Dann hört man plötzlich aus der Stille heraus, was du sollst.

Ist das eine Erfahrung, die Sie in Ihrem Leben öfters gemacht haben?

SCHWAB: Ja, ja! Immer, wenn man außer sich gerät, weil es umtriebig wird, dann ist dieses Eintreten in die Stille eine Bedingung, ohne die nichts geht.

Was treffen Sie dort an in der Stille, was begegnet Ihnen da?

SCHWAB: Da begegnet mir im Moment nichts. Da sagen mir Stimmen, abzubauen oder auszuatmen, zu sich zu kommen. Und plötzlich erfahren Sachen, die unlösbar schienen, eine Lösung, die aus dir selber kommt und dadurch dir gehört, sodass die Belastungen zu meistern sind.

Wenn Sie sagen würden: Ich vertraue auf Gott – stellen Sie sich Gott dann vor, und wenn ja, wie?

SCHWAB: Bestimmt stelle ich mir Gott nicht vor, wie er gemalt wurde, mit Rauschebart und so. Ich stelle ihn mir vor als einen großen Geist, über den Wassern schwebend, als eine Kraft, die ich in Anspruch nehmen darf, wenn ich in den Raum der Stille eintrete: Hilf dir selbst, dann hilft dir Gott!

Spielt Kirche da eine Rolle im weitesten Sinn, Kirche als Institution – ist diese für Sie in irgendeiner Weise bedeutsam oder sagen Sie: Nein, eigentlich müssen wir heute mehr Theater spielen, da passiert die eigentliche Katharsis?

SCHWAB: Nein, ich sage nicht, dass das, was die Kirche oder die Institution macht, ob katholisch oder evangelisch, mir zu blöde ist und ich trete aus und spare mir die Kirchensteuer. Das finde ich im Grunde unehrlich, weil offensichtlich ist, was Kirche macht, was die Mitglieder der Kirche machen, ob das nun Caritas ist oder Diakonie. Und auch die Mitglieder dieser Kirchen tun so viel, Geistvolles und Wichtiges. Im Gegenteil, ich freue mich dazuzugehören. Was jetzt mit der Institution als Institution ist, das ist mir eigentlich egal. Mir ist auch egal, ob ich nun evangelisch bin oder katholisch oder jüdisch. Da fühle ich mich in so nathanschem Sinne eingebettet in die Gemeinschaft der Gleichseienden.

Ist es wichtig, dass Sie bestimmte Wurzeln haben? Oder würden Sie die leichten Herzens austauschen?

SCHWAB: Obwohl ich aus einer evangelischen Linie komme, sage ich nicht, meine Wurzeln sind typisch protestantisch. Natürlich würde ich die jetzt nicht ausreißen, aber diese Wurzeln gehen auch ins Katholische hinüber, die gehen auch ins Jüdische hinüber, ein Quäntchen Jiddischkeit würde ich mir sehr gerne wünschen. Das Wurzelwerk unter der Erde, unter dem Boden ist sehr groß, und ich hoffe, dass dadurch auch der Baum stark bleibt.

Sie haben die Schauspielerei vorher mit Predigen verglichen, als ein Stück weit Auf-der-Kanzel-Stehen, wenn Sie so ganz frank und frei predigen würden: Was wäre Ihre ganz persönliche Predigt?

SCHWAB: Ich glaube, ich würde das Positive predigen, Psalmen, wie „Der Herr ist mein Hirte, mir wird nichts mangeln. Er weidet mich auf einer grünen Aue und führet mich zum frischen Wasser", und würde sagen, wenn wir an den Erlöser glauben (und jeder hofft von irgendetwas erlöst zu werden), dann lasst uns doch auch erlöster aussehen. Die Geschichte von Jesus Christus zeigt uns das ja vor.

Was fasziniert Sie z. B. an Jesus? Was hat Sie besonders geprägt?

SCHWAB: Für mich ist das eine Utopie. Christus, ein Mensch, der versucht, etwas zu ändern, ist der erste Revolutionär gewesen, der versucht, solidarisch sich mit den Ärmsten der Armen zu verhalten und durch seine eigene Bescheidenheit und Demut etwas vorzuleben, um ihnen Kraft zu geben. Dass er das mit dem Leben bezahlt, das ist zwar ein Schicksal, vielleicht ist das das Menschenschicksal schlechthin, aber trotzdem ist durch dieses Leben der Welt, also uns, ein neues Maß gegeben. Und diesem Maß zu entsprechen, und wenn es nur im Geringsten ist, ist ja schon ein ungeheurer Fortschritt.

Würden Sie sich etwas Besonderes herausholen wollen aus diesem Jesus und sagen: Na, wenigstens das möchte ich gerne begriffen, gezeigt, gelebt, geliebt haben?

SCHWAB: Das ist sehr schwer. „Wachet und betet, dass ihr nicht in Anfechtung fallet" – also wach bleiben und beten im Sinne wieder von der Stille. Und dann kommt genug Kraft, und dann ist es auch gut.

Worauf können Sie tagtäglich bauen, wenn Sie ins Theater gehen, wenn Sie nach Hause kommen, wenn Sie mit Ihren zwei Söhnen sprechen, mit Ihrer Frau zusammen abendessen? Was trägt Sie durch die Zeiten?

SCHWAB: Die Freude am Leben und die Tatsache, dass man einen Beruf hat, der einem die Möglichkeit gibt, etwas von diesem Leben, über das ich nachdenke, in verschiedensten Rollen weiterzugeben.

Dass es gut ist, zu sein?

SCHWAB: Ja, dass es gut ist, zu leben. Es ist uns geschenkt worden. Man kann mit diesem Leben so umgehen, dass man auch den anderen daran teilhaben lassen und ihn auch auffordern kann, mitzuleben. Und damit sind wir bei der Freude und wieder beim Positiven, und ich finde das schön, darüber kann man dankbar sein.

Ist die Freude begrenzt dadurch, dass das Leben endlich ist, also dadurch, dass Sie sterben werden und die Menschen, die Sie lieben, auch?

SCHWAB: Darüber habe ich mir noch überhaupt keine Gedanken gemacht. Ich glaube, vor dem Tod hätte ich keine Angst, vielleicht vor dem Sterben. Es heißt ja auch in der Bibel irgendwie so: Schenke uns einen gnädigen Tod, dass also das Sterben gnädig ist. Wenn wir uns an Leute erinnern, die vor uns gelebt haben, dann sind die auch noch da. Im Theater schwirren die ganzen Toten, die auf der Bühne gestanden sind, überall herum. Und in unserem Herzen sind auch alle, die uns einmal begleitet haben und aus denen wir hervorgegangen sind, und es ist keine Frage des Grabsteins und des Ortes, sondern die leben und schweben über den Wassern.

Weil es Zukunft gibt?

SCHWAB: Weil unser Leben nicht mit unserem Leben zu Ende ist.

Wissen Sie das?

SCHWAB: Das glaube ich!

HILDE ZADEK

SÄNGERIN

„Ich glaube an eine Aufgabe, die wir haben"

Geboren in Bromberg im heutigen Polen, aufgewachsen in Stettin; 1935 auf Grund ihrer jüdischen Herkunft Auswanderung nach Palästina, wo sie sich neben ihrem Beruf als Säuglingsschwester zur Sängerin ausbilden ließ. 1947 debütierte sie in Wien als Aida und legte damit den Grundstein für ihre internationale Karriere. Sie wirkte 25 Jahre lang an der Wiener Staatsoper, deren Ehrenmitglied sie ist, gehörte dem legendären Mozart-Ensemble der Nachkriegszeit an und sang an den großen internationalen Opernhäusern die großen Sopranpartien aus Klassik und Romantik. Sie war häufiger Gast bei den Festspielen in Salzburg, Edinburgh und Glyndebourne. Seit 1964 wirkt sie auch als erfolgreiche Pädagogin. Sie leitete die Gesangsabteilung am Konservatorium Wien und gibt bis heute Meisterkurse in der ganzen Welt. Der nach ihr benannte „Internationale Hilde-Zadek-Gesangswettbewerb" dokumentiert das besondere Engagement der Sängerin, junge Begabungen zu fördern.

Frau Kammersängerin Zadek, wir schreiben das Jahr 1947, Sie sind gerade in Zürich und werden nach Wien eingeladen, binnen fünf Tagen die Aida einzustudieren und an der Wiener Staatsoper, damals im Theater an der Wien, zu übernehmen. Es ist Ihnen ganz fulminant gelungen, es war der Start Ihrer großen Karriere als Sängerin. Woher haben Sie dieses Selbstbewusstsein genommen, diese Stärke, ja zu sagen und sich vor Angst nicht einzukrampfen und sich zu sagen: Da könnte ich ja scheitern?

ZADEK: Die Stärke, glaube ich, habe ich mir vorher erworben, bevor ich nach Wien gekommen bin, indem ich als knapp siebzehnjähriges Mädchen aus Deutschland allein nach Palästina ausgewandert bin, meinen Lebenskampf allein führen und mich durchsetzen musste, erst als Säuglingsschwester, später im

Schuhgeschäft meiner Eltern, wo ich zu derselben Zeit dann Gesang studiert habe. Um diese zwei Sachen zu verbinden, brauchte ich schon eine Kraft von mindestens zwei Menschen, auch den Mut dazu, neben zwölf Stunden Arbeit ein gesamtes Musikstudium zu absolvieren. Als ich im Jahr '47 das Angebot bekam, an die Wiener Staatsoper zu kommen, hatte ich sehr viel Mut gespeichert, denn sonst hätte mich das Leben vorher schon zerbrochen. Und die Forderung, innerhalb von einer Woche an der Wiener Staatsoper Aida zu singen, war eine ganz kleine Angelegenheit, wenn ich es vergleiche mit dem, was ich vorher schon bestehen musste.

Sie hängen der Überzeugung an, Kunst kommt von Können, also von unermüdlicher Arbeit, vom Üben, sowohl an der Materie selbst, in dem Fall an der Stimme, als auch an sich selbst. Das ist interessant. Was meinen Sie damit?

ZADEK: Ich meine damit, dass man ein Künstler überhaupt nur dann werden kann, wenn man menschlich an sich arbeitet. Die Stimme allein ist ja eigentlich das Wenigste, sie macht 20 Prozent aus und ist uns geschenkt. Darauf kommen mindestens 80 Prozent Arbeit, sowohl an der Stimme als auch am Menschen selber. Diese Prozente zwischen Stimme und Glück sind wirklich harte Arbeit, die man in Freude machen sollte und mit der Lust, etwas machen zu dürfen, was man sich wirklich wünscht, und sich ein ganz, ganz hohes Ziel zu stecken: Als Künstler die Gelegenheit zu haben, Menschen etwas immer wieder geben zu dürfen. Ich hasse dieses Wort „müssen" und kämpfe oft mit meinen Studenten, weil sie sagen: „Ich muss heute auftreten." Man muss überhaupt nicht auftreten, man muss nie auftreten! Man darf auftreten, man darf Kunst machen, sich bilden rundherum um das Sujet, das man gerade bearbeitet. Es genügt nicht, Aida nur zu singen; man muss sich mit dem Menschen Aida, mit Verdi als Komponisten und der Zeit der Entstehung beschäftigen, außerdem fragen: Wer bin ich, wo bin ich, was bin ich, was habe ich an, was habe ich zu präsentieren, wie alt bin ich, an was glaube ich oder an was glaube ich nicht.

Der Ausdruck „dürfen“ hat mich neugierig gemacht. So spricht doch jemand, der das Leben nicht als etwas Gemachtes sieht, sondern als etwas Geschenktes.

ZADEK: Ich glaube natürlich, dass das Leben ein Geschenk ist, auch an einen vorgeschriebenen Lebensweg. Die Hauptstraße ist von Anfang an vorbestimmt. Aber wie man seinen Lebensweg geht, das liegt doch an einem selber. Ich finde es ein großes Geschenk, überhaupt geboren zu werden und diesen Weg gehen zu dürfen, mit allen Schwierigkeiten, mit allen Fürchterlichkeiten, die man erlebt. Aber man erlebt ja auch wahnsinnig viel Schönes. Nur wiegt der Mensch das Schlechte schwerer als die Freude. Und ich glaube, letzten Endes sind bei jedem Menschen das schwer zu Ertragende und das Glücklichmachende ausgewogen.

Sie haben einmal gesagt, Gesang zu unterrichten bedeutet, Zugang zum tiefsten Inneren des Menschen zu bekommen; der Lernende soll so locker werden, dass er loslassen kann. Dann sagen Sie etwas Spannendes: Es geht darum, dass es strömen kann, und es ist etwas anderes als ich oder du. Was meinen Sie damit genau?

ZADEK: Es fängt damit an, dass der Gesangslehrer die und die Vorstellung hat und der Student eine ganz andere. Und jetzt beginnt es wie in einer Liebesbeziehung: Man tastet sich aneinander heran, man versucht einen gemeinsamen Weg zu finden. Das ist wie in jeder Ehe zuerst ein Kampf – kein aggressiver Kampf. Man ringt eben, bis man einen Weg gefunden hat. Danach kommt es nicht mehr darauf an, was ich will oder was die Idealvorstellung des Studenten ist, man hört darauf, was will das Es, was will die Seele, der Mensch, das Innere, das Zwerchfell, was will das Gefühl des Einzelnen wirklich ausdrücken. Am Ende eines ziemlich strapaziösen, qualvollen Wegs kann der Student das Es loslassen und strömen lassen. Das ist genau wie in der Liebe. Man muss den Weg finden, zu akzeptieren, was das tiefste Innere will.

Viele Menschen haben die Vorstellung: Lieben, das ist dauernd aktiv sein und dauernd etwas investieren, dauernd tun, tun, tun. Sie sprechen aber vom Loslassen. Wie verstehen Sie dann Liebe genauer?

ZADEK: Loslassen löst diesen Krampf, mit dem wir leben. Man fragt mich, warum ich mit 85 noch so viel Kraft habe. Das liegt daran, dass es in meiner Jugend das Wort Stress nicht gab. Wir haben gearbeitet, wir waren fleißig, aber wir waren nie im Stress. Heute hat jeder das Gefühl, dass er gejagt ist, von der Zeit, sich selber, der Vorstellung, die andere Menschen von ihm haben. Davon muss man sich befreien. Man muss eine gewisse innere Ruhe finden, was nicht bedeutet, dass man nicht mehr etwas erreichen will. Je langsamer der Weg ist, desto schneller kommt man ans Ziel. Dieses Jagen nach etwas bringt einem überhaupt nichts.

Das erinnert mich an Ihre Lieblingsrolle, die Marschallin in „Der Rosenkavalier“: „Die Zeit, die ist ein sonderbar Ding.“

ZADEK: Ja, das ist sie auch. Wenn man so dahinlebt, ist die Zeit rein gar nichts, „aber dann auf einmal spürt man nichts als sie“, sagt die Marschallin. Doch das sagt sie in einer ganz bestimmten Situation. Im Grunde haben wir, solange wir gesund sind, viel Zeit. Wir nützen sie nicht richtig. Ich sage meinen Studenten immer: Ihr habt 24 Stunden, jeden Tag. Wenn ihr acht Stunden davon benutzt, zu schlafen, acht Stunden, um euch am Leben zu erfreuen, egal, in welcher Form, dann habt ihr immer noch acht Stunden, die ihr in Ruhe arbeiten könnt. Wenn ihr euch das richtig einteilt, habt ihr viel Zeit.

Sie bezeichnen sich selber als nicht sehr religiös, und das verwundert mich. Ich würde Sie nämlich in einem bestimmten Sinn als sehr religiös bezeichnen. Können Sie mir Argumente liefern, warum Sie dieser Überzeugung sind, nicht religiös zu sein?

ZADEK: Ich glaube, dass das einfach an der Wortwahl liegt. Ich bin ein tiefgläubiger Mensch. Als religiös bezeichne ich Menschen, die in eine Moschee, eine Kirche oder eine Synagoge gehen, das Wort im Koran, der Bibel oder der Tora suchen. – Ich bin einfach gläubig. Ich glaube an ein höheres Wesen, an eine Aufgabe, die wir haben, und daran, dass wir als Menschen die Verpflichtung haben, unseren Weg so anständig und ehrlich wie möglich zu gehen und so viel wie möglich zu geben. Ich halte nicht schrecklich viel vom Nehmen. Ich nehme gerne ein Geschenk, aber ich freue mich viel, viel mehr darüber, wenn ich geben kann.

Wenn Sie sich die Frage stellen: Woher das Ganze, woher komme ich überhaupt? Haben Sie da eine Antwort für Ihr Leben gefunden?

ZADEK: Nein, das kann ich nicht lösen, und ich weiß auch nicht, ob diese Frage wirklich jemand anders beantworten kann. Ich glaube daran, dass das, was von uns übrig bleibt, nachdem der Körper verfallen ist, der Geist, die Seele oder wie immer wir das bezeichnen wollen, weiter besteht, in irgendeiner Form. Daran glaube ich.

Also dass es nicht verloren ist.

ZADEK: Dass es nicht verloren ist.

Dass auch Kunst als Suche etwas schafft, was bleibt.

ZADEK: Ja, daran glaube ich absolut. Ich glaube, dass wir nicht nur begraben oder verbrannt werden, sondern dass von uns etwas übrig bleibt. Und ich denke, unsere Aufgabe als Künstler ist es, uns selber in unserer Kunst so weit zu vervollkommnen, wie es uns möglich ist, damit wir etwas geben können, was den anderen, der es empfängt, bereichert.

„Ich weiß nicht genau, was meine Heimat ist", haben Sie einmal gesagt. Wenn man Ihre Lebensgeschichte kennt – geboren in Bromberg, dann nach Israel, also nach Palästina gegangen, in die Schweiz, nach Österreich vor fünfzig Jahren –, ist es nicht verwunderlich. Trotzdem: Wo möchte man bleiben, wo möchte man zugehörig sein? Haben Sie da eine Antwort?

ZADEK: Nein. Das ist eine Frage, die sehr schwer zu beantworten ist. Es handelt sich nicht nur um Bromberg oder Stettin und Deutschland, Palästina oder Schweiz oder Österreich. Ich hatte erst mal drei Passporte – ich war einmal Deutsche, dann bin ich entdeutscht worden, dann war ich ein British subject of Palestine, das ist dann auch wieder verloren gegangen. Seit 55 Jahren bin ich Österreicherin, und sehr gerne Österreicherin. Natürlich ist sowohl von Deutschland als auch von Palästina, wo ich zehn wichtige Jahre verbracht habe, sehr viel hängen geblieben. Die Antwort auf Ihre Frage ist: Mein Heimatland ist dort, wo ich Kunst machen kann und wo meine Freunde sind. Mir stellt sich jetzt mit 85 einfach die Frage, wo ich begraben werden will, gar nicht mehr, wo meine Heimat ist. Und ich muss Ihnen ganz ehrlich sagen: Ich will dort begraben werden, wo ich im Moment dann gerade bin.

Sie scheinen ein Mensch zu sein, der den Tag auskostet. Sie sagen einerseits, Sie sind asketisch, wahrscheinlich, was Ihre Lebensbedürfnisse anbelangt. Auf der anderen Seite leben Sie voll, jede Minute. Sie fahren gerne Auto – 30.000 Kilometer im Jahr habe ich gelesen –, Sie begeben sich selbst noch an die Riviera, umgeben sich mit Kunst ...

ZADEK: Ich glaube, ich bin im weitesten Sinne ein sehr sinnlicher Mensch. Ich meine das jetzt gar nicht nur sexuell. Ich bin ein Mensch, der das Leben wirklich auskostet und genießt. Ich esse gerne, ich sehe gerne Landschaften, liebe es, im Wald spazieren zu gehen, Auto zu fahren, Freunde zu treffen, ich bin ein Mensch, der Gott sei Dank sehr viele Freunde hat und das auch von ganzem Herzen genießt. Ich genieße am allermeisten meine jungen Freunde. Mein wirklicher Freundeskreis ist dreißig, vierzig, fünfzig Jahre jünger als ich. Ich weiß genau, wie alt ich bin, aber ich habe nie das Gefühl, alt zu sein, denn irgendwo, vom Intellektuellen aus, bin ich, glaube ich, zwischen 25 und 50 geblieben. Vielleicht jetzt näher zu 50, aber ich bin in meinen Auffassungen von Leben, Kunst und anderem nicht älter geworden, glaube ich.

Sie haben heute Geburtstag. Was wünschen Sie sich, wenn Sie noch ein paar Jahre zu leben haben. Was wollen Sie erreichen?

ZADEK: Also, ich wünsche mir zu unterrichten und am Klavierstuhl umzufallen. Der arme, arme Sänger, der das erlebt! Aber das ist wirklich mein größter Wunsch. Und bis dahin wünsche ich mir nur, gesund weiterarbeiten zu können, 365 Tage im Jahr, denn das erfüllt mich, das macht mir Freude, das macht mich glücklich, und das lässt mich nicht älter werden.

Und ist eine Gabe des Lebens.

ZADEK: Ja.

FUGE 4

AUF DER SUCHE NACH DEM, WAS DAS LEBEN TRÄGT

„Im Unterschied zur Zeit vor hundert Jahren spricht heute mehr für ein Weiterleben nach dem Tod, als gegen ein Weiterleben spricht." – *Johannes Huber*

„Die Beziehung zu einem Gott hat genauso wenig mit Denken zu tun wie die Beziehung zu einem geliebten Menschen." – *Anton Zeilinger*

„Und so glaube ich, dass ich nicht durch meine Leistungen vor Gott bestehen kann, sondern durch Christus, durch seinen Tod und seine Auferstehung." – *Karlheinz Essl*

„Gott ist nichts Drohendes, Belehrendes außerhalb von uns selbst, sondern die tiefste Dimension in uns selbst." – *Josef Riegler*

„Es ist nicht wichtig, dass man überall eine christliche Punze anbringt, sondern es muss im konkreten Handeln erkennbar werden, von welchem Geist die Entscheidung getragen ist." – *Franz Fischler*

„Ich fühle mich keineswegs als ‚ausgelernter Gläubiger'. Das sollte man überhaupt nie sein." – *Johann Weber*

„Gott ist ein Gott, der herabsteigt und den Schrei seines Volkes hört und der es befreit aus der Sklaverei. Das ist die Grundbotschaft der Befreiungstheologie." – *Erwin Kräutler*

„Das Beispiel, einen offenen und frohen Glauben zu zeigen, ist viel wichtiger als an Einzelfragen hängen zu bleiben." – *Franz König*

JOHANNES HUBER

THEOLOGE

Ein Arzt als Metaphysiker

Er ist einer der bekanntesten Ärzte Österreichs, der Hormonspezialist Johannes Huber. Und er ist katholischer Theologe. Es wird darum nicht verwundern, wenn er die Tätigkeit eines Arztes auch als eine seelsorgerliche empfindet. Er wurde 1946 in Bruck an der Leitha geboren und war ab 1973 zehn Jahre lang persönlicher Sekretär von Kardinal Franz König. Johannes Huber ist Professor an der Universität Wien, designierter Vorsitzender der parlamentarischen Bioethik-Kommission, Wien, und leitet die Abteilung für gynäkologische Endokrinologie und Sterilitätsbehandlung am AKH Wien. Johannes Huber ist international durch mehr als 400 wissenschaftliche Publikationen bekannt. Werke: Menschen „machen", 1989; Die Hormontherapie, 1990; Im Bannkreis der Sphinx, 1991; Länger leben – später altern, 1998.

Herr Professor Huber, als Theologe wissen Sie, theoretisch könnte jeder anständige Katholik zum Papst gewählt werden. Wenn ich mir die Entwicklung der katholischen Kirche ansehe, juckt es mich schon manchmal, und ich denke mir, Papst werden, das ist nicht so schlecht. Vielleicht können Sie mir da aus eigener Erfahrung Ratschläge geben, wie sind Sie denn Papst geworden? Genauerhin werden Sie ja als „Hormonpapst" bezeichnet.

HUBER: Das ist schwer zu beantworten. Möglicherweise deswegen, weil ich doch eine gewisse Assoziation zur katholischen Kirche habe, die ich als meine geistige Heimat betrachte, und weil ich lange Zeit bei Kardinal König arbeiten durfte. Danach habe ich mich auf dem Gebiet der Endokrinologie und der Hormonbehandlung spezialisiert und glaube, dass wir mit unserer Arbeit vielen Frauen das Leben verbessern, erleichtern und sie von manchen Krankheiten heilen können.

Ich bin auf diesem Gebiet ein Totallaie. Was ist denn gynäkologische Endokrinologie?

HUBER: Das ist die Lehre von den für die Frau spezifischen Hormonen, die aus den Eierstöcken stammen und nicht nur der Fortpflanzung, sondern der Fitness der Frau, der Schönheit, ihrer Gesundheit, dem Cholesterinspiegel, der Psyche etc. dienen. Es ist also ein sehr umfassendes Fach, das eigentlich die ganze Frauenmedizin zum Inhalt hat.

Kommen wir zum ersten heißen Eisen. Die katholische Kirche verwirft alle Formen der so genannten künstlichen Empfängnisverhütung, also Pille, Spirale, Hormonspritze etc. Das Argument lautet: Ab dem Zeitpunkt der Zeugung, also Verschmelzung von Ei- und Samenzelle, ist menschliches Leben gegeben. Das ist autonom und von Gott geschenkt, also darf der Mensch nichts tun, was die Entfaltung des Lebens verhindert oder zerstört. Wer es dennoch tut, handelt schwer sündhaft, und diese Argumentation ist ja relativ logisch. Wie denken Sie darüber?

HUBER: Die Empfängnisverhütung greift in die Menschwerdung in keiner Weise ein. Sie unterdrückt ja nur den Eisprung, und damit ist diese Argumentation von Seiten des Vatikans nicht richtig. Ich sehe das nicht nur pragmatisch, sondern auch theologisch. Nicht nur der Vatikan ist die Kirche, auch wir sind die Kirche, auch ich bin Kirche und habe daher auch das Recht, meine Meinung zu sagen, und letzten Endes muss man auch die Meinung des Volkes Gottes berücksichtigen. Das war ja in der Vergangenheit schon oft so, dass das Volk Gottes eine andere Meinung hatte als die Führung. Auf der anderen Seite könnte man fragen: Wenn jetzt Paulus wiederkehrte, würde er sich tatsächlich so intensiv mit diesen Fragen auseinander setzen, die heute die Amtskirche beschäftigen, oder hätte er nicht andere Fragen zu vermelden?

Sie sind Arzt und Theologe. Auf diesem Hintergrund verwundert Folgendes: Sie haben sich im scharfen Gegensatz zu christlichen Lebensschutzorganisationen und auch dem Widerstand der Kirche für die Zulassung der Abtreibungspille Mifygene ausgesprochen, die die Abtreibung auf einem chemischen Weg erleichtert. Warum sind Sie dafür?

HUBER: Ich bin nicht für die Abtreibung, und ich glaube, dass das der schlechteste Weg der Empfängnisverhütung ist. Als Pragmatiker und vor allem als Gynäkologe und Arzt sehe ich allerdings, dass es manchmal Situationen gibt, die man sich in der Kirche gar nicht vorstellen kann, die der grüne Tisch und auch die Kanzel nicht kennen. Man hat im Leben leider manchmal das kleinere Übel zu wählen, das minus malum, das ja auch in der Heiligen Schrift so bezeichnet wird, und für manche Frauen ist das eben bei aller Schwierigkeit der Entscheidung das kleinere Übel. Ich würde vorschlagen, dass man die Beurteilung dem lieben Gott überlassen und nicht voreilig über Menschen den Stab brechen soll.

Sie haben eine Tochter, die Medizin studiert. Stellen Sie sich vor, sie kommt eines Tages zu Ihnen und sagt: Papa, ich habe eine sexuelle Beziehung mit einem Freund. Ich bin schwanger, aber ich spüre, wir passen nicht zusammen. Außerdem dauert mein Studium noch drei Jahre. Was soll ich tun? Was sagen Sie da?

HUBER: Es ist der Schutz des Lebens ein ganz hohes Gut, und natürlich ist es besser, wenn Kinder in eine funktionierende Familie hineingeboren werden. Aber auch da gibt es Ausnahmesituationen. Das ist meiner Meinung nach kein Grund für einen Schwangerschaftsabbruch.

Ist für Sie Abtreibung Mord, wie die Diktion mancher christlicher Lebensschutzbewegungen lautet?

HUBER: Die Entstehung des Lebens ist meiner Meinung nach fließend. Natürlich ist bei der Befruchtung schon das genetische Material für das Leben vorhanden, allerdings ist der Schutz des Lebens bei einem Embryo, der drei Tage alt ist, anders als bei einem Embryo, der zwölf Wochen alt ist, und wieder anders bei einem Embryo, der 30 Wochen alt ist. Leben entsteht also, das hat ja auch die Frühkirche so gesehen, und hier haben die Kirchenväter sehr klar Unterscheidungen gemacht. Die überzogene Haltung der Amtskirche, die das Wort Mord so voreilig in den Mund nimmt, halte ich für schlecht und auch nicht kongruent mit der Tradition der katholischen Kirche.

Anders gefragt: Ist für Sie die Fristenlösung aus den siebziger Jahren ein großer Fortschritt in Richtung Humanisierung?

HUBER: Es wäre besser gewesen, wenn sich die Befürworter der Fristenlösung und der damalige Bundeskanzler Kreisky mehr mit Naturwissenschaftern beraten hätten, denn es gibt sehr wohl Momente in der Embryogenese, wo das Nervensystem noch nicht vorhanden ist, wo auch das Gehirn bei weitem noch nicht so arbeitet wie z. B. in der zwölften Woche.

Z. B. wann wäre das?

HUBER: In der siebten Woche, wo auch schon drei Wochen lang bekannt ist, dass man schwanger ist. Und es wäre sicher humaner gewesen, den Schwangerschaftsabbruch nach vor zu legen, auf einen Zeitpunkt, wo der Embryo noch nichts fühlt und noch keine Nervenreaktionen in dem Ausmaß wie in der zwölften Woche zeigt.

Die Kirche sagt trotzdem strikt und kompromisslos dazu: Nein. Stimmt die Argumentation der Kirche in dem Fall?

HUBER: Es ist ein Zielgebot, und Zielgebote muss es geben und soll es geben. Das darf uns aber nicht davon abhalten, im einzelnen, individuellen Fall pastoral zu entscheiden und die letzte Entscheidung, wie gesagt, der Barmherzigkeit Gottes zu überlassen.

Sie waren in Ihrer Schulzeit im Knabenseminar Hollabrunn. Dort haben Sie Ihre Liebe zur Theologie und Biologie entdeckt. Was hat Sie damals so fasziniert?

HUBER: Ich bin ein Kind armer Eltern und hätte das Studium wahrscheinlich nicht machen können, wenn ich nicht diese Möglichkeit gehabt hätte. So bin ich letzten Endes in Hollabrunn gelandet und habe, das muss ich offen sagen, auch angeregt durch die Lehre und den Unterricht des damaligen Lehrers Dr. Hans Groër, mich sehr für den Weitblick und für die tolle historische Komponente der Theologie zu interessieren begonnen. Deswegen habe ich dieses Fach auch parallel zu Medizin studiert: die Theologie fürs Herz und die Medizin fürs Leben. Aber in der Zwischenzeit ist beides eigentlich fürs Herz geworden.

Als Außenstehender würde man sagen: Die beiden Fächer Medizin und Theologie sind doch so entfernt wie Mars und Venus. Ist das für Sie anders?

HUBER: Das scheint nur so, denn erstens braucht man als praktisch tätiger Arzt eine große Mischung von pastoraler Eigenschaft, weil die Sorge um die Menschen pastorale Betätigung im weitesten Sinn des Wortes ist. Also hier, glaube ich, hat mich die Theologie schon befruchtet. Und auf der anderen Seite sind ja die großen Fragen – was ist der Mensch, woher kommt er, was ist die Materie, was sind unsere Kohlenwasserstoffmoleküle – naturwissenschaftlicher und theologischer Art. Und nicht umsonst hat Kardinal König diese Kooperation zwischen Theologie und Religionswissenschaft sowie Naturwissenschaft gefördert. Ich sehe da keinen Widerspruch.

Stichwort Kardinal König: Sie waren bis 1983 sein persönlicher Sekretär. Wenn Sie die Entwicklung der katholischen Kirche in den letzten 15 Jahren zusammenfassend beschreiben würden, was wäre da Ihr Resümee?

HUBER: König war aus vielerlei Gründen zweifellos ein Grandseigneur unter den Bischöfen und den Kardinälen, und die Führung, bei aller Liebe, geht doch wieder in die Provinzialität zurück.

Was meinen Sie konkret damit?

HUBER: Die wirklichen Themen, die die Menschen unter den Nägeln brennen, die werden meiner Meinung nach zu wenig berücksichtigt.

Zum Beispiel?

HUBER: Z. B. das furchtbare Mobbing, die Egozentrik, der Hedonismus in allen konkreten Details. Es hat keinen Sinn, wenn man nur biblische Formulare verwendet und Terminologien aus dem vergangenen Jahrhundert, sondern man muss die Botschaft des Christentums aktualisieren und so verkünden, dass die Menschen sehen: Hier habe ich Antwort auf die Fragen des Jahres 2001. Hier hätte das Evangelium sehr wohl Antworten bereit. Aber das rüberzubringen, das gelingt meiner Meinung nach der jetzigen Kirchenführung nicht. Das ist aber König gelungen.

Woran liegt das Ihrer Meinung nach?

HUBER: Die haben zu wenig Kontakt zum Volk. Es gibt eine gewisse Fremdheit angesichts der Bedürfnisse der Menschen. Es ist eine geschlossene Welt, die nicht die Realität widerspiegelt. Eine andere Erklärung habe ich nicht.

Die Medizin befindet sich derzeit in einem revolutionären Prozess, durch Biotechnologien ausgelöst. Worin sehen Sie denn da die größten ethischen Probleme, die da auf uns zukommen?

HUBER: Momentan darin, dass die Menschen ihre Lebenszeit sicher um durchschnittlich 18 Jahre prolongieren und durch die länger lebenden Menschen eine Fülle von ökonomischen, soziologischen, psychologischen Problemen auch im Zusammenleben der Menschen entstehen. Darauf sind wir nicht vorbereitet.

Was hätte das für Folgen, würde das für alle möglich sein?

HUBER: Das hätte die Folgen, dass z. B. ein immer kleinerer Anteil junger Menschen für eine immer größere Portion älterer Menschen sorgen muss. Das vierte Gebot kommt hier zweifellos in einen Challenge hinein. Es ist sicher auch die Frage, ob das sechste Gebot so hält, denn, wenn man plötzlich 60, 65, 70 Jahre mit ein und demselben Partner zusammenleben soll, wie lange das gut geht, wie oft das gut geht, ob das nicht zu einer Downregulierung all jener Rezeptoren, die die Sympathie bedingen, kommt? Es kommt sicher zu einer Relativierung des siebten

Gebotes. Denn alles zu bezahlen, wird in der jetzigen Wirtschaftsordnung nicht möglich sein. Es muss umverteilt werden, es wird an Besitzverhältnissen wahrscheinlich gekratzt werden. Ich glaube schon, dass das Länger-Leben der Menschen momentan die größte Herausforderung ist und nicht, ob jemand geklont wird oder nicht.

Trotzdem, das Klonen von Menschen, das im letzten Jahr schon als Möglichkeit verkündet wurde, ist schon eine große ethische Herausforderung. Sie sind ja Mitglied der Bioethik-Kommission. Wie sehen Sie das als gläubiger Arzt im Zusammenhang mit der Fortpflanzungsmedizin?

HUBER: Das Klonen der Menschen ist widernatürlich, es ist unnatürlich und dadurch unethisch und abzulehnen. Allerdings ist es bei weitem nicht so eine große Gefahr für unseren Globus wie die globale Erwärmung.

Wieso? Es gibt doch sehr viele mögliche Missbrauchsvarianten, die auf eine Dehumanisierung des Menschen hinauslaufen könnten.

HUBER: Ob das missbraucht wird oder nicht, hängt letzten Endes von der Gesellschaft ab. Das können alle mitbestimmen, und das ist nach wie vor der beste Garant dafür, dass es zu keinem eklatanten Missbrauch kommt, weil die Demokratie darüber wachen kann. Das ist überwachbar. Etwas anderes ist beim Wärmerwerden des Kosmos beziehungsweise unseres Planeten. Da kommt es zu Mutationen, da kommt es zu biologischen Veränderungen, die wir noch gar nicht absehen. Und da kann keine Demokratie mitbestimmen, denn das ist uns vorgegeben.

Mediziner haben es mit dem Leben, mit seiner Erhaltung und mit der Lebensqualität zu tun. Gibt es für Sie als Mediziner aber auch rationale Gründe, an ein Weiterleben nach dem Tod, z. B. an die Auferstehung, zu glauben?

HUBER: Wir wissen heute, dass nur ein Teil der Physik von unserem Gehirn tatsächlich erkannt werden kann, und im Unterschied zur Zeit vor hundert Jahren spricht heute mehr für als gegen ein Weiterleben. Wir wissen, dass die Materie unterschiedliche Formen hat, in der sie sich präsentieren kann. Das hat die Physik bewiesen, und dass sich eine Form der Materie ohne weiteres in eine andere umwandeln kann. Darüber hinaus wissen wir auch, dass unser Genom genauso wie unser Bewusstsein nicht kreativ und assoziativ, sondern ausschließlich reaktiv ist; wir sind also ein Abbild der uns umgebenden Elemente, ein Abbild des Periodensystems, das uns umgibt. Und genauso ist unser Bewusstsein letzten Endes auch ein Abbild. Gäbe es keinen Weltenbaumeister, wir hätten von ihm wahrscheinlich keine begriffliche Ahnung.

Was möchten Sie gelebt haben, wenn Sie unter Ihr Leben einmal einen Schlussstrich ziehen und sagen: Das ist mir gelungen, das ist nicht so gelungen, aber im Großen und Ganzen ist das gut?

HUBER: Letztendlich zählt eigentlich nur, ob man anderen Menschen hilft, man Gutes tut und bemüht ist, seine eigenen Interessen und seinen eigenen Egoismus nicht auf Kosten anderer auszuleben. Gutes zu tun, ist ja ein zutiefst biblisches Postulat, es ist meiner Meinung nach das Wichtigste im Mensch-Sein. Und ich bin sicher: Die guten wie die schlechten Taten kommen alle zurück. Man muss nur warten können.

Worin unterscheidet sich Ihr Postulat, das Gute zu tun, von einem Humanisten?

HUBER: Der Humanist tut es aus den Überlegungen des Mensch-Seins, ich tue es deswegen wie auch aus der Überlegung, dass es über unserer Physik noch eine Metaphysik gibt. Und diese Metaphysik kleide ich für meinen Teil mit dem Christentum aus.

ANTON ZEILINGER

QUANTENWISSENSCHAFTER

Ein Physiker als Mystiker

Der Experimentalphysiker Anton Zeilinger zählt zu den seltenen Wissenschaftern, deren Forschungen weltweit beachtet werden. Zeilinger hat in Experimenten zahlreiche fundamentale Vorhersagen der Quantentheorie umgesetzt und damit ihre erstaunliche Konsequenz für unser Weltbild bestätigt. Bereits 1977 ist ihm die weltweit erste Quanten-Teleportation gelungen, bei der Information von Lichtteilchen unter Überwindung von Raum und Zeit erstmals direkt übertragen wurde, das heißt, ohne entlang eines Weges von A nach B zu wandern. Anschließend verbrachte er ein Jahr als Fulbright Fellow in den USA. Seit 1999 ist er Professor für Experimentalphysik an der Universität Wien.

Herr Professor Zeilinger, als Vorstand des Institutes für Experimentalphysik an der Universität Wien zählen Sie zu den raren Wissenschaftern, deren Arbeiten von der Weltelite der Scientific Community aufmerksam verfolgt werden. 1977 gelang Ihnen gemeinsam mit Ihrem Forschungsteam, Eigenschaften von Photonen, also Lichtteilchen, ohne Zeitverlust und über jede Entfernung zu transportieren. Mit diesem „Beamen", könnte man sagen, eines Teilchens wurden Sie weltberühmt. Können Sie kurz schildern, wie das vor sich geht?

ZEILINGER: Es geht hier um Übertragung von Information von einem Teilchen auf ein anderes, so dass das neue Teilchen vollkommen identisch wird mit dem Original, so identisch, dass man sagen muss: Das ist das Original. Und das ursprüngliche Teilchen verliert seine Eigenschaft.

Was bedeutet das dann konkret?

ZEILINGER: Es ist die Anwendung einer Grundidee, die schon Physiker wie Albert Einstein und Erwin Schrödinger hatten, die so genannte Verschränkung quantenmechanischer Teilchen: Wenn ich zwei Teilchen habe, die miteinander verschränkt sind, dann kann die Messung an einem Teilchen das andere beeinflussen, ganz egal, wie weit es weg ist. Es war ursprünglich eine philosophische Frage, was das bedeutet; jetzt sehen wir Möglichkeiten für eine Anwendung. Die Teleportation ist eine Anwendung davon.

Ihre Arbeiten zählen ja zur physikalischen Grundlagenforschung. Für welche Anwendungsgebiete wird diese Teleportation z. B. interessant werden?

ZEILINGER: Diese Dinge sind Grundlagenforschung, sie sind von der Grundlagenforschung aus motiviert. Interessanterweise und zu unserer Überraschung gibt es Anwendungsmöglichkeiten. Wir sehen jetzt das Entstehen einer neuen Informations- und Kommunikationstechnologie, die auf Quantenprinzipien aufgebaut ist.

Also die Quantenkryptografie z. B.

ZEILINGER: Die Quantenkryptografie ist die Verschlüsselung von Daten, wie sie ja in der Wirtschaft ständig verwendet wird. Alle Banken untereinander kommunizieren nur mit verschlüsselten Daten usw. Die Quantenkryptografie ist die einzige Methode, von der wir wissen, dass ihre Sicherheit durch das Naturgesetz garantiert ist, d. h. der Experimentator muss weder besonders trickreich sein noch zu verhindern suchen, dass ihm irgendjemand über die Schulter schaut. Die quantenmechanischen Gesetze stellen sicher, dass die Quantenkryptografie funktioniert.

Eine andere Möglichkeit einer Zukunftsmusik wäre ein Quantencomputer. Was kann der anderes als die heutigen?

ZEILINGER: Da kann man zwei Sachen sagen. Zum Ersten wird der Quantencomputer von selber kommen, aus dem einfachen Grund, weil die Bauteile bei Computern immer kleiner und immer schneller werden, und irgendwann einmal werden sie so klein sein, dass für die Computer Quantengesetze gelten. Was dann wirklich neu sein wird, ist, dass ein Computer Information in verschiedenen Überlagerungen verarbeiten kann, d. h. ich muss die Probleme nicht nacheinander in den Computer füttern, sondern er kann gleichzeitig an verschiedenen Dingen arbeiten. Das würde eine Beschleunigung darstellen, und zwar eine so starke Beschleunigung, dass man nicht mehr von einem zahlenmäßigen Schnellersein, sondern von einer ganz neuen Qualität der Rechengeschwindigkeit sprechen wird.

Die Physik hieß früher einmal Naturphilosophie, d. h. sie hat nach den Gründen gefragt, was die Dinge im Innersten zusammenhält. Das hat sich in den letzten dreihundert Jahren grundlegend geändert. Man hat mehr oder weniger gemessen, gewogen, gerechnet, also beschrieben, was stattfindet. Sie nennen sich aber interessanterweise in einer Selbstdefinition einen experimentalen Naturphilosophen. Warum?

ZEILINGER: Wie gesagt, es war die Bezeichnung der Physik „Experimentelle Naturphilosophie“. Das heißt, es geht letztlich darum, auch durch Experimente, durch physikalische Versuche dahinter zu kommen, wie es so schön heißt bei Faust, was die Welt im Innersten zusammenhält. Was sind die wichtigsten Grundideen, auf denen wir ein Verständnis der Welt aufbauen können? Das sind die spannendsten Fragen, die man sich stellen kann.

In Ihrer Arbeit haben Sie es mit Grenzgebieten der Wirklichkeitswahrnehmung zu tun, zumindest experimentell könnte man sagen, Sie transzendieren die klassische Physik. Sehen Sie da Berührungspunkte zur Metaphysik, also zu den Fragen nach dem Grund und Ganzen, nach den ersten und den letzten Dingen?

ZEILINGER: Das sind genau die Fragen, die man stellt: Was steckt wirklich dahinter? Oder wie man so schön im Englischen sagt: „What is this all about?“ Worum geht es hier wirklich? Gibt es ein Urprinzip, gibt es ein Grundprinzip, auf dem wir unser Verständnis der Welt aufbauen können? Können wir diese Dinge alle in irgendeiner Form zusammenfassen? Eine andere Frage, die sehr spannend ist, ist die Frage der Wechselwirkung zwischen Bewusstsein und objektiver Welt. Das Bewusstsein ist offenbar nicht rein passiv, sondern sehr stark mitbeteiligt an der Konstruktion dessen, was wir als Wirklichkeit bezeichnen. Aber wie weit geht das, wie weit ist die Welt, die wir sehen, objektiv vorhanden und wie weit wird sie von uns konstruiert? Das sind Dinge, von denen man bisher nur sehr wenig versteht.

In einem „Format"-Interview haben Sie einmal gesagt: „In der Wissenschaft kann man keinen Beweis für die Existenz Gottes finden, aber es verblüfft, wenn man bei einem Experiment sieht, wie gut verschiedene Dinge zusammenpassen. Man kann das als Zufall abtun oder dahinter ein tieferes Prinzip vermuten." Wie stehen Sie dazu?

ZEILINGER: Ja, das ist genau die Position, die auch Albert Einstein oder Max Planck hatte: Die Verstehbarkeit der Natur und die Möglichkeit, dass wir das auf einige wenige Grundideen zurückführen können, deuten wohl auf ein dahinter liegendes Prinzip. Das ist auch meine Meinung. Bis zu welchem Ausmaß dieses dahinter liegende Prinzip der Gott einer bestimmten Religion ist, das weiß ich nicht. Das müsste man näher untersuchen, wobei ich das Gefühl habe, dass auch die Religionen da nicht so festgefahren sind in ihren Meinungen, wie es oft dargestellt wird.

In dem gleichen Interview sagen Sie aber sehr wohl, dass Sie persönlich an einen Gott glauben.

ZEILINGER: Ja, sicherlich, absolut, ja. Das wollte ich eigentlich mit dem vorher sagen.

Ist das ein personaler Gott oder haben Sie da andere Gottesvorstellungen, andere Gottesbilder im Hintergrund?

ZEILINGER: Ich glaube schon, dass es einen Gott gibt, der sich auch in die Niederungen dessen herunter begibt, sich um uns als Einzelpersonen zu kümmern. Das ist nicht nur eine abstrakte

Maschinerie, die die Naturgesetze in Gang gesetzt hat. Das ist der große Fehler, den viele Religionen gemacht haben, einschließlich des Christentums, dass man den Gott als eine Ursache für Dinge konstruiert hat, die man nicht versteht. Eben gerade, weil man dieses Ursache-Wirkungs-Prinzip für viel zu wichtig gehalten hat, dass man immer dort, wo man keine Ursache gefunden hat, eine Ursache erfunden hat, und die hat man Gott genannt. Das ist ein sehr naives Gottesbild, das letztlich zum Scheitern verurteilt ist, weil das immer weiter hinausgeschoben wird, was man nicht erklären kann. So simpel kann es nicht sein. Die Beziehung zu einem Gott hat genauso wenig mit Denken zu tun wie die Beziehung zu einem geliebten Menschen. Das darf nicht oder nur zu einem geringen Teil auf der Ebene der intellektuellen Analyse stattfinden. Wenn man da zu lange intellektuell herumanalysiert, dann ist man eigentlich auf der falschen Argumentationslinie.

Gibt es so etwas wie eine Erfahrungsebene dieser Beziehungsqualität, auch wenn man das jetzt nicht gänzlich ausdeuten kann? Gibt es so etwas wie Spuren des Göttlichen in Ihrem Leben?

ZEILINGER: Ich glaube, das haben viele Leute immer wieder empfunden, das wird immer wieder berichtet, dass es so etwas gibt, eine persönliche Erfahrung. Ich kenne es selbst auch. Ich würde das auch so sehen. Das ist eine persönliche Sache, das möchte ich nicht über den Rundfunk Millionen Zuhörern mitteilen, das ist meine persönliche Angelegenheit.

Einer ihrer besten Freunde ist Priester, Dechant in Wieselburg. Wie stehen Sie persönlich der Kirche gegenüber?

ZEILINGER: Die Kirche hat viel zu viel historischen Ballast zu tragen, die tut mir direkt Leid. Die Kirche hat sich so viel aufgelastet an Definitionen und Festlegungen, Dogmen und Regeln usw., dass praktisch keine Bewegungsfreiheit mehr existiert. Und diesen gordischen Knoten muss irgendwann einmal ein Papst zerschlagen.

Wohin gehend?

ZEILINGER: In Richtung viel mehr Freiheit für den Einzelnen, sich zu überlegen, wie weit er wirklich die als Dogmen und als Verhaltensregeln festgelegten Gesetze akzeptiert oder nicht. Ich glaube, da schränkt man viel zu sehr ein. Ritual und Mystik gehören ganz wesentlich zur Religion und sind für mich eine wichtige Komponente etwa des Katholizismus, etwas, das dem Protestantismus weitgehend fehlt und dort sicherlich ein Mangel ist. Der Autoritarismus ist eine andere Frage. Das erinnert mich an schlechte Erzieher, die behaupten, dass man eine gewisse Autorität braucht, weil das von den Kindern quasi verlangt wird. Das braucht man aber nur dann, wenn man denen nicht von Anfang an die Chance gegeben hat, selbst zu entscheiden. Ein guter Erzieher macht das anders, er weiß, dass man sich letztlich verlassen kann, verlassen muss und dass man großes Vertrauen haben kann in die Entscheidungsfähigkeit des Einzelnen, und gibt die Freiheit. Und ich glaube, die Kirche sollte auch viel mehr Denkfreiheiten geben. Ich glaube, dass das letztlich im Interesse der Kirche wäre.

Auf der anderen Seite sagen Sie auch, die Kirche solle sich zu den Zeitfragen moralisch stärker positionieren, das war im Zusammenhang mit Gentechnologie. Aber sie muss sich zugleich von einem antiquierten Menschenbild verabschieden. Woran denken Sie da?

ZEILINGER: Eben genau dieses Bild, dass man glaubt, man müsse Regeln vorgeben. Man soll die Probleme aufzeigen, die Probleme diskutieren, die gerade in der Gentechnologie auftreten können. Da haben wir ja erst begonnen, die Spitze des Eisbergs anzukratzen. Irgendwann einmal wird es möglich sein, Lebewesen vollkommen von der Chemie her zu konstruieren, ohne dass wir irgendwelche Stammzellen dazu brauchen usw. Was das dann bedeutet, darüber hat bis heute noch niemand geredet. Alle Kirchen, nicht nur die katholische, sollten diese Fragen sehr offen diskutieren, nicht eine Lehrmeinung wieder als offizielle Meinung positionieren, wie so oft. Vor allen Dingen sollten sie eine klare Gegenposition gegen die oft kommerziellen oder egoistischen Interessen Einzelner beziehen.

Wir haben vorhin auch von Mystik gesprochen. Wie weit ist Mystik, Glaubenspraxis im weitesten Sinn, wichtig auch für Ihren Beruf und Ihr Familienleben?

ZEILINGER: Ich glaube, dass Mystik in irgendeiner Form eine Komponente des Lebens eines jeden Menschen ist.

Was verstehen Sie darunter?

ZEILINGER: Für mich hat z. B. die Musik auch so eine Komponente, ein Zugang zu etwas, das nicht rational zu verstehen, aber doch Teil der Persönlichkeit eines jeden ist. Das gehört genauso wie die sozusagen rationale Analyse unserer Existenz dazu, dass man auch auf einer nicht rationalen, gefühlsmäßigen, intuitiven Ebene über sich selbst und über die Welt nachdenkt.

Unterscheiden Sie das von Esoterik?

ZEILINGER: Jetzt müssen Sie mir Esoterik definieren.

Esoterik als eine bodenlose religiöse Vorstellungswelt, die man sozusagen über die Wirklichkeit stülpt: Man konstruiert eine mystische Realität, die abgekoppelt ist von unserer Erfahrung.

ZEILINGER: Ursprünglich ist ja Esoterik nichts anderes als die Sicht nach innen, und so gesehen sind auch Religionen ursprünglich esoterisch. Nur ist das leider sehr verzerrt worden, aus welchen Gründen immer. Und jetzt läuft Esoterik schon viel zu sehr als etwas Machbares. Man kann genauso, wie man Wellness tanken kann, auch Esoterik tanken, und verwendet dann Worte, die völlig sinnlos sind. Wenn man da z. B. von Energieströmen spricht, dann kann ich eigentlich nur mit der Schulter zucken.

Obwohl Sie viel mit Energieströmen zu tun haben.

ZEILINGER: Gerade weil wir in der Physik viel damit zu tun haben. In der Esoterik macht man es sich einfach viel zu leicht;

das dient im Wesentlichen einer vordergründigen kurzfristigen Beruhigung, einer Happiness, bringt aber sicherlich nichts.

Sie haben drei erwachsene Kinder. Welche Werte sind Ihnen als Mensch und Vater im Laufe der gemeinsamen Jahre wichtig geworden? Was ist sozusagen das emotionale und geistige Überlebenspaket in der Familie?

ZEILINGER: Ich glaube nicht, dass es möglich ist, Kindern etwas mitgeben zu wollen. Das ist schon grundsätzlich ein Fehler. Das Einzige, was man Kindern mitgeben kann, ist das eigene Leben, das man selbst gelebt hat. Und wenn dieses Leben glaubwürdig ist, dann werden die Kinder auch etwas davon haben. Wenn es nicht glaubwürdig war, dann werden die Kinder genau diese Probleme wieder haben, die man selbst gehabt hat. Ein Punkt, den meine Kinder übernommen haben, der mich sehr freut, ist die hohe Wertschätzung für die humanistische Erziehung. Es haben z. B. alle drei Latein und Griechisch gelernt und das sehr gerne gemacht, und sie bedauern es bis heute nicht. Der zweite Punkt, auf den ich persönlich großen Wert lege und der auch auf die Kinder übergegangen ist wegen der täglichen Praxis, ist die Bedeutung, die Bücher, die Literatur, die Lesen in meinem und im Leben meiner Frau haben. Das merken die Kinder, und das wirkt weiter. Das sind immer die Dinge, die man selbst auch lebt, und das funktioniert ein bisserl.

Bei der Verleihung des „Men's Future Award" im letzten Jahr haben Sie gesagt: „Ich bin zutiefst überzeugt davon, dass Unwissenheit zu Armut, Krieg und Leid führt." Haben Sie die Hoffnung, dass wir eines Tages durch mehr Wissen eine gerechtere und friedvollere Welt bauen können?

ZEILINGER: Davon bin ich überzeugt.

Reicht Wissen?

ZEILINGER: Wissen allein reicht natürlich nicht, das ist klar. Wir müssen schauen, dass die Leute volle Menschen sind, die ihr Leben voll leben können. Aber Wissen ist eine notwendige

Voraussetzung, um Armut überwinden zu können. Wissen ist eine notwendige Voraussetzung auch, um extreme politische Fehlentwicklungen wenigstens schwerer zu machen. Unmöglich machen geht nicht, denken wir nur an den Nationalsozialismus, der eigentlich in einer hochintelligenten Gesellschaft entstanden ist. Das ist keine Sicherheit, aber es trägt mit dazu bei.

Martin Heidegger hat in dem berühmten „Spiegel"-Interview 1969 angesichts der technischen und wissenschaftlichen Entwicklung gesagt: „Nur ein Gott kann uns retten!" Stimmen Sie dem zu?

ZEILINGER: Ich stimme dem schon deshalb nicht zu, weil ich nicht der Meinung bin, die Situation sei so schlecht, dass wir jemanden brauchen, der uns rettet. Ich gehöre nicht zu diesen Kulturpessimisten, die glauben, dass auf Grund der technischen Entwicklungen der Weltuntergang unmittelbar bevorsteht, ganz im Gegenteil. Wenn ich heute auf der Straße gehe und mir die Menschen anschaue und mir das bewusst durch den Kopf gehen lasse, dann weiß ich, dass ohne die moderne Technik von den Menschen, die ich so sehe, wahrscheinlich nur mehr 20 bis 25 Prozent leben würden, die anderen wären ohne die moderne Technik schon gestorben. Das ist völlig klar, schauen wir uns doch die Lebenserwartung an. Die Lebenserwartung heute ist schon an die siebzig, achtzig Jahre, und die war in Primitivgesellschaften zwanzig bis fünfundzwanzig Jahre. Da ist man einfach gestorben, weil die Technologie nicht da war. Das allein kann nichts Schlechtes sein. Und ich bin überzeugt, auch was die Umweltproblematik angeht, diese Probleme haben wir, glaube ich, im Wesentlichen überwunden. Wir haben die Sachen heute in einer Weise im Griff, wie es vor zehn, zwanzig Jahren nicht der Fall war. Und ich denke, im Großen und Ganzen zeigen die Zeichen eigentlich auf eine Verbesserung, nicht auf eine Verschlechterung.

Sie sind also ein hoffnungsvoller Mensch?

ZEILINGER: Ja, sicherlich, absolut. Ich bin überzeugt, dass die Zukunft sehr positiv aussehen wird.

KARLHEINZ ESSL

UNTERNEHMER UND KUNSTSAMMLER

„Gott spricht im Herzen zu uns"

Karlheinz Essl wurde 1939 in Hermagor/Kärnten geboren. Bekannt wurde Essl durch den erfolgreichen Aufbau einer großen Baumarktgruppe in Österreich und im benachbarten Ausland. Der bekennende evangelische Christ engagiert sich neben seiner beruflichen Tätigkeit als Kunstmäzen. Unter anderem fördert er Behindertenwerkstätten mit dem Ziel, Hilfe zur Selbsthilfe zu leisten. Auch die Kultur des eigenen Unternehmens ist Essl ein Anliegen. Ob das mit seinem Glauben zu tun hat, versucht dieses Gespräch zu ergründen. Seit 1998 ist sein Sohn, Martin Essl, Vorstand und Geschäftsführer aller Unternehmen der Schömer/bauMax-Gruppe.

Herr Kommerzialrat Essl, Sie sind mit Ihrer Baumarktkette in Österreich und auch in Osteuropa erfolgreich geworden; 1997 hat ihr börsennotiertes Unternehmen etwa 8 Milliarden Schilling Umsatz gemacht. Was viele aber nicht wissen: dass Sie ein praktizierender Christ sind. Sie sind evangelisch und unterstützen auch ihre Pfarrgemeinde in Klosterneuburg. Würden Sie in den USA leben, dann wäre das vielleicht weniger ungewöhnlich, denn dort galt lange, zumindest in kalvinisch geprägten Kreisen, wirtschaftliches Fortkommen und privates Glaubensbekenntnis quasi als Zeichen göttlicher Anerkennung. Wie ist das bei Ihnen? Hat der Glaube mit Ihrem Beruf zu tun, oder bleibt das eine Privatsache?

ESSL: Ich bin der Meinung, dass der Glaube den ganzen Menschen ausmacht und es nicht möglich ist oder es nicht sein sollte, dass es hier Unterschiede gibt. So etwa in meinem Privatbereich, bei meinen Freunden oder in meiner Familie praktiziere ich den Glauben, im Geschäftsleben tue ich das, was das Business eben von einem fordert.

Wie schaut das bei Ihnen konkret aus?

ESSL: Konkret schaut das im Geschäftsleben so aus, dass ich versuche, meinen Mitarbeitern, den Kunden und den Lieferanten gegenüber Offenheit, Ehrlichkeit und Aufrichtigkeit zu praktizieren und dass ich versuche, nicht bewusst etwas Falsches zu sagen oder zu tun und die Leute irgendwie über den Tisch zu ziehen. Da gibt es bei mir eine Stopptafel, die Gott irgendwie in mein Herz gepflanzt hat und wo er sagt: Du, da ist Schluss! Und wenn ich diese Stopptafel überfahre, hat es Auswirkungen. Das heißt, dass Gott ins Leben eingreift – Gott spricht ja nicht verbal zu uns, sondern im Herzen, man merkt es, wenn man etwas Falsches gemacht hat, und ist dann unruhig, bis man die Sache wirklich bereinigt hat. Das ist eine neue Art der Sensibilität, die man bekommt und die man nicht ungestraft missachten kann. Mir ist es immer mehr klar geworden, dass die Sünde, das Unrecht, eigentlich die Strafe schon in sich birgt. Man muss erst gar nicht entdecken, dass man etwas Falsches gemacht hat, man muss erst gar nicht bestraft werden, sondern da ist etwas im Herzen drinnen, das einen nicht mehr zur Ruhe kommen lässt.

Was meinen Sie damit?

ESSL: Es gibt ein schönes Wort, ich glaube, das steht sogar in der Bibel: Lasset die Sonne nicht über eurem Zorn untergehen! Das hat auch eine Parallelität dazu. Es ist für mich auch in meiner Ehe so wichtig geworden: Wenn es Differenzen gegeben hat, so habe ich nicht richtig einschlafen können, wenn ich mich nicht vorher mit meiner Frau versöhnt hatte. Und so ist es auch mit Gott. Wenn ich mit Gott im Unreinen bin, komme ich nicht mehr zur Ruhe. Das ist das Spannende, Interessante, auch Herausfordernde, nicht nur wenn es um Sünde und Ungerechtigkeiten geht, sondern auch um Freude, um Erleben, um Empfindungen, die viel schöner sind und edler, großartiger, wenn man sie im Glauben und in dieser Harmonie mit Gott genießen kann.

Wie ist Ihnen Ihr Glaube so wichtig geworden, wie ist er lebendig geworden? Welche Rolle spielt bei Ihnen das Bekenntnis zum evangelischen Christentum?

ESSL: Ich entstamme einem gläubigen Elternhaus. Das heißt nicht, dass die Kinder automatisch den Glauben der Eltern weiterführen, es hat auch eine Protestphase gegeben. Aber ich bin irgendwann in jungen Jahren zur Erkenntnis gekommen, dass auch ich ein bewusstes Leben als Christ führen, nicht nur so ein Namenschrist sein will. Das hat mich überhaupt nicht interessiert, das ist etwas, was ich absolut ablehne. Entweder will ich ein Leben in Gott führen, oder ich will kein Leben in Gott führen. Halbheiten lehne ich in meinem Leben ab. Das bringt einen nicht weiter.

Nun ist es doch so, dass man meistens durch andere Menschen zum Glauben kommt, durch Vorbilder oder durch Erfahrungen in einem Leben wie Schlüsselerfahrungen. Hat es bei Ihnen auch so etwas gegeben?

ESSL: Das ist richtig. Zuerst einmal waren meine Eltern ein großes Vorbild. Sie haben den Glauben auch wirklich gelebt. Ich konnte sehr vieles von ihnen lernen. Ich habe auch die Lebensumstände und Situationen miterlebt, in denen sie gestanden sind und wie sie diese mit ihrem Glauben gelöst haben – viel besser, viel großartiger als andere Menschen, die keinen Glauben gehabt haben. Da habe ich mir gedacht, dass das etwas ist, was mich auch interessiert. Ich bin auch in Jugendkreise gegangen, es hat hier ganz tolle Bibelarbeiten und Freizeiten gegeben. So bin ich mehr und mehr in den Glauben hineingekommen, habe dann auch sehr bald angefangen, die Bibel zu lesen. Ich pflege bis heute, jeden Morgen eine Viertelstunde mindestens eine stille Zeit für mich zu haben, in der ich meine Bibel lese, bete, den ganzen Tag mit Gott bespreche, ihn bitte, dass er mir Kraft, Stärke, Weisheit und Liebe gibt. Das gibt mir die Kraft. Es war in jungen Jahren ein entscheidendes Erlebnis, als ich von einem Tag auf den anderen für mich selbst diese Entscheidung getroffen habe: Ja, ich will ein bewusstes Leben in Christus führen.

Warum evangelisch, warum kirchlich? Sie hätten ja auch sagen können: Das kann ich allein. Das wäre ja auch eine Versuchung gewesen.

ESSL: Ich glaube, dass zu einem wahren Christenleben auch die Gemeinschaft gehört. Man braucht die Verankerung in einer Gemeinde. Das ist ganz, ganz wichtig. Ich sehe das bei uns in Klosterneuburg, wir sind eine ganz tolle evangelische Gemeinde, wo man Freud und Leid mitteilen kann und wo man weiß, dass Menschen dahinter stehen, die für einen beten, die verbal und geistlich helfen. Wir haben bei einem sehr tragischen Todesfall in unserer Familie gemerkt, wie wir durch die Gemeinde getragen worden sind. Und so ist, glaube ich, dieser Austausch in der Gemeinde das Geborgensein wie in einer Großfamilie.

Ich möchte zum Anfang meiner Frage zurückkommen, zu Ihrer Rolle als Unternehmer. Es gibt ja gerade in der jüngeren protestantischen Tradition eine gehörige Portion Skepsis gegenüber den Idealen des Marktes. Karl Barth z. B. spricht vom „Götzen Geld", der für viele Christen im Alltag das „operative Glaubenssystem" darstellt. Und auch Jesus spricht in einem Gleichnis davon, dass eher ein Kamel durch ein Nadelöhr geht – damit meint er das niedrige Tor in der Jerusalemer Stadtmauer –, als dass ein Reicher ins Himmelreich kommt. Zucken Sie bei solchen Mahnungen innerlich zusammen?

ESSL: Das gibt mir schon zu denken. Das Geld, der Reichtum, der Wohlstand, können auch eine Verführung sein. Man kann sich zwar selbst großartig finden und den Reichtum oder diesen Ertrag des Lebens, oder wie auch immer man es bezeichnen will, auch genießen. Es gibt aber verschiedene Stellen in der Bibel dazu: „Was hilft es dem Menschen, wenn er die ganze Welt gewinnt und doch Schaden an seiner Seele nimmt?" Und so meine ich – ich kann da für mich selbst sprechen –, dass ich mich nicht als Eigentümer im herkömmlichen Sinne sehe, sondern eher als Verwalter. Gott hat mir eine Aufgabe gegeben, diese Aufgabe habe ich zu erfüllen, und diese Aufgabe umschließt mehr, als nur Gewinne zu erzielen. Die Philosophie unseres

Unternehmens lautet nicht, nur den maximalen Gewinn zu erzielen, sondern dabei sehr wohl auch die menschlichen und auch die kulturellen Werte zu beachten. Das heißt, nicht alles für sich haben zu wollen, sondern das, was man bekommen hat, auch mit beiden Händen auszuschütten, weiterzugeben, für wohltätige Zwecke, für kirchliche Zwecke, für Menschen in Not.

Manche Unternehmer würden sagen, wenn sie versuchen, ihre Unternehmensphilosophie nach christlichen Prinzipien zu gestalten: Die harten Gesetze des Marktes – Angebot/Nachfrage, Profitmaximierung – vertragen sich nicht mit solchen sentimentalen Versuchungen, wie Sie sie jetzt geschildert haben. Früher oder später werden Sie eine Bauchlandung erleben.

ESSL: Ich glaube, das ist falsch – die Leute, die so etwas sagen, haben das noch nie probiert und praktiziert. Ich glaube, dass man betriebswirtschaftlich umdenken muss: dass man heute in einer Welt lebt, die vielschichtiger ist, als sie noch vor vielen Jahren war, dass Unternehmer eine viel größere Verantwortung tragen gegenüber der Öffentlichkeit und dass sie, wenn sie diese nicht wahrnehmen, in Wahrheit Schaden erleiden. Man kann kurzfristig vielleicht Gewinne und Erfolge erzielen, aber langfristig nicht. Und so glaube ich, dass die christliche Botschaft alle Bereiche des Lebens umschließt, nicht nur das abgehobene Christsein, irgendwo auf höheren Wolken, sondern: Christus führt uns hinein in die Welt, gibt uns einen Auftrag, und den Auftrag hier in dieser Welt zu erfüllen, ihn gut zu erfüllen, auch Gewinne zu maximieren, das ist ja kein Gegensatz. Die Frage ist: Wie mache ich es, mit welcher Einstellung und in welcher Haltung? Es kann bei uns niemals so sein, dass der Gewinn über alles geht. Der Ertrag ist wichtig, aber auch: Wo kommt er her und wie wird er erwirtschaftet? Und langfristig ist es erfolgreicher, wenn ich mein Geschäft nach christlichen Gesichtspunkten führe, als wenn ich auf kurzfristigen Gewinn aus bin, nach dem Motto: Der Zweck heiligt die Mittel. Wenn mein einziger Zweck die Gewinnmaximierung ist, dann wird es zu Problemen kommen. Ich vertrete die Ansicht, der Zweck muss eine gute Leistung sein, eine gute Leistung für den Kunden, den Mitarbeiter, die Gesellschaft, in der wir leben. Und wenn ich eine gute Leistung erbringe, dann wird der Gewinn ein Abfallprodukt meiner Leistungen sein. Wenn ich von uns spreche: Wir haben zwei große Projekte, die wir unterstützen. Das eine ist die Kultur und die Kunst, das andere sind Behindertenheime, wo jeder unserer Betriebe die Patenschaft für ein Heim übernommen hat. Wir richten dort Werkstätten ein, in denen Behinderte arbeiten können, und diese Produkte werden dann auch gelegentlich in unseren Märkten verkauft. Der volle Ertrag kommt zu den Behinderten wieder zurück. Wir geben sozusagen Hilfe zur Selbsthilfe, um den Ärmsten der Armen auch das Gefühl zu geben, sie sind wichtig für uns, sie sind keine Randgruppe der Gesellschaft, sondern vollwertige Mitglieder. Wir müssen sie einfach lieben, unsere menschliche Wärme und Nähe spüren lassen. Das versuchen wir, in unseren Märkten zu tun.

Wenn man durch Ihre Unternehmenszentrale geht, sieht man, dass Kunst eine ganz besondere Bedeutung hat. Ihre Sammlung zeitgenössischer Kunst gilt auch als die bedeutendste in Österreich. Der russisch-deutsche Maler Alexej von Jawlensky hat in einem Brief an einen befreundeten Künstler und Priester geschrieben: „Kunst ist Sehnsucht nach Gott." Hat Ihr Bestreben, moderne Kunst zu fördern, auch mit diesem religiösen Hintergrund zu tun, oder ist es nur ein Image fördernder Spleen?

ESSL: So vordergründig hat es mit meinem persönlichen Gottesglauben eigentlich nichts zu tun. Kunst ist etwas, was wie die Religiosität eine andere Erfahrensdimension ist, die abseits von üblichen Normen verläuft und die einen immer wieder selbst in Frage stellt. Auf der anderen Seite ist Kunst immer auch sehr spirituell. Wieland Schmied hat in den sechziger Jahren in Berlin eine Ausstellung konzipiert, mit dem Titel „Religion und Kunst". Er hat an viele internationale Künstler einen Brief geschrieben und sie gefragt, inwieweit ihre Kunst religiös ist, mit Transzendenz oder Religiosität zu tun hat. Er hat mir erzählt, dass mehr als 80 Prozent der Künstler zurückgeschrieben haben, dass es tatsächlich so ist. Für mich ist die Kunst kein Religionsersatz. Bei vielen Menschen ist es so, weil sie keinen Zugang mehr zu Gott finden. Dann öffnen sie sich der Kunst, und die Kunst wird vielleicht so etwas wie eine Droge, ein Religionsersatz. Aber das ist schade. Ich glaube, die Tiefe der Kunst kann man durch die Religiosität noch besser erfassen. Es bedeutet eine Verstärkung des Kunsterlebnisses, wenn das Spirituelle, das Geistliche dazukommt.

Herr Essl, wenn Sie sich eines Tages aus Ihrem Geschäft zurückziehen müssen, wenn Sie alles loslassen müssen, wenn vielleicht auch Krankheit oder Tod vor der Türe stehen: Wie möchten Sie gelebt haben? Was glauben Sie, welcher Gott erwartet Sie am Ende Ihres Lebens?

ESSL: Zuerst glaube ich, dass Gott ein Gott der Liebe ist. Das wird in den Kirchen oftmals nicht richtig dargestellt. Immer nur der strafende Gott, das Jüngste Gericht: Das ist zwar alles richtig. Aber im Grunde genommen ist es ein liebender Gott, für alle Menschen, die sich ihm auch zuwenden. Und so glaube ich, dass ich nicht durch meine Leistungen vor Gott bestehen kann, sondern durch Christus, durch seinen Tod und seine Auferstehung – und durch seine Erlösungstat bin ich vor Gott gerecht geworden. Ich glaube, dass mich ein gnädiger Gott erwartet, wenn ich vor seinem Thron stehen werde. Ich glaube auch, man braucht sich keine allzu großen Dinge vorzunehmen, die Realität bringt einen ohnedies auf den Boden zurück. Die menschliche Unzulänglichkeit, in der wir ständig stecken, macht uns ohnehin demütig.

JOSEF RIEGLER

EX-VIZEKANZLER

„Gott in uns selbst finden"

Josef Riegler wurde am 1. November 1938 in Mörschitzgraben in der Obersteiermark geboren. Seine Eltern waren Bergbauern, der Vater fiel im Krieg. Nach Abschluss der Volksschule arbeitete Riegler am elterlichen Hof, später machte er die Matura und studierte. Nach dem Studium unterrichtete er und engagierte sich als Diözesanjugendführer bei der Katholischen Jugend, bis 1970 war er Generalsekretär der Katholischen Aktion Steiermark. 1972 wurde er Generalsekretär des steirischen Bauernbundes – seine politische Karriere begann. 1987 wurde er Landwirtschaftsminister und 1989 Nachfolger von Alois Mock als ÖVP-Bundesparteiobmann. Er trat in die SPÖ-geführte Koalitionsregierung ein, wurde Vizekanzler und Minister für Föderalismus und Verwaltungsreform. In seine Zeit fiel eine Parteireform, bei der er die Volkspartei auf seine Vision einer „ökosozialen Marktwirtschaft" einschwören wollte. Doch 1991 stellte Riegler sein Amt zur Verfügung, da er, wie er damals sagte, „nicht mehr über die volle innere Loyalität" der ÖVP-Funktionäre verfüge. Rieglers Visionen von einer ökosozialen Marktwirtschaft finden heute auf Europa-Ebene immer mehr einflussreiche Befürworter. Nachhaltiges Wirtschaften, das auf politisch faire Rahmenbedingungen für alle Wirtschaftsakteure abzielt, ist seit dem Gipfel in Göteborg auf die Agenda der EU gesetzt worden. Als Präsident des Ökosozialen Forums Europa hat Riegler mittlerweile in einigen europäischen Ländern ähnliche Foren gegründet. Daneben setzt er sich auf EU-Ebene für die Umsetzung des globalen Marshallplans zur Erreichung der UN-Millenniumsziele ein.

Herr Doktor Riegler, in einem „Presse"-Interview im Juli 1993 sagen Sie über die ÖVP-Politiker in Wien: „Jeder begegnet einem freundlich, man erfährt nichts offen, es ist wie im Nebel. Das

Intrigenhafte, das aufs Ausrutschen Bedachte hat mich mit voller Wucht getroffen." Bei Ihnen, so scheint es, hat sich der Satz „Mehr noch als vor deinen Feinden hüte dich vor den Parteifreunden" bewahrheitet.

RIEGLER: Ja, diese Situationsbeschreibung stimmt. Der Wiener Boden hat seine Eigenart. Die habe ich, etwas überspitzt, damals treffend beschrieben. Das mag wohl auch an der langen höfischen Tradition der Reichshaupt- und Residenzstadt liegen. Und es war wohl auch so, dass meine Themen und meine politischen Zugänge viele innere Widerstände ausgelöst haben.

Als Sie 1987 zum Bundesminister für Land- und Forstwirtschaft angelobt wurden, war dies zugleich die Geburtsstunde einer neuen politischen Strategie: Sie proklamierten die ökosoziale Marktwirtschaft als Ausweg aus der global destruktiven Wachstumskrise. Damals hat es innerhalb der eigenen Partei auch Widerstand von Seiten des neoliberalen Flügels gegeben. Worum geht es bei der ökosozialen Marktwirtschaft, warum wird das aus Ihrer Sicht notwendig?

RIEGLER: Ökosoziale Marktwirtschaft ist für mich zunächst ein Instrument, um das Ziel Nachhaltigkeit auf eine ökonomisch effiziente und human zuträgliche Art zu erreichen. In meiner Zeit als Landesrat der Steiermark war ich für Land- und Forstwirtschaft, aber auch für Umweltschutz verantwortlich. Mitte der achtziger Jahre gab es die ersten großen Kontroversen zwischen uns Umweltschützern und großen Teilen der Wirtschaft. Ich nenne Stichworte: Die Papier- und Zelluloseindustrie in der Steiermark – Gratkorn – war ein Paradebeispiel für Umweltkonflikte; dann die Energieerzeuger, also kalorische Kraftwerke, ob Voitsberg oder Mellach; die Eisen- und Stahlindustrie in der Obersteiermark. Das waren punktuell enorm umweltbelastende Wirtschaftsunternehmen. Wir von der Landesregierung kamen mit einer Latte von Auflagen, denn die Betriebe sollten in die Verbesserung der Umweltsituation investieren. Damals sagte mir einer der Generaldirektoren klipp und klar: Sie können mir Bescheide geben, wir lassen uns bestrafen. Das ist um vieles billiger als die Investitionen, die ich tätigen müsste. Das war der eigentliche Auslöser für mich, einen anderen Weg zu finden, denn die Nachhaltigkeit muss sich für ein Unternehmen betriebswirtschaftlich rechnen. Und wie erreiche ich das? Indem die Kosten der Umwelt konkret zugeordnet werden. Das macht kaum jemand freiwillig, sondern kann nur gehen, wenn die Politik Vorgaben macht.

Welche Kosten fallen da an? Woran denken Sie da?

RIEGLER: Konkret produziert z. B. eine Zelluloseindustrie Giftstoffe, die in das Abwasser gehen und unsere Flüsse enorm belasten. Viele Energie- und Industrieunternehmen pumpen Schadstoffe in die Luft, die zum Waldsterben und zu Erkrankungen von Menschen führen. Wenn nun die Politik vorgibt, dass diese Umweltbelastungen konkret gemessen und bewertet werden müssen und dafür zu bezahlen ist, dann rechnet sich natürlich ein Investment. Unterstützend kann durch Umgestaltung des Steuersystems nachhaltiges Wirtschaften interessant gemacht werden, natürlich auch durch eine korrekte Definition von Produkten und Produktqualitäten. Insgesamt geht es darum, eine politische Ordnung zu schaffen, in der sich Nachhaltigkeit rechnet. Und der andere, gesellschaftspolitische Teil ist, dass wir die soziale Marktwirtschaft in ihrer Balance zwischen Kapital und Arbeit um die Balance zwischen den drei Eckpunkten Wirtschaft, Umwelt und Soziales erweitern. Das ist natürlich ein Kunststück, das der Politik abverlangt wird, für diese faire Balance zu sorgen.

Wieso konnten Sie sich mit Ihrem Konzept der ökosozialen Marktwirtschaft in der eigenen Partei zunächst nicht durchsetzen? Welche ÖVP-Lobby war da Ihr heftigster Gegner?

RIEGLER: Dominiert hat in der zweiten Hälfte der neunziger Jahre das neoliberale oder wie ich sage neokapitalistische Element, Lobbyisten einer sehr einseitig und egoistisch verstandenen Wirtschaft, letztlich eine sehr kurzsichtige Betrachtung von Wirtschaft.

Da braucht es doch eine Politik, die mit Nachdruck steuert.

RIEGLER: So ist es. Und das ist heute genau der wunde Punkt: Politik ließ sich viel zu sehr an den Rand drängen. Wir müssen darauf hinzielen, dass es globale Rahmenbedingungen gibt, die Ökonomie, Ökologie und Soziales beinhalten, also die Welthandelsorganisation zu einer Weltwirtschaftsorganisation hin entwickeln.

Herr Doktor Riegler, Sie sind verheiratet mit Ihrer Frau Antonia, haben zwei bereits verheiratete Kinder (Martina und Klemens). Haben die Ihr ökosoziales Bewusstsein familiär mitbeeinflusst?

RIEGLER: Das sind meine scharfen und konstruktiven Kritiker. Sie sind im konkreten Alltagsbewusstsein zum Teil wesentlich schärfer als ich selbst. Ich habe überhaupt das Glück, dass wir in einer sehr dialogorientierten Familie leben – eben ökososozial.

Was heißt das konkret?

RIEGLER: Umweltbewusst, gerechtigkeitsorientiert und natürlich auch mit einem starken gläubigen Hintergrund.

Sie sind katholisch sozialisiert, aber das sind in Österreich manche. Viele verwechseln das mit einem opportunistisch-unverbindlichen Bekenntnis zur christlichen Kultur oder begnügen sich auch mit der ästhetischen Dimension des Christlichen. Wie ist das bei Ihnen?

RIEGLER: Die persönliche Gläubigkeit entwickelt sich im Laufe des Lebens. Bei mir gab es eine prägende Phase in der Kindheit. Nach 1945 dann eine Wegbewegung, in der Studentenzeit über die Katholische Hochschuljugend mit dem legendären Studentenseelsorger Prälat Strobl, einem Otto Mauer und so weiter wieder eine Hinwendung. Damals auch die gedankliche Begegnung mit Teilhard de Chardin, das dann weitergeführt in der Arbeit der Katholischen Jugend, der Katholischen Aktion. Danach kam wieder eine längere Phase der Konzentration auf politische, berufliche Arbeit, und sowohl für meine Frau als auch für mich ab Beginn der neunziger Jahre wieder eine besonders intensive Phase der Auseinandersetzung mit Themen des Glaubens, der Religion, der verschiedenen Weisheitslehren, bis hin zu den ostasiatischen. Meine Frau ist für mich ein riesiges Geschenk, weil ich von ihr enorm viel in der persönlichen Reifung in Bezug auf Glauben und Verständnis gelernt habe. Sie ist beruflich Hausfrau und Mutter und hat sich seit vielen Jahren intensiv mit philosophischen, religiösen, theologischen Themen nicht nur in der Literatur beschäftigt, sondern auch persönlich Meditation praktiziert. Ich bin sozusagen ihr erster Dialogpartner und habe dadurch enorm viel mitgelernt.

Der Glaube beeinflusst also konkret Ihre Wertüberzeugungen und Ihr Alltagsleben, er bewirkt einen Unterschied in Ihrem Tun.

RIEGLER: Die entscheidende Frage ist, ob Religion nur ein äußeres Formengebilde mit Geboten und Regeln ist, oder ob es gelingt, so in die Tiefe des Glaubens vorzudringen, dass letztlich die eigene Person geprägt wird. In „Die Tagebücher der Etty Hillesum", einer Jüdin in den Niederlanden, die 1941 bis 1943 vor ihrer Deportation nach Auschwitz verfasst wurden, steht ein Satz, der mich besonders tief bewegt hat: „In mir gibt es einen ganz tiefen Brunnen, und darin ist Gott. Manchmal ist er für mich erreichbar, aber oft liegen Steine und Geröll auf dem Brunnen, und dann ist Gott begraben. Dann muss er wieder ausgegraben werden." Es beschreibt, was mit dem Begriff Mystik bezeichnet wird, den Weg nach innen, um Gott in uns selbst zu finden. Dieser Weg prägt mich von innen heraus, dann ist es nicht mehr nur eine Frage von Formeln und Geboten, sondern der Gotteserfahrung in mir selbst.

Da muss ich auch etwas zitieren, und zwar aus einem Buch, das Sie geschrieben haben, „Ökosoziale Marktwirtschaft" heißt es, und darin zitieren Sie neben Karl Rahner auch den Jesuiten und Zen-Lehrer Hugo Enomyia-Lasalle: „Das neue Denken muss ein mystisches Denken sein. Die Menschheit muss den Schritt machen vom mentalen zum integralen Bewusstsein. Dann werden wir ganzheitlich wahrnehmen und ebenso global handeln." Nachhaltiges Leben und Wirtschaften ist für Sie also spirituell fundiert?

RIEGLER: Vor allem meine Frau sagt immer wieder, wenn die andere Dimension der ökosozialen Marktwirtschaft fehlt, fehlt der Boden. Ich sehe das so, dass sich ein Teil der Menschheit – vor allem der westlich geprägte Teil – seit etwa 200 Jahren in einer Sackgasse befindet, in der reinen Zuspitzung auf das Materielle, also den Materialismus, vom Kapitalismus bis zum Marxismus. Wir müssen, auch im Sinne von geistiger Evolution, weiterfinden zur Integration des Göttlichen in das Leben des einzelnen Menschen. Dann werden auch Gesellschaft, Politik und der Umgang mit unserer gesamten Mitwelt davon geprägt. Insofern braucht ökosoziale Marktwirtschaft die glaubensmäßige und religiöse Fundierung durch diesen mystischen Zugang und die Gotteserfahrung in uns selbst.

Weil Gott ein Gott aller Menschen ist?

RIEGLER: Letztlich weil sich Gott im Menschen manifestiert, also nichts Drohendes, Belehrendes außerhalb von uns selbst ist, sondern die tiefste Dimension in uns selbst.

Sie halten enorm viele Vorträge über ökosoziale Marktwirtschaft. Journalisten haben Ihnen den Spitznamen „der schwarzgrüne Prediger" verpasst. Was raten Sie als dieser Prediger der Kirche? Soll sie sich im Gesellschaftsprozess zur nachhaltigen Entwicklung raushalten oder mittun?

RIEGLER: Sie soll hineingehen. Schöpfungsverantwortung ist ein ursächliches Thema für christliche Kirchen. Und die Kirche hat ja auch ein breites Betätigungsfeld. Sie ist ein starker wirtschaftlicher Faktor – Thema Vermögensveranlagung in ethische Fonds. Das ist nicht nur ein Beispiel, sondern bewirkt auch ökonomisch etwas. Oder die vielen wirtschaftlichen Gestaltungsmöglichkeiten, von den großen Stiften bis in die Pfarren hinein – da ist sehr viel an Beispielwirkung möglich. Positiv ist, wie viel die katholische und evangelische Kirche im sozialen Bereich ehrlich und glaubhaft einbringen. Das ist ein Feld, auf dem viel geleistet wird. Der nachhaltig ökologische Teil ist noch unterbelichtet.

Vielleicht werden Ihre Enkel in 30 Jahren politische Verantwortung übernehmen, wer weiß. Sie, Herr Doktor Riegler, werden vermutlich nicht in Depression verfallen, wenn die Enkel sich auch außerhalb der ÖVP engagieren, aber gesetzt den Fall: Wie sieht denn dann die Vision der Enkelwelt aus?

RIEGLER: Ich hoffe sehr für meine Enkel – die ich sehr liebe und von denen ich mir, so wie ich sie jetzt erlebe, durchaus vorstellen kann, dass sie sich politisch engagieren werden –, dass bis dahin ein nachhaltiger Lebensstil gefunden wird, der bei uns und in anderen Teilen der Welt in hohem Maß von Fairness geprägt ist. Das heißt, dass nicht mehr diese eklatante Schere zwischen 20 Prozent reichen und 80 Prozent sehr armen Menschen existiert, sondern dass uns im Sinne eines globalen Marshallplans eine faire Verteilung gelingt. Ich hoffe, dass die zukünftige Gesellschaft nicht vordergründig materialistisch denkt, sondern in der, wie Lasalle und Rahner sagen, der Mensch ein mystischer sein wird, das heißt ein Mensch, der auch die Gotteserfahrung in sich trägt.

FRANZ FISCHLER

EU-AGRARKOMMISSAR

„Ich habe das Gefühl, von ihm getragen zu sein"

„Mit der Verabschiedung der EU-Agrarreform hat EU-Kommissar Fischler seine Aufgabe praktisch erfüllt. Der Tiroler aus Absam wird zweifellos als der bedeutendste Agrarpolitiker in die Geschichte der Europäischen Union eingehen." Das schrieb kürzlich der Journalist Thomas Mayer in der Tageszeitung „Der Standard". EU-Agrarkommissar Franz Fischler wird von seinen europäischen Politikerkollegen als ein Mann beschrieben, der eine seltene Mischung aus Selbstbewusstsein, profunder Sachkenntnis und Bescheidenheit in sich vereint. Er wurde 1946 in Absam, Tirol, geboren, studierte Landwirtschaft an der Universität für Bodenkultur in Wien und begann danach seine Laufbahn, die ihn über die Landeslandwirtschaftskammer Tirol, das Bundesministerium für Land- und Forstwirtschaft (1989 bis 1994) zur Europäischen Kommission führte, wo er seit 1995 für Landwirtschaft und ländliche Entwicklung, seit 1999 zusätzlich Fischerei zuständig ist. Im Herbst 2004 endete seine Funktion in Brüssel.

Herr Kommissar Fischler, als EU-Agrarkommissar verwalten Sie in etwa die Hälfte des EU-Budgets, das sind rund 51 Milliarden Euro. Sie sind also, zumindest das Finanzvolumen betreffend, wohl der in Europa mächtigste Österreicher. Was bedeutet Macht für Sie?

FISCHLER: Macht ist schon ein sehr wichtiger Faktor in meinem Leben, und ich bin mir auch durchaus bewusst, dass ich Macht ausübe – weniger in Bezug auf das Geld, da ist alles gesetzlich genau definiert, und ich kann über keinen einzigen Euro frei verfügen, sondern mehr wegen des Entscheidungssystems, das in Europa herrscht. Für mich bedeutet Macht einerseits die Eröffnung von Möglichkeiten, andererseits ein enormes Maß an Verantwortung, denn Macht ausübend kann man auch sehr leicht verletzen oder sehr leicht etwas kaputt machen.

Wenn man Interviews mit Ihnen liest, hat man immer den Eindruck, dass Sie auch Freude haben, Macht auszuüben, Freude am Gestalten. Was hat Sie denn in den letzten Jahren besonders gefreut?

FISCHLER: Ich habe Freude an der Politik, und insofern auch am Machtausüben. In erster Linie hat mich gefreut, dass es mir gelungen ist, nach sehr schwierigen und langwierigen Verhandlungen eine große Reform zustande zu bringen. Da hatte ich das Gefühl, jetzt ist etwas gelungen.

Welche Werte finden Sie in der EU-Reform wieder, die Sie in Ihrem Leben geprägt haben?

FISCHLER: Sie basiert auf dem Prinzip, die Schöpfung zu achten. Es finden sich darin die Überzeugung, dass es sinnvoller ist, mit der Natur und nicht gegen sie zu arbeiten, sowie die Solidaritätsidee: Wir müssen mit den Ärmeren in Europa solidarisch sein. Deswegen kann ich mich ziemlich aufregen, wenn man in Österreich dieses Nettozahler-Gejammere anstimmt. Wer, wenn nicht die reichen Länder Europas, können einen Beitrag leisten, den Ärmeren zu helfen? Darin findet sich weiters der Wille zu einer Politik, die z. B. den armen afrikanischen Staaten nicht schadet. Einige Wurzeln davon reichen sehr tief auch in meine persönliche Vergangenheit zurück.

Worin besteht eigentlich die große Veränderung?

FISCHLER: Die große Veränderung besteht darin, dass wir die Zeiten hinter uns lassen, in denen wir die Landwirte mit öffentlichen Mitteln zu mehr Produktion anfeuern und leider mit Überschüssen konfrontiert sind, die wir vermarkten müssen und damit z. B. die Entwicklungsländer in Schwierigkeiten bringen. In der Reform ist ein System verankert, das dem Landwirt Geld zugesteht, wenn er unsere Landschaft pflegt, damit er die Umwelt intakt hält, eigentlich viele Leistungen erbringt, die ihm beim Verkauf seines Weizens oder seiner Milch ganz einfach nicht bezahlt werden.

Zu Ihren Anfängen: Sie sind 1946 als erstes von sechs Kindern einer Bauernfamilie in dem Tiroler Wallfahrtsort Absam bei Innsbruck geboren. Welche geistigen Werte, welches Umfeld hat Sie damals geprägt?

FISCHLER: Ich stamme aus einem normalen Dorf und bin in einem, wenn Sie so wollen, traditionskatholischen Milieu aufgewachsen, war Ministrant usw. Geöffnet habe ich mich erst, als ich nach Wien gegangen bin, da studiert und die Gelegenheit gehabt habe, Leute wie Monsignore Otto Mauer, den Prälaten Strobl oder Friedrich Heer etc. kennen zu lernen, die damals die geistigen Kapazunder im katholischen Milieu Wiens waren. Da trat ich der Katholischen Hochschuljugend bei, deren Leiter ich später einmal war. Auf diese Weise habe ich eine intellektuelle Auseinandersetzung mit dem Christentum, Glauben und Religion erfahren.

Wer hat Sie besonders beeindruckt, und warum?

FISCHLER: Geprägt haben mich eigentlich persönliche Freunde, die in der Hochschulgemeinde auch als Geistliche gearbeitet haben, Joop Roeland z. B. oder Franz Haslinger, aber auch die vorhin Genannten, die die Leiter der Hochschulgemeinde waren. Schon damals hatte ich das Gefühl: Wenn man Landwirtschaft studiert und sich immer nur mit Tierzucht und Pflanzenbau beschäftigt, ist das a) langweilig und b) zu schmal.

Welche Rolle spielt der Glaube, den Sie in der Hochschulgemeinde kennen gelernt haben, in Ihrem Brüsseler Alltag?

FISCHLER: Man darf nicht vergessen, das war damals unmittelbar nach dem Konzil. Den „Synodalen Vorgang“ nannte man jene Versuche, die Konzilsergebnisse ins Österreichische zu übersetzen. In diesem Prozess haben auch die Hochschulgemeinden eine gewisse Rolle gespielt, da ist z. B. von Professor Klostermann sehr viel über die christliche Gemeinde geschrieben und gedacht worden, und gerade die Wiener Studentengemeinde war ein bisschen ein Versuchsballon in diese Richtung. Wir waren immer leistungsorientiert und haben uns als eine brüderliche und schwesterliche Gemeinde, als eine Gemeinde unter gleichen verstanden, uns sogar gegenseitig unterstützt, insbesondere bei persönlichen Schwierigkeiten. Toleranz und Offenheit hielten wir für bedeutend. Auf der anderen Seite probierten wir neue Formen der Liturgie aus, wollten nicht nur tolerant sein, sondern auch die intellektuelle Auseinandersetzung suchen und eine gewisse Aufmüpfigkeit zeigen. Und das braucht man wahrscheinlich auch bei meinem Job. Denn im Moment der Entscheidung, ja und nein zu sagen, ist man allein. Wenn es einem dabei nicht gut geht, ist man nicht imstande, entsprechende Entscheidungen zu fällen. Deswegen verdanke ich dieser Phase meines Lebens sehr viel.

Wenn Sie an den Kern des Religiösen denken, an persönliche Gottesbeziehung – spielt so etwas im Lebens- und Arbeitsalltag für Sie eine Rolle oder ist das für Sie mehr eine Hintergrundtapete, vor der man arbeitet?

FISCHLER: Ich trage nicht den ganzen Tag den lieben Gott vor mir her, andererseits habe ich schon das Gefühl, dass ich von ihm getragen werde. Das ist genau der Unterschied. Darüber hinaus ist es nicht wichtig, überall eine christliche oder religiöse Punze anzubringen – das halte ich für den größten Unsinn überhaupt –, sondern im konkreten Handeln muss doch erkennbar sein, von welchem Geist diese agrarischen Entscheidungen getragen sind.

Auf welche Tugenden sind Sie besonders stolz, mit welchen Lastern haben Sie hin und wieder zu kämpfen?

FISCHLER: Man sagt mir nach, ich sei doch sehr fleißig und auch ziemlich hartnäckig und gäbe nicht so leicht auf; dass ich bereit bin, mir andere anzuhören, und ein gewisses Vermögen habe, strategisch zu denken und zu handeln. Bei den Schwächen tu ich mir viel leichter. Eine meiner Schwächen sieht man mir an, nämlich, dass ich mit dem Gewicht zu kämpfen habe, und eine andere ist, dass ich dann, wenn nichts weitergeht, ziemlich ungeduldig werden kann.

Wie kämpfen Sie damit?

FISCHLER: Naja, man übt sich halt in Geduld. Aber es gelingt leider nicht immer.

Ihre Schwächen kann man ja auch anders sehen. Sie gelten als kulinarischer Typ, dem das Leben zu kurz ist, um schlechten Wein zu trinken. Sie sind ein großer Kunstliebhaber, es heißt, dass Sie in Brüssel vor allem in Kunstateliers und auf Vernissagen zu finden sind. Bilder von Arnulf Rainer, Zeichnungen von Paul Flora, ein Bild als Leihgabe von der Witwe Max Weilers im Büro; zu Hause im Herrgottswinkel gibt es eine Ikone über einem offenen Kamin, habe ich zumindest auf einem Foto gesehen – was bedeutet Ihnen Kunst?

FISCHLER: Sie wissen da vieles. Meine Liebe zur bildenden Kunst ist auch in der Wiener Zeit entstanden. Wir gingen regelmäßig ins Dorotheum und betrachteten andächtig die Werke, die da zur Versteigerung ausgeschrieben waren. Eine Ikone war immer mein Traum. Erst in Brüssel habe ich mir meine erste gekauft. In der Zwischenzeit habe ich einige zum Teil sehr interessante Ikonen verschiedener Herkunft.

Sie sind aber nicht nur Kunstliebhaber im Sinne eines Kunstsammlers, sondern Ihnen sagt das auch etwas als gläubiger Mensch.

FISCHLER: Da haben Sie völlig Recht. Eine Ikone ist ja nicht nur irgendein Gemälde oder ein Bild, sondern aus dem orthodoxen Verständnis heraus eine Form des Gebets. Das ist sehr spannend, es gibt auch einen gewissen Konnex, da ich in Österreich im Rahmen der Stiftung „Pro Oriente“ ein bisschen dafür mitverantwortlich bin, dass die Kontakte mit der orthodoxen Kirche intensiviert werden.

Ich möchte noch einmal zur Politik zurückkommen. Sie werden am 31. Oktober 2004 nicht mehr für die neue EU-Kommission kandidieren. Reizt es Sie, nach Österreich zurückzukommen, eine politische Position zu übernehmen, oder denken Sie an eine internationale Karriere wie z. B. WTO, UNO?

FISCHLER: Es reizt mich natürlich, nach Österreich zurückzukommen, vor allem aber reizt mich daran, dass ich dann nach 16 Jahren nicht mehr als Fernpendler leben muss und mehr Zeit haben werde, mit meiner Familie beisammen sein zu können. Daher strebe ich weder eine internationale noch eine nationale, sondern überhaupt keine Karriere in der nächsten Zeit an. Ich möchte mich eher zurücknehmen und meinen Tank auffüllen, um vielleicht dann noch für irgendwelche Aufgaben gerüstet zu sein.

Die Ikone über Ihrem Kaminfeuer wird Sie selber in nächster Zeit also öfter sehen.

FISCHLER: Ja, und es ist eine ganz interessante darunter, die drei junge Männer zeigt – so hat man in der Orthodoxie die Heilige Dreieinigkeit dargestellt. Wenn man davor steht, hat man das Gefühl, dass auf der anderen Seite des Tisches ein Platz frei wäre.

Für wen?

FISCHLER: Für den, der kommt.

JOHANN WEBER

BISCHOF

„Vertrauen hat einen längeren Atem als die Angst"

Der Grazer Diözesanbischof Johann Weber, 1927 als Sohn eines Gendarmerieinspektors in Graz-St. Veit geboren und 1950 zum Priester geweiht, ist der längstdienende aktive Bischof in Österreich. Am 10. Juni 1969 wurde der damalige Stadtpfarrer von Graz-St. Andrä – noch von Papst Paul VI. – zum Bischof ernannt. Er übernahm die Diözese in einer überaus schwierigen Ausgangssituation, die durch den Schock über den Rücktritt von Bischof Josef Schoiswohl und die starke nachkonziliare Polarisierung des Klerus geprägt war. Mehr als 30 Jahre gelang es Bischof Weber, mit seinem Bekenntnis zu einer „Kirche des Volkes" ein Klima des Dialogs und des Miteinanders in seiner steirischen Diözese zu gestalten. Weber gilt als weltoffener, dialogbereiter Seelsorger. Kirchenpolitische Etikettierungen wie „liberal" oder „konservativ" werden ihm nicht gerecht. Er ist ein überzeugter Verfechter der Zölibatsverpflichtung für katholische Priester. Er initiierte den „Dialog für Österreich". Damit machte er sich aber – auch im Vatikan – nicht nur Freunde. Auf Fragen nach der Zulassung von Frauen zum Weiheamt verwies Weber immer auf das vom Vatikan verhängte „Diskussionsverbot". 2001 reichte er seinen Rücktritt ein.

Sie sind im Grazer Arbeiterbezirk Andritz aufgewachsen, hatten eine tiefreligiöse Mutter und einen weniger religiösen Vater, der Gendarm war. Trotzdem sind Sie von beiden Eltern tief in Ihrem Glauben geprägt worden. Was ist Ihnen wichtig geworden?

WEBER: Mich beeindruckte ihre Redlichkeit und Rechtschaffenheit. Über beiden schwebte die große Armut ihrer Kindheit und Jugend wie eine Wolke. Meine Eltern nahmen die Verschiedenheiten in unserer Familie und ihre eigenen sehr gut zur Kenntnis. Sie lebten in einer Zeit stürmischer politischer Ereignisse, des

Bürgerkriegs 1934, der Einverleibung durch Hitler 1938 und dann schließlich im Krieg. Und da haben sich meine Eltern wirklich als ein Vorbild von Tapferkeit und Treue hindurchgearbeitet. Das hat mich sehr geprägt.

Aber es war ja auch für Sie wichtig, diese Verschiedenheit in den Glaubensüberzeugungen auszuhalten und zu vermitteln.

WEBER: Das ist, glaube ich, ein sehr wichtiger Faktor für mein ganzes Leben. Ich komme nicht – bildlich gesprochen – aus der warmen Stube eines völlig katholischen Milieus, sondern ich habe einfach als Kind schon die Dinge, so wie sie eben sind, als selbstverständlich erlebt, nicht mit Schock oder Schrecken. Und dafür bin ich dankbar. Mir ist in der Entwicklung in unserer Familie mitgegeben worden, dass Glaube nicht fertig verpackt geliefert wird. Ich habe selbst die Phasen, die meinen Vater später – warum, wissen wir nicht – näher zur Kirche geführt haben, einfach erlebt, und das hilft mir auch existenziell sehr in meinem Amt.

In den letzten Kriegsjahren mussten Sie sozusagen als Kanonenfutter den deutschen Abwehrkampf in der Oststeiermark mitführen. Unzählige Weggefährten sind damals sinnlos verheizt worden. Sie wurden verwundet und haben überlebt. Das muss einerseits tiefe existenzielle Angst in Ihnen ausgelöst haben, andererseits große Dankbarkeit. Welche Rolle hat das in Ihrem Glaubensweg gespielt?

WEBER: Es war ein immens tiefer Einschnitt, und obwohl es viele Jahrzehnte zurückliegt, kommt man innerlich davon nicht los. Ich bin mit 16 Jahren, nach der sechsten Klasse Gymnasium, zu den so genannten Luftwaffenhelfern, FLAK, eingezogen worden. Ich habe große Angriffe, vor allem in Wiener Neustadt, und die letzten Wochen an der oststeirischen Front miterlebt, als das Leben relativ junger Leute wie eine kleine leichte Daunenfeder weggeblasen wurde. Vorher erzählt mir einer vielleicht von seinen Zukunftsplänen und zeigt Fotos von seinen Kindern usw., und dann ist es aus. Und das Erlebnis der Grausamkeit, der Rache, des Hasses, von dem man selber in dieser Situation nicht frei bleibt. Diese Ernsthaftigkeit, die bleibt einem. Das hat nichts zu tun mit Heldengeschichten, sondern Krieg ist Angst von 0 bis 24 Uhr . Und diese Armut, dieses Elend von mir und vielen anderen, diese Leute in der Oststeiermark, die geflüchtet, umgekommen sind, ihre Häuser abgebrannt – das hat schon eine starke Furche in mir gezogen. Ich ahnte: So einfach sind das Leben und die Welt nicht – und wollte versuchen, etwas zur eigenen Sinnhaftigkeit beizutragen. Mir genügte das von mir geliebte Studium der deutschen Geschichte nicht mehr. Das ist nicht die ausschließliche, aber eine der wichtigen Wurzeln meines Glaubenslebens.

Und die anderen?

WEBER: Sicher hat bei mir sehr das Erlebnis der Pfarre mitgespielt. Mein Gott, wir sind heimgekommen und waren ja geistig völlig leer. Und da tun sich Jugendliche, sehr übermütig und vital, zusammen, trotz der äußeren Not – und man hat wieder etwas: Die Kirche im Kleinen und die Kirche im Großen: Wir gehören zu einer Weltkirche und es gibt den Papst – damals war Pius XII. ein hoch angesehener Mensch – ja, da mitzuleben, hat mir viel gegeben. Nachdem uns in der Hitlerzeit ewig erzählt worden ist, das seien „Ammenmärchen", und in der Kirche seien nur ein paar alte aussterbende Leute beisammen, sind mir dann die ersten Bücher in die Hände geraten – Bücher waren in der Hitlerzeit verboten –, etwa die Bibel, und da kam ich drauf: Halt, das ist etwas, was man intellektuell ganz ernst nimmt, da gibt es Forschungen usw. Das war eine Herausforderung: Was sagst du dazu, was machst du damit? Sehr starke Erlebnisse waren das für mich.

Als Sie 1969 Ihr Amt als Bischof angetreten haben, da war die Diözese Graz-Seckau nach Bischof Josef Schoiswohl in den Auseinandersetzungen rund um die Veränderungen nach dem Konzil ziemlich polarisiert. Polarisierungen und Auseinandersetzungen haben Sie Ihr ganzes Bischofsleben lang begleitet, wenn man so will. Weggefährten charakterisieren Sie mit drei Stärken, die Sie in Konfliktsituationen an den Tag legen: 1. Bischof Weber vertraut auf den Dialog, er ist gesprächsbereit, 2. er geht in die Tiefe und sagt: „Schaut aufs Ganze", 3. er hat den Mut, Grenzen zu ziehen, er verhabert sich nicht und will sich auch von keiner Seite vereinnahmen lassen. Wenn ich Ihnen jetzt als Journalist etwas beichten darf: Im Zuge der Aufarbeitung des Falles Groër habe ich – sehr ungeduldig natürlich – Sie als sehr harmonisierungsbedürftig erlebt. In mir hat das ein Doppeltes ausgelöst: einerseits Ärger – wann sagt Bischof Weber endlich, was er sich denkt? –, andererseits Bewunderung – warum gelingt es ihm immer wieder, Konflikte zu befrieden und Journalisten auf seine Seite zu ziehen. Woher kommt diese Harmoniebedürftigkeit?

WEBER: Ich bin selber unsicher. Aber was soll man nachher sagen? Ob ich dieses Harmoniebedürfnis überzogen habe? Nur, mir sind schon die Gemeinsamkeit und die Einheit ganz wichtig, vielleicht auch deswegen, weil ich es als Kind und Jugendlicher ganz anders erlebt habe. Ich glaube, diese Suche nach einer Gemeinsamkeit, nicht Uniformität, gehört zum Wesen des Evangeliums. Das Evangelium hat sehr harte Aussagen, sehr große Kanten, und doch läuft alles auf die Gestalt Jesu Christi zu. Ich bin kein sehr streitlustiger Mensch, aber, wenn es ist, muss man sich auch hinstellen. Ja, es ist untrennbar mit meiner Lebensgeschichte und mit dem, was ich zu glauben versuche, verbunden.

Wenn ich Sie etwas oberflächlich charakterisieren müsste, sehe ich zwei Bilder: der Seelsorger, der Anwalt der kleinen Leute, der Volkskirche, der das Evangelium für alle offen halten möchte, aber auch der vorsichtige, scheu zurückgezogene, fast wehmütige Bischof Weber, der unter den Fesseln des Bischofsamtes manchmal zu leiden scheint. Täuscht mich da mein Eindruck?

WEBER: Ich muss Sie loben. Ich glaube, das ist eine sehr gute Charakterisierung. Ich will nicht alles von der Vererbung ableiten, aber mein Vater war eher der Humorvolle, meine Mutter war eher ängstlich – es könnte da etwas passieren und dort etwas passieren. Als es aber in der Besatzungszeit z. B. wirklich gefährlich wurde, hat sie einen Heldenmut bewiesen, den ich heute nur bewundern kann. Es ist sicher beides in mir, glaube ich, einige

Fröhlichkeit ist mir ins Herz gesenkt, aber auch eine Wehmut ist drinnen. Ich bin eigentlich sogar ein bisschen dankbar für diese Mischung, die sich aneinander reiben kann.

Als ein Lieblingsgedicht von Ihnen gilt Ingeborg Bachmanns „Wenn einer geht". Da kommt eine Stimmung tiefer existenzieller Ohnmacht und leisen Zweifels herüber. Haben Ohnmacht und Zweifel in Ihrem Leben Platz, oder sagen Sie sich: „Nein, das darf nicht sein, ein Bischof muss da durch, der muss stark und fest glauben, sonst geht alles den Bach hinunter"?

WEBER: Das Bischofsamt darf und kann man nicht in Isolierung ausüben. Ich habe relativ viele Ideen, meine Mitarbeiter seufzen manchmal – ein sehr guter Mitarbeiter hat einmal gesagt: „Oje, der Chef war auf Urlaub, wer weiß, was ihm wieder alles eingefallen ist?!" –, aber ich bin kein „Macher", der alles durchzieht. Wenn man das täte, würden einen Selbstzweifel fesseln, die man vielleicht unterdrücken und wegschieben könnte. Das ist nicht gut. Ich sehe mein Amt als ein Miteinander. Der Hirte kann nicht Kommandeur seiner Herde sein, sondern er muss sich im Schritt anpassen, in den Nöten der Herde mit dabei sein. Ich habe gar nicht das Talent zu einem Diktator – hoffe ich zumindest –, aber ich möchte schon sagen können: „So, das wäre jetzt die richtige Richtung, versuchen wir, in diese Richtung zu gehen." Aber wenn die Leute nicht wollen, wird nichts wachsen. Die Grundlage dafür ist das persönliche Vertrauen.

Ist das ein zweifelsfreies Vertrauen?

WEBER: Nein – das wäre naiv. Man hat seine Sorgen, doch ich glaube, dass Menschen vertrauen. Das schöne, alte Wort „Gottvertrauen" ist eigentlich untrennbar damit verbunden. Ich fühle mich keineswegs als „ausgelernter Gläubiger", das sollte man nie. Dieser Gott ist immer größer – „Deus semper major" hat es geheißen –, und das kann einem natürlich nicht erspart bleiben. Und das ist gut so. Da predigst du und predigst sehr oft und schreibst usw.: Und wie ist das denn bei dir selber? Man redet von der Auferstehung: Was denkst du über deinen eigenen Tod, über eigene Bedrängnisse? Ich glaube, wir sollen hier diese Wanderer bleiben, und so ist das bei mir.

Was denken Sie über Ihren Tod?

WEBER: Im Prinzip lebe ich sehr gern, auch jetzt mit meinem doch schon fortgeschrittenen Alter. Ich habe das Erbstück einer großen Neugierde. Ich bin positiv neugierig. Manchmal tut es mir Leid, dass ich nicht viel jünger bin. Es wäre so spannend, wie es im Jahr 2050 ausschaut, aber das werde ich nicht mehr erleben.

Vielleicht werde ich Ihnen davon in der Ewigkeit erzählen ...

WEBER: Das freut mich, wenn wir uns dort wiedersehen, ich werde gleich einen Platz reservieren für Sie.

Als Ihre zwei Lieblingsbeschäftigungen – und das sagt auch etwas über Sie als Seelsorger – gelten: Zeitung lesen und Beichte hören. Warum liegt Ihnen das so am Herzen?

WEBER: Ich bin von Kindheit auf ein politischer Mensch, mich interessiert einfach, wie die Welt läuft – ich bin sehr froh, dass die Zeiten vorbei sind, in denen die Kirche sozusagen mit einer Partei verheiratet und mit der anderen in Feindschaft geschieden war. Das stimmt auch mit der direkten Seelsorge, also der Begleitung von Menschen, überein. Ich kann mir das ganze Bischof-Sein nicht anders vorstellen, als mit der sehr großen Bereitschaft, zu hören. Mich hat immer sehr beeindruckt, dass durch das ganze Alte Testament, als dieses Volk den Gottesglauben durch unendliche Gefährdungen und Verirrungen durchgetragen hat, immer wieder „Höre, Israel" kommt. Das geht mich auch an. Mich beeindruckt stark, dass in der Rede Jesu vom Jüngsten Gericht, wo das Leben eines Menschen beurteilt wird, zuerst gefragt wird: Hast du dem Hungrigen Brot gegeben? Und weiter: Hast du ermutigt? Hast du Lebensfreude gegeben? Hast du Bestärkung gegeben? Hast du Trost gegeben? Von mir und von der ganzen Kirche sollte dieser Atem der Lebensbestärkung, der Hoffnung ausgehen, das ist ein starkes Problem, das mich herausfordert, oft auch wehmütig belastet.

Sie gelten als der Erfinder des „Dialogs für Österreich“, der eigentlich ein Erfolg gewesen ist, zumindest was die Salzburger Delegiertenversammlung betrifft. Einen Rückschlag – zumindest in der Beurteilung durch die Öffentlichkeit – gab es durch den Brief Kardinal Ratzingers, der gesagt hat, es dürfe nur über die festgelegten Dinge diskutiert werden. Haben Sie sich da allein gelassen gefühlt, oder gibt es dennoch einen Grund für Sie, zu sagen: „Macht weiter“?

WEBER: Ja, ich bekenne mich zu einer gewissen Vaterschaft dieses Unternehmens und bin froh und ein bisserl stolz darauf. Der christliche Glaube ist ein großer Dialog zwischen Gott und Mensch und den Menschen untereinander. Wir sind keine tanzenden Marionetten eines obskuren Gottes, sondern haben unser Denken, unsere Erfahrungen, unsere Lebensgeschichten als Einzelne und als Ganzes. Ich glaube nicht, dass lauter brave Leute, die warten, bis von oben etwas herunterflattert, die Zukunft der Kirche sind. Auch wir tragen zur Gestalt der Kirche bei. Wir sind eben „die Kirche“. Ich bin sicher, dass der Dialog nicht erlöschen wird, auch wenn er manchmal holpert und rattert. Ich weiß, dass die ganze Weltsituation unendlich viel Beängstigung auslöst. Eine furchtbare Katastrophe haben wir ja mit dem Kosovo-Konflikt soeben wieder erlebt. Wohin läuft das alles? Stoppschilder wie „Hier ist das Betreten verboten“ sind wichtig. Und dennoch dürfen Warnschilder wie „Da geht etwas schief“ oder „Da ist Unglauben, da ist Häresie“ nicht die Wegweiser überdecken. Vertrauen hat, glaube ich, einen längeren Atem als Angst. Die Angst ist mir derzeit ein bisschen zu groß geschrieben.

Was gibt Ihnen den Mut, aus dem Glauben gegen die Angst anzugehen?

WEBER: Das Gebet und das Lesen in der Heiligen Schrift haben einen Sinn, da sehe ich vorne Licht, auch wenn momentan wie in einem Tunnel giftige Dämpfe und Hitze sind. Und ich kann durchkommen. Das ist für mich nicht nur tröstlich, sondern gibt mir auch etwas von einer – hoffentlich positiven – Seelenruhe.

ERWIN KRÄUTLER

INDIANER-BISCHOF

„Der den Schrei seines Volkes hört"

Im Jahr 2000 feierte Brasilien sein 500-jähriges Bestehen. Es war eine Feier, die von gemischten Gefühlen begleitet war. Denn bevor Brasilien von den europäischen Seefahrern „entdeckt", ausgebeutet und kolonisiert wurde, gab es jahrtausendealte indigene Kulturen, die von den neuen Machthabern unterworfen wurden; ein Unrecht, das noch heute kräftige Schatten wirft. Denn die Indianer werden in ihren Lebensräumen immer mehr zurückgedrängt, oftmals mit Mitteln brutaler Gewalt. Erwin Kräutler, geboren 1939 in Koblach, Vorarlberg, ist vor vielen Jahren als Ordenspriester der „Missionare vom kostbaren Blut" in das Land gekommen und heute Indio- und Missionsbischof von Altamira in Brasilien. Nach seiner Matura in Feldkirch studierte er Theologie und Philosophie in Salzburg. 1965 wird Kräutler zum Priester geweiht und noch im selben Jahr Missionar am unteren Xingu und Amazonas in Brasilien. 1981 wird er von Papst Johannes Paul II. zum Bischof der brasilianischen Diözese „Xingu" ernannt. 1983 bis 1991 ist Kräutler Präsident des Indianermissionsrats der Brasilianischen Bischofskonferenz und wird einer der profiliertesten Bischöfe und Menschenrechtsaktivisten des Landes: ein Engagement, das Kräutler mit Attacken auf Leib und Leben bezahlen musste. Einmal entging er nur knapp dem Tod, als Großgrundbesitzer ein Attentat auf ihn verübten.

In diesen Wochen wird die so genannte Entdeckung Brasiliens durch die Portugiesen vor 500 Jahren gefeiert. Sie sind während dieser Wochen, so scheint es, nach Österreich geflüchtet. Ist Ihnen nicht zum Feiern zumute?

KRÄUTLER: Ich bin nach den offiziellen Feiern nach Österreich gekommen. Zum Feiern war mir nie zumute, weil eigentlich das Jahr 2000 von unserem Empfinden her ein Bedenkjahr werden sollte, in dem wir rückblickend auf 500 Jahre feststellen, was tatsächlich passiert ist, seit die Portugiesen dieses Land erobert haben. Man darf nicht vergessen, dass damals, im Jahre 1500, an die 700 Millionen Indianer dieses Land bevölkert haben. Und heute sind es 330.000. Die Zahlen sprechen schon für sich. Was ist da passiert? Man hat viele, viele Völker buchstäblich ausgerottet. Aber ich denke auch, wir sollten zurückblicken auf das, was von der Kirche getan wurde. Ich will absolut keine Steine auf die Missionare der Vergangenheit werfen, sie haben ganz sicher auch heroisch gewirkt. Für ihren Einsatz für die indigenen Völker wurden sie ins Exil geschickt, sogar umgebracht. Aber man hat damals die Kirche im europäisch-abendländischen Gewand transplantiert, nicht eine Kirche mit indigenem Antlitz geschaffen. Auf die Kulturen dieser Völker hat man natürlich nicht Rücksicht genommen.

Sie sind 1958, also vor 42 Jahren, als Vorarlberger in einen Missionsorden – die „Missionare vom kostbaren Blut" – eingetreten: Was hat Sie bewogen, diesen Schritt zu tun?

KRÄUTLER: Ich war damals bei der KAJ, der Katholischen Arbeiterjugend, die ich sogar in meinem Heimatort mitbegründet habe. Zu dieser Zeit kam ich mit der Situation der Arbeiter – wie man früher gesagt hat: der Innerösterreicher –, die nach Vorarlberg einwanderten und in der Textilbranche Arbeitsstellen fanden, in Verbindung. Sie waren aus unserer Sicht Ausgegrenzte, denn sie sprachen nicht unseren Dialekt. Ich habe mich eigentlich immer um die Ausgeschlossenen gekümmert und wollte irgendwie Zeichen setzen.

Warum sind Sie nie in die Politik gegangen?

KRÄUTLER: Ich habe gedacht, mit der Politik macht man viel weniger, als wenn man sich als Christ und dann als Priester für das Reich Gottes einsetzt. Das Reich Gottes ist das Reich der Gerechtigkeit, der Liebe, des Friedens, wo jeder Recht hat, wo jeder auch in seinem Anders-Sein respektiert wird. Als ich von mir aus diese Berufung gefühlt habe, bin ich in eine Kongregation eingetreten, die auch eine Missionskongregation ist. Vielleicht hat auch mitgewirkt, dass mein Onkel in dieser Kongregation war und damals schon in Brasilien gewirkt hat. Nach dem Abschluss meines Studiums in Salzburg bin ich geweiht worden und kam im selben Jahr schon nach Brasilien.

Der Titel „Missionare vom kostbaren Blut" klingt heute etwas anachronistisch. Hat Sie das nicht abgeschreckt?

KRÄUTLER: Eigentlich nicht. Wenn man studiert, was dahintersteckt, dann, meine ich, ist das eine Kongregation, deren Spiritualität tatsächlich in den Kern hineingeht, denn im Blut Jesu sehen wir ja die Liebe, die keine Grenzen hat. Ich bringe das immer in Verbindung mit dem Wort aus dem Johannesevangelium, Kapitel 13: „Da er die Seinen, die in der Welt waren, liebte, liebte er sie bis zum Ende." Das bedeutet aber bis zum Äußersten. Und das Äußerste, was ein Mensch tun kann, ist, sein Leben für andere einzusetzen. Das hat der hl. Johannes ja auch in seinem ersten Brief geschrieben (3,16). Das ist für mich ein Wort, das mich mein ganzes Leben lang in dieser Kongregation begleitet hat. Auch wir sind es schuldig, unser Leben für die Schwestern und Brüder einzusetzen. Die Spiritualität der Kongregation findet im vergossenen Blut Christi tatsächlich den konkreten Ausdruck und wurde Realität. Er ist am Kreuz für uns verblutet. Und Blut ist auch Leben. Toten kann ich das Evangelium nicht verkünden. Also muss ich für das Leben und das Überleben dieser Menschen kämpfen, das ist unsere Spiritualität.

Als Sie 1965 zum ersten Mal nach Brasilien gegangen sind, da kamen Sie in eine Zeit des Aufbruchs, aber auch in eine Zeit, wo noch ziemlich feudale Verhältnisse geherrscht haben. Hat sich seit damals Ihr Begriff von Mission gewandelt?

KRÄUTLER: Ich hänge mich immer an einen Ausdruck aus dem II. Vaticanum, in „Ad gentes" (Dekret über die Missionstätigkeit der Kirche), da steht: „Die Kirche hat den Auftrag, die Liebe Gottes allen Menschen und Völkern zu verkünden und mitzuteilen." Mission ist nicht nur hinausgehen und lehren, sondern heißt auch, den Schrei des Mazedoniers zu hören, wie Paulus ihn gehört hat in einer Vision, die er in Troas hatte. Da stand ein Mazedonier vor ihm und sagte: „Komm herüber und hilf uns." Wie diese Hilfe konkret aussieht, ist die Frage, die ich mir stelle. Und darum ist Mission für uns viel mehr, wir verkünden die Liebe Gottes.

Wie würden Sie einem Kritiker antworten, der Folgendes sagt: „Egal, wie Sie die Liebe Gottes sichtbar machen, sie wird immer ein europäisches, ein römisches Antlitz haben, das die Kultur des Landes, wo immer es auch ist, zerstört; deswegen ist es unethisch und unmenschlich" und „Lass die Finger von Mission"?

KRÄUTLER: Ich würde erstens einmal Mission nicht mit diesen Dingen in Zusammenhang bringen. Ich meine, es sind viele Dinge geschehen, die in den Kulturen gewachsen und dann nicht respektiert worden sind. Aber für mich ist der höchste Wert, wenn es ums Leben geht. Wenn z. B. in einer Indianerkultur Zwillinge auf die Welt kommen, wird ein Kind ausgesetzt oder beerdigt. Das hängt mit ihrer Kultur zusammen: Wenn aber irgendjemand dieses Kind annimmt, sind sie dafür. Klar, von der anthropologischen Seite her kann man sagen: „Das ist ein Einbruch in die Kultur", aber ich sage: „Ich habe ein Menschenleben gerettet", und das ist für mich der höhere Wert. Ich kann ein kleines Beispiel anfügen. Die „Kleinen Schwestern Jesu", die bei den Tapirape arbeiten, haben das so gemacht. Da kamen Zwillinge auf die Welt, und es wäre einfach der Brauch gewesen, dass man eines dieser Kinder aussetzt. Dann hat die Schwester gesagt: Ich nehme es an. Und die Indianer waren einverstanden. Der Wert des Lebens ist viel höher als irgendein kultureller Wert. „Lass die Finger davon" – ich würde das Gegenteil heute behaupten. Ich kann mit Fug und Recht sagen: Wenn sich die Kirche in Brasilien nicht für die Indianer in den letzten drei bis vier Jahrzehnten so eingesetzt hätte, gäbe es keine Indianer mehr. Wir haben vielleicht nicht nur diese Verankerung der Indianerrechte in der jetzigen Verfassung erreicht. Wir haben viel mehr erreicht, nämlich, dass die Indianer ihre Geschichte in die eigene Hand genommen haben. Wir sind nicht dazu da, die Indianer als Objekte anzusehen, für die wir irgendetwas tun, Objekte unserer karitativen und assistenzialistischen Tätigkeit. Nein, wir müssen die Indianer als Subjekte ihrer eigenen Geschichte respektieren. Wir sind eher neben ihnen, hinter ihnen und versuchen, den Weg zu ebnen, dass sie gerade dorthin kommen, wo sie hin müssen – zur Regierung. Und unsere Art und Weise, mit den Indianern zusammenzukommen, ist nicht die, dass wir ihnen irgendetwas aufoktroyieren, sondern dass wir sie in ihren kulturellen Ausdrucksformen, in ihren Mythen und Tänzen respektieren. Wir gehen nicht davon aus, dass wir alles haben, sondern wir finden Gott auch in diesen Völkern. Der Papst selber hat in Indien gesagt: „Gott ist gegenwärtig in den Kulturen Indiens." Da, denke ich, kann ich auch sagen, dass Gott in den Kulturen der Indianer gegenwärtig ist. Ich muss diesen Gott finden.

Sie sind im Jahr 1981 von Papst Johannes Paul II. zum Bischof der Prälatur Xingu ernannt worden. Das ist die flächenmäßig größte Diözese der Welt. Wie gelingt es Ihnen denn, den Kontakt zu Ihren Gläubigen zu halten?

KRÄUTLER: Ich bin immer unterwegs. Meine Leute haben damals, als ich ernannt wurde, gesagt, sie wollen keinen „Schreibtischbischof". Natürlich werde ich auch Briefe schreiben müssen und Vorträge und Predigten vorbereiten. Aber sie haben auch gesagt, ich solle sie vor Ort besuchen und an meiner eigenen Haut erleben, was sie erleben. Und das gelingt mir. Ich gehe jedes Jahr – wir haben ungefähr 600 kleine Gemeinden, die sind in 13 Pfarren aufgeteilt – in jede Pfarre. Das ist mit vielen Strapazen verbunden. Man ist stundenlang mit dem Schiff unterwegs, stundenlang auf schlechten Straßen. Wir haben 5000 km Schotterstraße – die ist jetzt in der Regenzeit nicht einmal eine Schotterstraße, die ist unbefahrbar –, aber wir nehmen das alles auf uns, um dorthin zu kommen, wo die Leute sind.

Stichwort „Am eigenen Leib erleben" – einem unbeleckten Europäer, der nur auf die Wirtschaftsdaten schaut, dem erscheint die Situation in Brasilien völlig paradox. Ein Land mit den größten Vorkommen an Bodenschätzen der Erde, ein Land mit Hochtechnologie – man kann sagen, es gibt auch gewissermaßen Demokratie in dem Land. Und trotzdem gibt es Millionen von Indios, Schwarzen, Landlosen, die nicht einmal das Nötigste zum Leben haben. Was haben Sie da am eigenen Leib erfahren, wo liegen die Gründe?

KRÄUTLER: Die Gründe sind natürlich weltweit vernetzt. Brasilien ist, wie Sie gesagt haben, ein hochtechnologisiertes Land. Es ist ein sehr reiches Land. Es gibt 160 Millionen Brasilianer, 50 Millionen Brasilianer leben zwischen gut und sehr gut, sind sozusagen vernetzt. Aber es gibt eben 110 Millionen, die das nicht leben, die ausgeschlossen sind. Wir sind jetzt in einer Zeit der Globalisierung, aber gerade in dieser Globalisierung neoliberaler Prägung gibt es immer mehr Ausgegrenzte. Und ich habe die Erfahrung gemacht, dass die Zahl derer steigt, die keinen Zugang zu den elementarsten Menschenrechtsforderungen haben, die einfach nicht berücksichtigt werden.

Von wem nicht?

KRÄUTLER: Von der freien Marktwirtschaft. Wenn einer nicht produziert und produzieren kann, ist er in der Philosophie der freien Marktwirtschaft einfach überflüssig, er gehört zu den Wegwerfprodukten. Und dagegen kämpfen wir an. Das ist, glaube ich, der Grund, der hinter allem steht, denn die Indios produzieren natürlich nicht im Sinne der freien Marktwirtschaft. Die Schwarzen sind heute noch von vielen Berufen ausgeschlossen. Aber auch wenn sie einen Beruf haben und gut vorbereitet sind, werden sie minderer behandelt als die Weißen. Die Frauen sind heute noch nicht den Männern gleichgestellt. Die strukturelle Ungerechtigkeit ist eben, dass man die Leute einteilt in Leute erster, zweiter und dritter Klasse. Und das wird von der Wirtschaft so gefördert.

Was ist denn vor diesem soziopolitischen Hintergrund Ihrer Überzeugung nach die Aufgabe eines Bischofs der katholischen Kirche in Brasilien?

KRÄUTLER: Ein Bischof ist auf der ganzen Welt der Hirte eines Volkes, das heißt, dass er mit dem Volk ist, er steht nicht über dem Volk. Er hat eine Aufgabe für das Volk. Der hl. Augustinus hat einmal gesagt: „Mit euch bin ich Christ, für euch trage ich Verantwortung." Das, meine ich, ist auch meine Aufgabe. Und ich bin für ein ganz spezifisches Volk Hirte. Ich bin nicht Hirte für Österreich und nicht für ganz Brasilien, aber Hirte für den Xingu, für dieses Volk, das dort lebt. Und da bin ich beauftragt, mit ihnen zu leben – auch das Leid mit ihnen zu tragen und mit ihnen nach Wegen zu suchen, aus diesem Leid und aus dieser Armut herauszukommen. Es geht nicht einfach nur darum, dass man einen Hirtenbrief schreibt, sondern ich muss den Leuten beweisen, dass ich mich mit ihnen für ihre Rechte einsetze. Und da wird es hin und wieder gefährlich, weil man nicht gleichzeitig – wie man in Brasilien sagt – dem Herrgott und dem Teufel eine Kerze anzünden kann. Also wenn ich mich auf die Seite der indigenen Völker stelle, der Schwarzen und der ausgebeuteten Frauen, dann bin ich immer gegen die Interessen von anderen, die diese Leute ausbeuten wollen. Ich kann nicht einfach sagen: „Das geht mich nichts an", wenn ich ganze Völker sehe, die halbtot und blutend am Rand des Weges liegen. Ich muss mich mit diesem Volk identifizieren, dieses Volk auch verteidigen und auch auf dem Rechtsweg – das will ich ganz klarstellen – den Widerstand leisten gegen Strukturen, die dieses Volk noch ärmer machen. Armut ist ja nicht etwas, das vom Himmel fällt, Armut wird gemacht, da trägt jemand Verantwortung dafür. Es gibt immer die samaritanische und die prophetische Dimension. Die samaritanische ist, ich muss einmal Herz haben für dieses Volk, ich muss mit diesem Volk mitleiden. „Sympathie" kommt aus dem Griechischen und heißt „mitleiden". Aber es gibt auch die prophetische Dimension. Ich schaue das Elend nicht an wie auf einer Fotografie, sondern ich frage: „Was steckt dahinter, wer trägt Verantwortung für diese Not?" Das ist Aufgabe des Bischofs neben den anderen Aufgaben, die er hat. Ich feiere mit diesen Leuten die hl. Messe, ich firme und halte Gottesdienste und bin Bischof wie jeder andere Bischof auch.

Aus der Perspektive eines Großgrundbesitzers in Brasilien gesprochen sind Sie aber ein subversiver Kommunist, ein Don Quichotte, der gegen die Windmühlen des Marktes ankämpft, und wenn ich mich recht erinnere, haben Sie das ja auch fast mit Ihrem Leben bezahlt. Es ist auf Sie ein Attentat verübt worden, ein fingierter Autounfall, bei dem Sie gerade mit dem Leben davongekommen sind. Haben Sie sich damals nicht gedacht: Na gut, Bischof zu sein, ist ja ganz schön, aber mit dem Leben bezahlen – muss das sein?

KRÄUTLER: Ja, das fragt man sich natürlich nach einem solchen Schock. Aber ich bin heute der vollkommenen Überzeugung, dass es so weit kommen kann. Ich könnte nie im Leben gerade in einem gefährlichen Augenblick den Leuten den Rücken zudrehen. Ich will kein Märtyrer werden, weil ein Märtyrer hat eine schöne Leich', und dann ist er weg. Mit diesem Volk weiterarbeiten, weiterbeten und weiterkämpfen für die Rechte – das ist die Aufgabe des Bischofs. Und da geht er eben ein Risiko ein. Wo es Menschen gibt, die als zweitrangig oder drittrangig angesehen werden, und wo Großgrundbesitzer, Bergwerksgesellschaften oder Holzhändler diese Leute ausbeuten, da kann ich einfach nicht schweigen. Ich schweige deshalb nicht, weil ich vom Evangelium motiviert bin. Jesus hat sich ja sein ganzes Leben lang auf die Seite der Ausgeschlossenen gestellt. Und Gott ist immer ein Gott der Armen und der Ausgeschlossenen gewesen. Das zieht sich wie ein roter Faden durch das ganze Alte und das Neue Testament hindurch. Jesus hat sich mit den Hungernden, den Dürstenden, den Heimatlosen, den Nackten identifiziert. Ich kann nicht als Bischof sagen: „Das geht mich nichts an."

Glauben Sie, dass Rom über Ihre Arbeit glücklich ist?

KRÄUTLER: Ich denke schon. Ich habe da keine Schwierigkeiten. Ich war mehrere Male beim Papst. Ich kann mich gut erinnern, dass ich beim ersten Besuch dem Papst erklärt habe, dass wir oft in einer sehr schwierigen Lage sind, weil wir uns auf die Seite der Ausgebeuteten stellen. Und da sagte mir der Papst damals ganz klar: „Gehen Sie Ihren Weg weiter! Wenn die Kirche sich nicht auf die Seite der Armen stellt: Wer wird es dann tun?“ Und das hat mir eigentlich gereicht, ich war sehr dankbar dafür, der Papst hat mich immer bestärkt.

Gilt das auch für die Kirche in Lateinamerika insgesamt? Mitte der achtziger Jahre haben ja der Papst und seine rechte Hand, Kardinal Ratzinger von der Glaubenskongregation, der Befreiungstheologie einen kräftigen Schlag versetzt, indem sie bestimmte Strömungen der Befreiungstheologie als marxistisch verurteilt haben, und da haben natürlich die rechtskatholischen Kreise in Brasilien, aber auch bei uns, gejubelt. Möglicherweise war das ja auch ein Schlag für viele Initiativen, die damals geblüht haben.

KRÄUTLER: Ich denke: Nein! Die Befreiungstheologie wird solange existieren, solange es Arme unter uns gibt. Und es schaut nicht so aus, als ob das besser geworden ist, Arme gibt es bis zum Jüngsten Tag. Ich glaube, die Grundbotschaft der „Befreiungstheologie“ wird sich nicht ändern. Der Name „Jesus“ sagt schon: Gott befreit, Gott heilt. Gott ist mit uns, er steigt herab, hört den Schrei seines Volkes und befreit es aus der Sklaverei. – Wir können ja die Bibel nicht zuschlagen.

Macht Ihnen dieses Engagement für die Marginalisierten auch Freude?

KRÄUTLER: Es macht mir in diesem Zusammenhang Freude, weil ich sehe, dass das meine Aufgabe ist, und ich verwirkliche mich als Hirte, als Bischof, als Bruder, als einer, der mit den Menschen ist. Gott ist mit uns. Ich möchte auch mit Gott und mit den Menschen sein.

FRANZ KÖNIG

KARDINAL

„Ich habe auf die großen Fragen eine verlässliche Antwort gefunden"

Kardinal Franz König galt über Jahrzehnte als die große moralischen Autorität in Österreich. Er wurde im Jahr 1905 im niederösterreichischen Warth bei Rabenstein an der Pielach als ältestes von neun Kindern geboren, drei Jahre nach seiner Promotion wurde er 1933 zum Priester geweiht. Bis 1985 Erzbischof von Wien, hörte man weiterhin besonders in krisenhaften Situationen auf seine Meinung. Stets verstand der Kardinal die Kirche auch als gestaltenden Faktor der Gesellschaft. Öffentlichen Stellungnahmen zu gesellschaftspolitischen Fragen entzog er sich nicht. Er suchte das Gespräch mit Vertretern aller politischer Parteien und war an der Beseitigung der historischen Frontstellung zwischen Kirche und Sozialisten in Österreich entscheidend beteiligt. Kardinal Franz König verstarb im März 2004 mit 99 Jahren.

Verehrter Herr Kardinal König, Sie erreichen in diesen Tagen das biblische Alter von 95 Jahren. Das ist ein Alter, in dem man sich normalerweise am Kaminfeuer zurücklehnt und in Fotoalben blättert, die vergangenen Jahre Revue passieren lässt. Bei Ihnen ist das anders. Ihr Terminkalender braucht den Vergleich mit Topmanagern aus der Industrie nicht zu scheuen, alle wollen, dass Sie etwas eröffnen, dass Sie etwas sagen, dass Sie etwas schreiben. Wie erklären Sie sich das?

KÖNIG: Ja, ich wundere mich selber, denn einerseits bin ich als Geistlicher eigentlich nicht in die Pension gegangen, und ich glaube, kein Priester geht wirklich in Pension, es sei denn, er ist behindert oder hat gesundheitliche Schwierigkeiten. Die Zeit vergeht rasch, und man wundert sich selber, dass man schon so viele Jahre auf dem Buckel hat. Ich habe auch nie Probleme gehabt, wie: Was muss ich tun, um gesund zu bleiben? Ich habe einfach, vielleicht auch gesund gelebt. Ich habe seit vielen Jahren die merkwürdige Gewohnheit, nur zweimal am Tag zu essen, nämlich in der Früh und mittags. Ob das Mitursache ist, das weiß ich nicht. Es beschäftigt mich auch gar nicht, ob ich jetzt alt werde oder nicht alt werde.

Sie wurden am 3. August 1905 in Rabenstein an der Pielach in Niederösterreich geboren und haben sich nach dem Besuch des Gymnasiums der Benediktiner in Melk zum Studium der Philosophie und Theologie entschlossen, an der Gregoriana in Rom. Weshalb hat Sie die Frage nach Gott damals so in den Bann gezogen?

KÖNIG: Seit meiner frühesten Jugend haben mich zwei Fragen sehr beschäftigt: Warum gibt es andere Sprachen und andere Religionen? Ich meinte, alle Leute wären Christen ... also habe ich mir selber die Frage gestellt: Wie verhält sich dann mein Glaube oder mein Weg als Christ zu den anderen, die einer anderen Religionsgemeinschaft oder Religion überhaupt angehören? Diese Frage hat mich bis heute – in einer anderen Art und Weise – immer beschäftigt, das Verhältnis der christlichen Botschaft, der katholischen oder der christlichen Kirchen zu den großen Religionen der Welt, insbesondere innerhalb der großen Religionen der Weltgeschichte die drei monotheistischen Religionen, die an einen Gott glauben. Das ist die Religion der Juden, mit den Propheten; das ist Jesus Christus, der auf den Propheten aufbaut und uns mitteilt, dass durch ihn der Vater im Himmel uns auf die letzten Fragen eine Antwort zu geben und zu bringen hat; und daraus resultiert dann der Ursprung des Islam, der Moslems, die an dem Glauben an einen Gott auf ihre Weise festhalten. Daher hat mich das immer sehr interessiert. Aha! Es gibt also drei Religionen, die untereinander zusammenhängen.

Wo sehen Sie die Verbindung, und was macht das Besondere des Jesus Christus als Stifter des Christentums aus?

KÖNIG: Bis jetzt haben die Menschen gesucht, gefragt: Woher komme ich? Wohin gehe ich? Wer hat das alles gemacht, diese große Ordnung bis in die Atome hinein und bis in die Milliarden Lichtjahre hinauf, wer ist das? Und die Menschen haben dann in der Geschichte ihrer Religionen auf verschiedene Weise immer eine Antwort gehabt: Da ist jemand, ein Gott, vielleicht mehrere Götter, je nach der Zeit und der Epoche. (Man überträgt eben das menschliche Bild des Lebens auch auf die Welt des Gottes oder der Götter.) In diesem großen Rahmen des Suchens und Fragens der Menschen nach dieser letzten Antwort taucht am Ende der prophetischen Geschichte Israels Jesus Christus auf, der zunächst ein Mensch ist wie alle anderen, aber der dann langsam heraustritt aus der allgemeinen Geschichte von uns Menschen und zu verstehen gibt: In mir, der ich Mensch bin, ganz Mensch bin, ist aber auch Gottes Macht und Kraft anwesend. Gott und Mensch zugleich in Jesus Christus. Er hat letztlich durch seine Auferstehung den Beweis erbracht. Es ist ein Einbruch in die Geschichte der Menschen, wenn Gott selber eingreift und uns auf diese Fragen damit eine Antwort gibt. Eine Gemeinschaft von Menschen, die einen Glauben haben, die sich mit ihm verbinden, die in seiner Nachfolge leben wollen, die ihr Leben ganz danach ausrichten und damit ein neues Welt- und Menschenbild vor sich haben – damit ist durch Jesus Christus von Nazaret etwas Neues, anderes in die große Welt der Religionen der Menschen hineingekommen. Daher ist es auch kein Wunder, dass den größten Anteil an den statistischen Zahlen in der heutigen Welt die Christen haben.

Nach Ihrer Priesterweihe in Rom 1933, das war zur Zeit der Machtergreifung Hitlers in Deutschland, sind Sie ab 1938, nach einer Zeit als Kaplan Domkurat und Jugendseelsorger in Sankt Pölten geworden. Um Sie herum haben sich viele Jugendliche im Widerstand zuerst zum Austrofaschismus und dann auch zum späteren Naziregime bekannt. Womit hatte das zu tun?

KÖNIG: Das Christentum wurde bekämpft, das wurde immer deutlicher und klarer. Die Rassenlehre war sozusagen die Ersatzlehre für das Christentum. Der Führer vor allem war ein Mann, der mit einer göttlichen Aura umgeben zu sein schien. Und das alles weckte das Interesse: Wir müssen uns zusammentun, denn hier geht es doch nicht nur einfach um den Religionsunterricht. So wuchs das sehr rasch an. Es war ein bissel wie ein Buschfeuer, das über die Stadt hinausgriff.

Waren Sie da den Mächtigen nicht ein Dorn im Auge? Haben Sie da nicht Schwierigkeiten bekommen?

KÖNIG: Sehr richtig, denn was hier mit gewissem Schwung und Freude begonnen hat, das wurde von der Gestapo sehr bald beobachtet. Ich wurde wiederholt von der Gestapo in Sankt Pölten eingeladen und hart gepackt. „Was machen Sie da und warum? Seien Sie vorsichtig! Das geht gegen den Staat! Und das ist Richtung Widerstand." Ich habe versucht, den Herren das auszureden. Das hat scheinbar eine Zeit lang gewirkt, ich wurde einmal zu 1000 Mark Strafe verurteilt. Eines Tages erhielt ich die Mitteilung, dass ich mich in der Gestapo-Zentrale in Wien zu melden habe. Ich kann mich noch sehr gut erinnern, wie ich innerlich ein bisschen unruhig nach Wien gefahren bin. Den ganzen Tag wurde ich verhört, jede Stunde haben sich jene, die mich verhört haben, abgewechselt. Unter anderem hat einer gemeint: „Naja, Sie sind sehr geschickt, aber wir werden Sie schon noch erwischen!"

Gelang ihnen das?

KÖNIG: Das Verhör ging bis abends, und dann hieß es: „So, bitte, jetzt gehen Sie in dieses Zimmer und warten Sie auf die Nachricht." Und ich habe mir gedacht: Jetzt könnte es wahrscheinlich „Dachau" heißen. Aber zu meiner Überraschung hieß es: „Bitte nehmen Sie Ihre Sachen und fahren Sie nach Hause!" Meine persönliche Erklärung ist: Es war schon das Jahr 1943, der Krieg brachte Schwierigkeiten mit sich und hat die Nationalsozialisten vorsichtiger gemacht. Sie spürten den Widerstand, der gerade von Seiten der Christen gekommen ist; den durften sie nicht zu sehr reizen.

1955 ist Kardinal Innitzer gestorben, am 10. Mai 1956 wurden Sie von Papst Pius XII. zum Erzbischof von Wien ernannt, zwei

Jahre später dann zum Kardinal. Das war überraschend, denn Sie galten ja als völlig unbeschriebenes Blatt. Sie haben eine aus der Vergangenheit stark politisierte Kirche übernommen. Was war denn, rückblickend gesehen, Ihr damaliges Hauptanliegen in der Führung der katholischen Kirche in Österreich?

KÖNIG: Ich habe keine großen Pläne gehabt und keine großen Konzepte mitgebracht. Ich war unbekannt, ein neuer Mann; ich wollte versuchen, für meine Diözese ganz da zu sein. Ich habe also versucht, auch mit der linken Seite ins Gespräch zu kommen, die damals ja die Kirche auch als einen Gegner betrachtete, man hat gemeint, christlichsozial und katholische Kirche, das ist dasselbe. Die Spannung war sehr groß, und es war zum Teil doch große Bitterkeit festzustellen. Man hat mir übrigens damals, als es zu den ersten Begegnungen und Gesprächen kam, führende Vertreter der Sozialistischen Partei der Gemeinde Wien geschickt, aber erst nach Einbruch der Dunkelheit. Sie sagten: „Wir sind bereit, aber wir können es uns nicht leisten, gesehen zu werden, wenn wir hier in der Rotenturmstraße ins Erzbischöfliche Palais hineinmarschieren."

Sie haben ja mit Ihrer personifizierten Neudefinition der freien Kirche in einem freien Staat eine Öffnung geschaffen, eine Öffnung des Gesprächs – das hat Ihnen ja damals den Spitznamen „der rote Kardinal" eingetragen, manche vermuteten Sie bereits bei den Freimaurern. Störte Sie das?

KÖNIG: Ja, es war mir nicht gerade angenehm, aber ich habe mir gedacht: Das kann man ja nachprüfen, wer sich dafür interessiert. Ich habe übrigens auch eine Klage wegen Verleumdung eingereicht. Das offizielle Gerichtsurteil hieß: Es gibt keine Mitgliedschaft bei der Freimaurerei. Als es einen Todesfall beim damaligen Bundespräsidenten Schärf gab – es war kurz nach meiner Amtsübernahme in Wien –, besuchte ich ihn als Geistlicher und zeigt die Anteilnahme, gemäß meiner pastoralen Einstellung. Einige Stunden später erschrak ich über die Reaktion: Ja, der geht zu einem roten Chef und besucht ihn. Das hat geradezu einen Aufruhr in der Öffentlichkeit ausgelöst. Ich dachte schon: Ja, um Gottes willen, darf ich das nicht machen und warum nicht usw. Wenn man das nur politisch sieht, ergibt sich eine andere Interpretation. Damals war das nicht einfach, aber langsam haben sie gemerkt: Ich bleibe schon katholisch, ich versuche, ein katholischer Bischof zu sein, aber ich versuchte auch, die Kluft langsam zu überbrücken.

Als Papst Johannes XXIII. das Zweite Vatikanische Konzil einberufen hatte, war das für die ganze Welt überraschend. Erstmals in der Geschichte reformiert sich eine Institution, der es nach außen hin blendend ging, von oben her nach unten. Sie waren Mitglied der Theologischen Kommission. Was hat Ihnen denn damals im Reformprozess persönlich auf den Nägeln gebrannt?

KÖNIG: Das war einerseits die Stellung der Laien in der Kirche. In meiner Jugendzeit ging man – und ich komme ja aus einer ganz einfachen Familie – am Sonntag in die Kirche, und damit war alles erledigt. Sonntagsmesse ja, aber alles andere geht uns nichts an. Die Kirche – das sind die Pfarrer und die Bischöfe. Und hier – siehe da –, die Laien gehören auch zur Kirche, sind genauso wie wir, wie alle anderen. Und das Kirchenbild hat sich meiner Meinung nach in einer wirklich guten Weise geklärt: es gibt die hierarchische Ordnung, aber auf der anderen Seite weiß man, wie wichtig die Laienschaft für die Kirche ist, die ja zahlenmäßig viel größer ist. Die Laien können in ihrer Position durch ihr Beispiel, durch ihr Wort manche Dinge viel besser tun als ein Bischof. Das ist der eine Aspekt. Und dann kam vor allem auch die Frage der anderen Religionen, die Frage: Wie ordnet die Kirche ihr Verhältnis zum Judentum, eine belastende Sache durch Generationen? Was heißt Religionsfreiheit? Welches sind die großen Impulse aus der heutigen Sicht. die die Kirche mit hineintragen ins neue Jahrtausend?

35 Jahre nach dem Konzil, also heute, hat man den Eindruck, dass es gerade mit den Gläubigen notwendig wäre, in einen Dialog zu treten. Wir erleben derzeit eine Phase der Ermüdung des christlichen Glaubens in Europa, in Österreich sogar Resignation.

Derzeit erlebt man hin und wieder Diskussionsverbote aus Rom, z. B. darf über die Frage des Frauendiakonats ja nicht einmal diskutiert werden. Und es gibt auch andere Beschränkungen im Bereich der theologischen Wissenschaft, die nicht so frei forschen kann, wie sie eigentlich will, wenn Theologen Eide ablegen müssen und Ähnliches. Ist da nicht ein Reflex da, der stark aus der Angst geboren ist?

KÖNIG: Ja, was die Kirche aus unserer Sicht angeht, ist das große Problem die überstarke Zentralisierung, die Angst, die Einheit zu wahren und ein Auseinanderbrechen um jeden Preis zu verhindern. Diese Angst steckt hinter manchen Erklärungen, die man nicht versteht. Man kann über alles sprechen, man kann über alles reden, man kann natürlich sagen: Rom meint, darüber soll man nicht diskutieren – gut, offiziell, aber inoffiziell kann man das niemandem verbieten, nicht wahr?

Ärgert Sie so etwas, wenn Sie so etwas hören?

KÖNIG: Das Beispiel, einen offenen und frohen Glauben zu zeigen, ist viel wichtiger, als an Einzelfragen hängen zu bleiben.

Als Sie 1985 Ihr Rücktrittsgesuch eingereicht haben und das damals von Papst Johannes Paul II. angenommen wurde, gab es einige Bischofsernennungen in Österreich, die vermuten lassen, dass Rom so etwas wie eine Kurskorrektur vornehmen wollte. Und zwar ging das schon gegen den Kurs von Kardinal Franz König, möglicherweise aus Angst. Womit, vermuten Sie, war die römische Kurie nicht einverstanden?

KÖNIG: Das Problem der Bischofsernennungen ist ein eigenes Kapitel, das mit dem Zentralismus der kirchlichen Führung heute zusammenhängt. Wenn ich die Kirchengeschichte betrachte, so hat es auch andere Zeiten gegeben, wo die Bischofskonferenzen de facto die Ernennungen vorgenommen haben. Und im Vatikan – wie überall – gibt es zwei Richtungen, die Ängstlichen und die anderen, die gesagt haben: Ja, mehr Vertrauen, auch in die Bischofskonferenzen! Ob man mit meiner Führung zufrieden war oder nicht zufrieden war – mich bedrückt die

Frage nicht, ich überlasse das anderen und nehme es zur Kenntnis, so oder so! Bis jetzt ist es im großen Apparat des Vatikans so: Das Kollegium der Bischöfe hat noch keine Form der faktischen Mitsprache gefunden. Das hängt natürlich von beiden Seiten ab.

Ist es nicht so, dass die jetzige Gestalt der Kirche eher einen monarchischen Charakter hat als einen kollegialen?

KÖNIG: Viele Leute, wie ich feststelle, meinen, wenn der Papst z. B. sagt: „Morgen ist schönes Wetter", ist er auch unfehlbar. Während die Unfehlbarkeit meint: Eine letzte Verantwortung in der kirchlichen Führung hat der Bischof von Rom. Es kann Fragen geben, die tauchen ein-, zweimal in einem Pontifikat auf, wo das wirklich darauf hinausläuft. Aber normalerweise ist der Papst ein Christ wie alle anderen, er muss genauso versuchen, durch sein Gebet, durch seine Lebenshaltung als Christ zu leben, aber er wird in der öffentlichen Meinung herausgehoben als der Monarch, der über allem steht, und als der Kirchenfürst, losgelöst von der Kirche selber. Er steckt mitten drinnen, er ist ein Christ wie alle anderen.

Das ist also keine gute Entwicklung?

KÖNIG: Na ja – es gibt ja einiges neu zu überdenken.

Sie haben vorhin gesagt, Sie müssen diese Entscheidung nach 1985 zur Kenntnis nehmen, so oder so. Aber jetzt nimmt man doch Entscheidungen erfreut oder verärgert zur Kenntnis. Wie ist das bei Ihnen?

KÖNIG: Ja, über die Gemütslage zu sprechen, fällt mir ein bisschen schwer. Sicher, wenn das große Erbe des Konzils durch Angst, durch Misstrauen, wie es zum Teil der Fall zu sein scheint, eingeengt wird oder wenn man das ad acta legen will, so bedauere ich das, aber die Macht des Konzils lässt sich nicht aufhalten. Es gibt immer wieder ängstliche Menschen, die sagen: „Um Gottes willen, das geht zu weit, der Glaube ist in Gefahr!" Aber wie wir sehen – es hat sich auch vieles beruhigt seit der großen Debatte nach dem Konzil, es geht weiter, und es wird sehr darauf ankommen, die Kirche lebendig zu machen in den Pfarrgemeinden. Die Einheit zu wahren, ist sicher die Aufgabe von Christus selber. Aber in der Einheit gibt es die große Vielfalt der Meinungen, und hier ist man sicher an machen Orten viel zu ängstlich. „Ja, um Gottes willen, das darf man doch nicht sagen" oder „Da darf man doch nicht darüber diskutieren, man muss alles regulieren!" Die Gefahr, zuviel regulieren zu wollen, ist sicher da, aber das wird sich wieder ändern, da habe ich keine Sorge!

Ich weiß, dass Sie sehr nobel und zurückhaltend sind, was Ratschläge betrifft. Ich versuche es einmal anders: Was würden Sie der heutigen österreichischen Kirche in der derzeitigen Krisensituation wünschen?

KÖNIG: Ich würde den Wunsch deponieren: Nehmt die Konzilstexte – nicht alle sind für uns aktuell, aber einige sind sehr aktuell – und besprecht sie in kleinen Kreisen durch, damit wir das Wesentliche deutlicher hervorheben und die vielen Randfragen doch nicht zum Gegenstand eines Kirchenstreites machen.

Worin sehen Sie das Wesentliche in der heutigen Kirchensituation in Österreich? Was wäre das?

KÖNIG: Das Vermögen, als Christ zu leben, die Pfarrgemeinden lebendig zu machen und Zeugnis zu geben für eine christliche Lebensordnung. Aber ob jetzt der Zölibat aufgehoben wird oder nur ein Teil in der Kirche aufgehoben wird oder bestehen bleibt oder modifiziert wird, das überlassen wir der großen Kirchenführung, das können wir in einem Land nicht entscheiden. Aber bitte, wer darüber sprechen will, soll's machen.

Abschließend gefragt: Was trägt Sie denn heute in Ihrem sechsundneunzigsten Lebensjahr in Ihrem Glauben, was lässt Sie hoffen?

KÖNIG: Ich habe doch vieles besser verstehen gelernt, ich habe vor allem auch kennen gelernt, dass man unterscheiden muss: Was ist wichtig, was ist wesentlich? Ich sehe mit Interesse das Wachsen der Kirche in anderen Kontinenten. Ich bin sehr beeindruckt von der Inkulturation des katholischen Christentums, wie der Papst selber ja auch immer wieder sagt, in den einzelnen Kontinenten. Ich sehe so viel Positives. Ich habe natürlich als junger Mensch auch meine Schwierigkeiten gehabt, ich bin nicht als ein perfekter Christ vom Himmel gefallen, sondern musste mich langsam durchringen durch alle Schwierigkeiten wie jeder. Aber ich bin sehr glücklich, dass ich heute in meinem Glauben ganz zu Hause bin und dass ich mich freue, für diese Kirche noch immer etwas tun zu können. Es kann jeder Tag der letzte sein, es kann aber auch noch weitergehen, wie es eben kommt. Ich nehme das gelassen, ruhig und sage: „Gott, in deinen Händen ruht mein Schicksal!" Dieses Vertrauen, diese Gelassenheit ist gut. Wenn die Kirche nur Menschenwerk wäre, dann wäre sie schon längst auf einem Schutthaufen der Geschichte gelandet. Ich habe mich, Gott sei Dank, immer wieder diesen Fragen stellen können, hatte viele Chancen in meinem Leben, und ich bin dadurch ein glücklicher Mensch geworden, weil ich weiß: Ich habe auf die großen Fragen des Lebens auch wirklich eine verlässliche Antwort gefunden. Und nur so kann man zu einer inneren Ausgeglichenheit und zu einem inneren Frieden kommen.

FUGE 5

WANDLUNGEN ZWISCHEN DEN ERSTEN UND LETZTEN DINGEN

„Wieso ist es möglich, dass Psychotherapie etwas bewirkt, was spirituelle Ratschläge nicht bewirken?" – *Richard Picker*

„Wenn ich mich in den Zustand des Betens bringe, merke ich, wie sich mein Herz weitet, dass ich anders atme und dass sich mein Körper vitalisiert." – *Rotraud Perner*

„Meine Hoffnung ist das Herz der Menschen." – *Jean Vanier*

„Das Innerste meines Glaubenslebens ist, vor diesem großen Du, vor diesem Gegenüber zu stehen und mich dem anzuvertrauen, mit dem im Dialog zu stehen." – *David Steindl-Rast*

RICHARD PICKER

EXPRIESTER UND PSYCHOTHERAPEUT

„Hitler ist für alles gestanden und war ein unerreichbares, aber ganz selbstverständliches Idealgebilde vor meinen Augen.“

Richard Picker zählt zu den bekanntesten Psychotherapeuten in Österreich. Sein Werdegang ist alles andere als gewöhnlich. Nach seiner Kindheit und Schulzeit in der Napola, der Eliteschule der Nazis, wurde er nach dem Krieg gläubig und ging ins Priesterseminar. 20 Jahre lang stand er als Priester im Dienst der katholischen Kirche und lebte im Zölibat. Aber er verliebte sich und heiratete 1970 seine jetzige Frau Christl und wurde vom Vatikan laisiert. Eine schwere Zeit folgte für die beiden, in denen sie große existenzielle Schwierigkeiten bewältigen mussten. Drei Kinder wurden geboren. Im zweiten Berufsweg ließ er sich zum Psychotherapeuten ausbilden.

Herr Doktor Picker, zunächst möchte ich Ihnen ein Gebet vorlesen, das Sie aus Ihrer frühen Jugend gut kennen.

Gebet Schirach
Das ist an ihm das Größte, dass er nicht
nur unser Führer ist und vieler Held,
sondern er selber grade, fest und schlicht,
dass in ihm ruh'n die Wurzeln uns'rer Welt.
Und seine Seele an die Sterne strich
und er doch Mensch blieb wie du und ich.

Dieses mit frommer Inbrunst vorgetragene Gebet stammt vom Reichsjugendführer Baldur von Schirach, es ist nachzulesen in Ihrem Buch „Zusammenrottungen“ im Kapitel über die Napola, die Eliteschule der Nazis im Dritten Reich, die Sie besucht haben. Herr Doktor Picker, Sie sind 1933 geboren. War Adolf Hitler für Sie so etwas wie eine Gottesfigur?

PICKER: Ja. In dieser Periode der Hitlerei, also praktisch von meinem Pflichtschulbesuch weg, eindeutig.

Wofür ist er gestanden?

PICKER: Hitler ist für alles gestanden und war ein unerreichbares, aber ganz selbstverständliches Idealgebilde vor meinen Augen. Das ist dadurch geschehen, dass meine Eltern Hitler unterstützt haben und ich angehalten wurde, den Lehrern und Lehrerinnen in den Schulen und dann dem Führungscorps in der Napola – das waren im Wesentlichen politische Leiter und SS-Pädagogen – bedingungslosen Gehorsam zu leisten. Und das habe ich probiert mit meinen neun, zehn, elf Jahren.

Sie haben einmal gesagt, dass, als offiziell die Botschaft laut wurde, der Krieg sei verloren, es so gewesen sei, als wenn ein Kardinal verkündet hätte: „Es gibt keinen Gott." Was war im Rückblick für Sie das entscheidende Motiv, existenziell Christ und sogar Priester zu werden?

PICKER: Mein Motiv war erstens einmal der Verlust meines Götzen Adolf Hitler. Dann drei Jahre Vakanz von dieser Religion, der Hitler-Religion, also Austritt aus der Hitler-Kirche, wenn man so will. Ich war dann vom Hitler-Standpunkt aus gottlos.

Dann habe ich in einem Bauernhaus Bücher gefunden: katholische Literatur – sehr minderwertige und uralte aus dem 19. Jahrhundert –, Romane und ein Gebetbuch. Und in dem Gebetbuch ist gestanden: „Abendgebet." Es war eine genaue Erklärung – in großen gotischen Buchstaben, gut zu lesen für alte Bauern –, wie man das Abendgebet macht. Also etwa: „Man stelle sich auf, man mache ein Kreuzzeichen wie folgt" und so weiter.

Ich habe also dieses uralte Buch geschnappt, bin auf einen Berg, auf einen Riedl, wie man im Waldviertel sagt, marschiert, habe mich unter einem Busch versteckt und habe genau das gemacht, was in dem Buch steht. Ich wollte das einmal probieren. Und berührenderweise war ich, nachdem ich da wieder heraus gekommen war, eigentlich ein Christ.

Wie das?

PICKER: Wie? Fragen Sie den Himmel! Natürlich, so simpel gehen die Dinge dann nicht. Ich habe angefangen zu studieren, habe die Bibel gelesen, die „Nachfolge Christi" – alles, was ich in die Hände bekommen habe. Und dann bin ich allmählich in die Hände der Jesuiten geraten, in ihre Jugendseelsorge und habe substanzielle Nahrung bekommen. Da habe ich einen Zorn bekommen, ganz einen schönen Zorn – das war in der Mittelschule – über die miese Selbstdarstellung der Kirche und habe gesagt: Also, das kann man nicht zulassen. Ich habe dort eine Art Schatz entdeckt, habe mich von dort weg zu engagieren begonnen und bin dann gleich auf die Idee verfallen, Mönch zu werden und Priester. Das ist alles therapeutisch hinterfragbar und höchst bedenklich. Das ändert aber nichts daran, dass etwas Richtiges dran war.

1970, nach jahrelanger seelsorglicher Tätigkeit als Studentenseelsorger und Professor an der Religionspädagogischen Akademie, haben Sie Ihre jetzige Frau Christl geheiratet und sind dann Psychotherapeut geworden. Dem ist ein jahrelanger Leidensweg und auch Kampf vorausgegangen. Nach der Heirat waren Sie zunächst isoliert, beruflich allein gelassen. Haben Sie damals am Glauben und an der Kirche gezweifelt?

PICKER: Ja! Ich konnte ohne Familie nicht leben, ganz nüchtern ausgedrückt. Und ich habe mir fest vorgenommen, sollte ich eine Frau kennen lernen, mit der ich zusammenleben und auch Kinder haben konnte – ich wollte unbedingt Kinder haben, das war für mich sehr wichtig –, dann werde ich das tun. Das habe ich auch dem damaligen Erzbischof Kardinal König gesagt. Und so kam es, dass ich dann meine Frau kennen gelernt habe.

Das war also aus einer Not heraus?

PICKER: Aus einer Not, ja, aus einer Einsamkeit heraus. Ich habe das Gefühl gehabt, ich stehe mit dem Gesicht vor einer Wand, vor lauter Wänden, und nirgends ist mehr die Möglichkeit, auch nur einen Schritt zu tun. Ich war auch restlos überarbeitet, vegetative Dystonie hat sich das offiziell genannt.

Und der offizielle Ratschlag, man möge sich sozusagen mit Brüdern zusammensetzen und so weiter?

PICKER: Dieser offizielle Ratschlag hat sich nicht bewährt. Das war die Entdeckung der Psychotherapie. Ich habe natürlich meine Freunde gefragt – ich habe ja nur Freunde gehabt und keine Freundinnen –, was ich tun soll. Denen ist entweder nichts Gescheites eingefallen oder: „Beten Sie!" Aber genau beten konnte ich nicht, weil ich derart nervös war und aufgeregt und destabilisiert und ohne Grund und Boden in mir, dass das nicht ging. Also hat mir zu guter Letzt ein sehr guter Freund gesagt: „Da gehst du zur Psychoanalyse." Und ich bin, nachdem mir nichts anderes einfiel, also zur Psychoanalyse gegangen. Und das hat mich gerettet, ich war nach drei Monaten wieder einigermaßen arbeitsfähig. Aber natürlich war das für mich ein Schock. Wieso ist es möglich, dass Psychotherapie etwas bewirkt, was spirituelle Ratschläge nicht bewirken? Das ist eine Frage, die bis heute in mir lebt.

Hat das zu einer Glaubenskrise geführt?

PICKER: Das hat dazu geführt, dass ich begonnen habe, die Welt zu entdecken. Und ich bin draufgekommen, dass man nicht von Adolf Hitler zur katholischen Kirche wechseln kann, ohne bedacht zu haben, worum sie sich überhaupt dreht. Ich habe nämlich mit meinem Schwung, gleich in ein Kloster zu gehen oder Priester zu werden, glattweg übersehen, dass es ja den Kosmos gibt und auch Frauen und Kinder. Ich war natürlich gescheit genug, das zu wissen, aber zu realisieren, was das für eine Tatsache ist, dass es Materie gibt, Materielles, Frauen und Kinder im Vergleich zu mir, der ich ein Mann bin – das hat Zeit gebraucht. Und das war ein wichtiger Punkt.

Halten Sie den zur Ehelosigkeit verpflichtenden Zölibat, also den zölibatären Priester, der de facto vom 12. Jahrhundert bis heute eine Conditio sine qua non ist, für eine fruchtbare Einrichtung?

PICKER: Nein! Ich halte den Zölibat als Pflicht und Vorbedingung des priesterlichen Dienstes für einen Irrtum, für einen wirklichen Irrtum und eigentlich einen Rückfall.

Inwiefern?

PICKER: Weil die historische Begründung eigentlich heidnisch ist, und zwar bis zum Zweiten Vatikanum: Wie kann denn jemand, der Frauen und Kinder mit seinen Händen berührt, gleichzeitig die heilige Eucharistie mit seinen Händen berühren? Das war schon bei Papst Siricius im vierten Jahrhundert, und so geht das dann weiter. Es ist aber auch so, dass die Kirche erst heute, mit dem Zweiten Vatikanum beginnend, imstande ist, den Kosmos, Erotik, Sexualität, Frauen und Kinder wirklich zu akzeptieren. Das ist ja doch klar. Wenn ich sage, Gott ist der Schöpfer von allem, dann muss ich natürlich ein Verhältnis zu Frauen und Kindern und dem Kosmos und allem haben. Wenn ich das alte Weltbild habe, dann ist Gott geistig an der Spitze, und unten an der breiten Basis tummeln sich Materie und die Träger der Materie, die Frauen, und der Nachwuchs der Materie, die Kinder.

Ein praktisches Argument: Stellen Sie sich vor, ich wäre Präfekt der Kleruskongregation und würde Sie fragen: „Hätten Sie Ihr Priesteramt als Therapeut mit Familie und drei Kindern wirklich weiterhin ausüben können, wären Sie frei für die Menschen gewesen? Sie hätten doch für die Familie unheimlich viele Energien binden müssen und so weiter.

PICKER: Wenn ich mich heute betrachte, so finde ich mich jetzt viel geeigneter für das Priesteramt als mit meinen 28 oder 30 Jahren. Der Grund ist, dass ich, mühselig, aber doch, lieben gelernt habe, und zwar nicht auf eine komplizierte Übungsart, sondern durch den real zu bewältigenden Alltag, durch die Liebe zu meiner Frau und meinen drei Kindern. Und das ist ein vollkommen anderer Charakter der Welterfahrung und der Selbsterfahrung. Liebe hat immer mit Gefühlen zu tun und mit Leiblichkeit. Diese rein geistige Liebe, die man den großen Heiligen andichtet, man muss schon sagen andichtet, ist im Endeffekt eigentlich ein Substrat, das sich in den Biografien so nicht belegen lässt.

Bis heute leben Sie mit Ihrer Frau Christl in einer lebendig leidenschaftlichen Beziehung, Sie haben beide viel gewagt und füreinander aufs Spiel gesetzt. Welche Werte haben Sie denn in schweren Zeiten und auch in Beziehungskrisen zusammengehalten oder wieder zusammengebracht?

PICKER: In Beziehungskrisen erstens einmal die Tatsache, dass wir versprochen haben, beisammenzubleiben, bis der Tod uns scheidet, in guten und in schlechten Tagen. Das ist immerhin ein Wort. Man muss das nicht sklavisch, sozusagen zwanghaft betrachten, aber es ist ein Vorhaben. Wir wollten die Melodie unserer Beziehung zu Ende spielen. Und wenn kein wirklich ganz großer Schaden entsteht, lohnt sich jeder Einsatz, zu sehen, dass man sie zu Ende spielen kann. Ich habe ein sehr leidenschaftliches Verhältnis zur Musik, und aus diesem Grund ist das für mich eine ganz plausible Sache.

Aber es muss von Anfang an stimmig gewesen sein.

PICKER: Es war nicht von Anfang an stimmig. Wir haben Glück gehabt. Wir haben beide von Anfang an therapeutische Begleitung gemacht, beide bei verschiedenen Therapeuten, und wir haben uns ganz gründlich mit unserer Kindheit auseinander gesetzt und mit den Bedingungen, unter denen wir uns kennen gelernt haben. Ich glaube, dass wir es sonst nicht geschafft hätten. Sonst, glaube ich, hätte es uns auseinander dividiert.

Im Laufe dieser therapeutischen Bemühungen um uns und auch um einander und um die Kinder sind wir auch auf die Beschränktheiten draufgekommen, aber auf die grundsätzliche Möglichkeit von Beschränktheiten. Und dadurch hat man die Person des anderen Menschen eher entdeckt, die ja sonst zugedeckt wird. Nach einem erotischen Festspiel von – sagen wir – zwei Jahren beginnt in jeder Beziehung, verdeckt oder offen, eine Phase von Therapie, De-facto-Therapie. Man sagt halt Vertiefung und Weiterentwicklung, aber was ist das sonst?

Jetzt natürlich fühlen wir uns beide reich beschenkt, überreich beschenkt auch durch unsere Kinder, und wir haben alle fünf bislang unglaublich viel voneinander gelernt. Der Endeffekt ist nicht so sehr ein pädagogisches Unternehmen – wir erziehen uns wechselseitig –, sondern es ist eine Art Leuchten, das vom Leben ausgeht und auch vom Glauben und auch von der Deutung der Realität durch den Glauben, der wir folgen.

Paul Zulehner charakterisiert Sie in seinem Vorwort zu Ihrem Buch „Zusammenrottungen" als einen Therapeuten, Theologen, multireligiösen Christen und Kryptopriester, also Geheimpriester. Vorausgesetzt, Sie widersprechen hier nicht fundamental: Was lieben Sie denn am christlichen Glauben? Warum glauben Sie noch?

PICKER: Ich bemühe mich, Gott zu lieben und um Gottes Willen die Kirche, aber natürlich in einem substanziellen Sinn, und darin den gegenwärtigen Jesus Christus, den Auferstandenen. Ich weiß, was man da alles sagen kann, aber egal, das liebe ich und das will ich auch nicht verraten oder ihn will ich nicht verraten. Ich fühle mich diesem Geschehen, diesem Licht, diesem Wort Jesu total verbunden.

Daran lässt sich nichts ändern, auch nicht durch eine römische Kurie, die bald besser, bald schlechter ist. Das regt mich im Grunde genommen alles nicht mehr auf, oder nicht mehr so sehr, weil ich denke: Ja gut, ich bin auch einmal besser und einmal schlechter, alles ist einmal besser und einmal schlechter, was soll's? Es kommt gar nicht drauf an, wie toll wir sind, sondern was die Tradition mir anbietet oder wie Gott auf mich zukommt.

Und außerdem habe ich keinerlei Alternativen dazu, ich muss das ehrlich sagen. Dieser alte biblische Satz, der stimmt auch für mich: „Herr, zu wem sollen wir gehen?" Was ist denn rechts und links? Bei allem Respekt, den die Bemühung meiner Mitmenschen hat, aber es kommt mir als Gewäsch vor, das uns bald soziologisch, bald psychologisch, bald psychotherapeutisch, bald psychiatrisch entkommt. Und es ist so wenig Substanzielles drinnen. Und das, was wirklich substanziell ist, das ist nun wieder total, gänzlich in diesem christlichen Strom zu sehen. Das ist natürlich auch bei den anderen Religionen so, ich sehe auch die so.

Und das gibt Ihnen die Kraft, die Sie zum Leben brauchen?

PICKER: Ja, das gibt mir Zuversicht, Kraft, Hoffnung und auch Schwung, sofern ich nicht irritiert bin. Ich bin natürlich irritiert durch Müdigkeit, körperliche Mängel und so weiter, es ist ja ganz klar, jetzt werde ich siebzig Jahre alt. Aber so wie Sie mich heute noch vom Sessel heben können, wenn ich die h-Moll-Messe von Bach höre oder wenn mir irgendjemand auf einer Ziehharmonika etwas Tolles vorspielt, so können Sie mich auch vom Sessel heben, wenn ich in einem guten Gottesdienst oder in einem guten therapeutischen Geschehen, ganz profan ausschauend, die Spur göttlicher Gegenwart spüre. Irgendwie berührt mich das total. Und diesem Licht folge ich. Das ist ein inneres Licht!

ROTRAUD PERNER

PSYCHOTHERAPEUTIN

„Durch den Glauben kann ich lieben“

Gegen eine Überbewertung des Mammons wendet sich Rotraud Perner in ihrem Buch „Die Kultur des Teilens“. Von der Juristin zur Psychotherapeutin, von der Freidenkerin zur engagierten, aber kritischen evangelischen Christin: Perners Leben hat immer wieder Wendungen genommen, die so nicht geplant waren. Geboren in Orth an der Donau. Einige Punkte aus Rotraud Perners Laufbahn genügen, um ihr großes soziales und politisches Engagement widerzuspiegeln: 1973 bis 1984 Bezirksrätin und Landtagskandidatin im Wiener Bezirk Favoriten, 1983 Gründung des „Vereines zur Förderung einer qualifizierten Kinder-, Jugend-, Partner- und Sexualberatung“, kurz VFB (Verein Familie und Beratung) – gemeinsam mit DSA Werner Neubauer, 1990 Gründung des Vereines „Die Möwe – Unabhängiger Verein für physisch, psychisch und sexuell misshandelte Kinder“ (gemeinsam mit Elfriede Abt) und Aufbau eines wissenschaftlichen Netzwerks zur Propagierung gewaltfreier Erziehung und Beziehungen, 1994 Gründung des Vereines „Promethea“ zur Unterstützung sexuell ausgebeuteter Frauen und Übernahme des Vorsitzes (bis 1998), seit 1996 an der Universität Wien, Erziehungswissenschaften, seit 2003 Lehrauftrag „Kommunikation“ im MAS-Lehrgang Ganzheitsmedizin an der Donau-Universität Krems. Rotraud Perner lebt als Psychotherapeutin und Psychoanalytikerin in Wien.

Frau Doktor Perner, was hat Sie motiviert, Ihre Leidenschaft zum Beruf zu machen, nämlich Rat und Hilfe zu geben?

PERNER: Ich bin ähnlich der Goldmarie in „Frau Holle“, der das Brot aus dem Backofen zuruft: „Hol mich raus, ich bin fertig!“, und die die Äpfel anflehen: „Schüttel den Baum, damit wir runterkommen!“ Ich habe eigentlich immer das aufgegriffen, was an mich herangetragen wurde, und würde rückblickend sagen: Die

Richtung – Konfliktlösung – hat immer schon gestimmt. Als ich während meines Jusstudiums bei Gericht praktizierte, war ich sehr enttäuscht, wie es dort zuging, weil meine Vorstellungen von Gerechtigkeit dort total ad absurdum geführt wurden. Dann haben Freunde für mich bestimmt, dass ich in der Nationalbank lange als Volkswirtschafterin arbeitete. Eigentlich war es die politische Tätigkeit und die Sozialarbeit an der Basis, in der ich mich so richtig wohl gefühlt habe. Als ich meine Söhne gebar, ergab sich die Chance, in dieser Zeit der stärkeren Orientierung auf die Familie nachzudenken: Was kann ich neben der Betreuung von zwei Kleinstkindern tun? Und dann ist immer mehr dazugekommen, und heute ist es schon sehr viel, was da angewachsen ist.

Eine große österreichische Tageszeitung hat sie 1990 einmal mit dem Titel „Seelenmüllentsorgerin“ bezeichnet, freut Sie so etwas?

PERNER: Also, ich finde es nicht schlecht, zu reinigen, ich halte das für ganz wichtig. Wenn man sozusagen immer nur oben hineinstopft und unten nichts herauslässt, ist man nach zwei Tagen so vergiftet und meistens nach einer Woche kaputt und tot. Ich finde es wichtig, dass wir reinigen, und wenn jemand dazu „Seelenmüllentsorgung“ sagt, finde ich das eine pointierte Formulierung, die liebe ich auch, dafür habe ich Verständnis, ich würde es nicht bei mir unter Beleidigung ablegen, sondern würde sagen: Ja, stimmt, das halte ich aus!

Sie sagen über sich, einer der zentralen persönlichen Werte ist der Gewaltverzicht. Was verstehen Sie darunter genau? Denn das setzt ja eine Gesellschaftsanalyse voraus, die davon ausgeht, dass Menschen physisch und psychisch gewalttätig miteinander umgehen.

PERNER: Ich gehe davon aus, dass wir in unserem Stammhirnrepertoire die Gewalttätigkeit drinnen haben, nämlich die Fähigkeit, uns aufzuladen, unsere Körperlichkeit zu vergrößern und zu verdichten, um uns durchzusetzen, und diese Kraft, die wir da in uns verspüren, kann man auf unterschiedliche Art und

Weise einsetzen. Für mich ist wichtig, dass Menschen diese Gewalttätigkeit in sich erkennen, und zwar einerseits körperlich, gleichzeitig aber auch den seelischen Hintergrund – „Ich fühle mich nicht respektiert" – spüren. Und sich eben auch gedanklich überlegen: Wie spreche ich dieses „Sich-nicht-respektiert-Fühlen" an? Indem ich ihm die Wahrheit sage: „Ich fühle mich nicht respektiert!" Dafür möchte ich auch werben, dass Menschen nicht sofort in Kampfposition gehen, sondern überlegen: Vielleicht hat sich die andere Person falsch ausgedrückt, geben wir ihr eine zweite Chance. Ich denke, diese Kooperationsbereitschaft ist kein Verlust an Würde oder Selbstwertgefühl, sondern eine Umgangsform, die das Leben leichter macht. Daher möchte ich sie gerne weitergeben; ich übe tagtäglich und habe immer wieder meine Herausforderungen. Ich bin selber durchaus ein gewalttätiger Mensch, ich habe viel Kraft. Heute Vormittag habe ich zu meiner Assistentin gemeint: Da komm ich Löwe friedlich in die Zimmer (ich bin eine Löwin im Sternzeichen), und alle die Leute denken: „Huch, ein Löwe, wir müssen sofort kämpfen." Ich tu ja niemandem etwas, aber Tigerkätzchen bin ich keines, ich bin schon ein ausgewachsener Löwe.

Diese Bereitschaft, andere zu schützen, hat möglicherweise auch dazu geführt, dass Sie 1990 den Verein „Möwe" für physisch, psychisch und sexuell misshandelte Kinder gegründet haben. Gewalt in der Familie, insbesondere der sexuelle Kindesmissbrauch, ist ja ein Thema, das in den letzten Wochen in der Öffentlichkeit wieder diskutiert worden ist. Experten sagen, das Problem ist nicht neu, das gab es schon immer, heute wird es nur öffentlich gemacht – aber offensichtlich noch zu wenig. Die Öffentlichkeit scheint diesem Problem relativ hilflos zu begegnen, da wird meistens nach härterer Bestrafung gerufen. Was hilft denn aus Ihrer Erfahrung?

PERNER: Ich denke, man muss sehr früh ansetzen, um Menschen zu helfen, die Form zu finden, Grenzen setzen zu können. Das fängt bei dem Kind an, das gezwungen wird, etwas zu essen, was ihm Ekel bereitet. Ich bin der Elfriede Abt, die die Idee zur

„Möwe“ hatte (wir haben das gemeinsam gegründet), sehr dankbar, dass sie damals an mich herangetreten ist, weil sie gewusst hat, ich denke ähnlich wie sie. Wir haben das miteinander aufgebaut, weil wir uns gedacht haben, wir müssen auf mehreren Ebenen arbeiten, wir müssen aufklären, wir müssen gleichzeitig eine Anlaufstelle sein, wo die Leute, die konkrete Hilfestellung haben wollen, zumindest Gesprächspartner finden, die mit ihnen ernsthaft überlegen: Wie könnte man es angehen? Wir müssen aber gleichzeitig auch dafür sorgen, dass in der Fachwelt die Problematik ernst genommen wird. Noch Ende der achtziger Jahre hat man gesagt: Die Kinder lügen und fantasieren, und das sind die Verteidigungsstrategien, aber nicht die Realität. Also es hilft, darauf zu achten und eine Person zu unterstützen, wenn sie etwas nicht will, dass sie sein darf, wie sie ist. Es gibt ja leider auch Organisationen, die dafür kämpfen, dass Sexualität zwischen Erwachsenen und Kindern akzeptiert wird. Diese Menschen muss man aufklären, was es für die Betroffenen bedeutet, wenn ihnen pausenlos ihre Hilflosigkeit gegenüber der Macht vor Augen geführt wird.

Kommen wir einmal auf das Thema Glauben zu sprechen. Zunächst gab es eine Phase des erfolglosen Suchens. Zwar sind sie römisch-katholisch getauft, doch vom Religionsunterricht haben Sie sich abgemeldet.

PERNER: Nein, nicht ich habe das getan; ich wurde abgemeldet.

Aha, Sie wurden abgemeldet! Sie waren eine Zeit lang sogar Mitglied des Freidenkerbundes. Warum?

PERNER: Ich bin in meinem Elternhaus doch sehr kritisch erzogen worden, und für mich war die Suche nach der Bedeutung von Religion auch wichtig für meine Ablösung von den Eltern, die halt damals nicht gelungen ist. Und 1968 habe ich einen evangelischen Mann geheiratet (ich bin noch immer verheiratet mit ihm), und der hat ziemlich widerborstig gegen Rom und die Papstgläubigkeit gesprochen und in meinem Schwanken den skeptischen Teil noch verstärkt. Eben damals bin ich ausgetreten.

Danach war ich politisch tätig und habe ein Mandat bekleidet. In dieser Gruppierung war es eben auch üblich, kritisch zu sein, Marx gelesen zu haben, „Opium fürs Volk“ und so weiter.

Das war die SPÖ-Bezirksrätin?

PERNER: Ja, das war die Bezirksrätin, ich war auch Landtagskandidatin. Ich habe 15 Jahre lang dieser Partei gedient und in der Zeit auch eine Indoktrination erlebt, die in meiner Ausbildung zur Psychoanalytikerin von mir mehrfach reflektiert und dann verworfen wurde, weil ich gewisse Grundwahrheiten für mich entdeckt habe, die ich genauso bei den christlich-sozial engagierten Menschen gefunden habe. Mich verbindet da manchmal mehr als in der Parteipolitik, und heute bin ich neutral. Das heißt, ich beobachte die Muster, und meine eigene Position halte ich eher zurück. Dass ich auf einmal Gott erlebt habe und draufgekommen bin, es hängt davon ab, in welchem Zustand man sich befindet, hat mich zum Glauben gebracht. Wenn man sehr offen und entspannt ist, hat man einen neurophysiologischen Zustand, wo man auf einmal Gott in allem erkennt: in der Natur, den Pflanzen, in jedem Menschen. Und ich bin draufgekommen, ich muss in einer bestimmten Ruhe und Offenheit sein, dann kann ich es leben.

1982 hat es so eine Wende in Ihrem Leben gegeben. Was ist damals passiert in Bezug auf ihren Glauben?

PERNER: Das Wesentliche war für mich erstens ein Gotteserlebnis, aber darüber hinaus habe ich mich in meiner Persönlichkeit verändert. Ich habe aufgrund der psychotherapeutischen Ausbildung wirklich zu mir gefunden, und das bedeutet: in die Tiefe meines Herzens und meiner Seele. Und dort wohnt Gott, würde ich heute metaphorisch sagen. Ich habe auf einmal einen ganz anderen Blickwinkel bekommen, und mir fehlen die Worte dazu. Ich kann das nicht ausdrücken, ich kann es leben. Manchmal – ich sage dann oft, „wenn der Geist in mich eintritt“ – finde ich auch die Worte. Ich denke, dass es sehr viel mit Langsamkeit zu tun hat, mit Behutsamkeit. Die klassische Ausbildung zur

Juristin heißt ja: schneller sein, ganz im Hirn sein, im Denken, nicht im Fühlen, nur ja nicht einen anderen Menschen spüren. Hingegen in der Psychotherapie, in dieser Öffnung muss man die anderen Menschen wirklich spüren, um sich gleichzuschalten mit ihnen. Da kommt man in einen Zustand des Mitgefühls, und noch eine Öffnung mehr, und man fühlt mit dem ganzen Kosmos mit. Es war dann für mich eigentlich auch der Grund zu bekennen und zu sagen: So, jetzt habe ich es kapiert und jetzt stehe ich auch dazu!

Zum Glauben?

PERNER: Zum Glauben und verstecke mich nicht mehr!

Ich wollte nur aufgreifen, was Sie gesagt haben: „Im Zuge der Analyse ist das auch passiert." Von Sigmund Freud weiß man, dass er zumindest seiner jüdischen Religion skeptisch gegenüberstand. Er sah in ihr eine Massenillusion mit hoher Suggestivkraft. Warum halten Sie trotzdem am Glauben fest?

PERNER: Ich bin ja nach Abschluss meiner psychoanalytischen Ausbildung nach Freud zu den Jungianern dissidiert, denn was bei Freud pathologisch ist, ist bei Jung reif. Ich denke, es sind zwei Sichtweisen, und die Einheit liegt in der Mitte. Ich bin durchaus kritisch der Kirche gegenüber, und da meine ich jeder Kirche. Das ist eine Institution wie ein Ministerium oder eine politische Partei, das sind Organisationsformen: Das Produkt ist schwer in Ordnung, die Marketingabteilung ist ein bisschen daneben. Ich denke, dass Freud natürlich aus seiner Zeit heraus vieles erkannt hat an Machtmissbrauch und dass er da auch seine eigene Problematik mit seinem Vater entdeckt hat. Das wissen wir heute aus seinen Selbstzeugnissen. Es ist nicht mein Ziel, Freud deswegen zu kritisieren, sondern ich denke, das war sein Zugang, meiner ist dieser Zugang. Ich beobachte aber bei vielen Kollegen, die eher von der freidenkerischen Herkunft Therapeuten sind, dass die im Laufe ihrer Tätigkeit irgendwann einmal aufhören zu rauchen, dann essen sie kein Fleisch und wollen keinen Alkohol mehr, und irgendwann werden sie religiös. Ich denke, es ist auch ein Weg der Erkenntnis, dass wir irgendwann einmal durch diese andere Form des Denk-Fühlens oder Fühl-Denkens zu einer Einheit kommen, wo wir durch die Identifikation vieles begreifen, was nur vom Hirn kritisch betrachtet vielleicht verzerrt ausschaut.

Was hat sich in Ihrem Leben durch den Glauben geändert? Wie leben Sie anders als vorher?

PERNER: Ich kann lieben! Das konnte ich früher nicht, früher konnte ich verliebt sein, aber ich kann heute jemand sein lassen, wie er oder sie ist. Ich weiß, dass es bei manchen Menschen relativ lange dauert, bis ich mich ihnen gegenüber so öffnen kann, dass ich wirklich mitfühlen kann. Da meine ich nicht Mitleid, denn das ist etwas Überhebliches, sondern wirklich die Person zu verstehen, wie sie ist. Ich bin vielleicht vertrauensvoller und erkenne die Fehler noch deutlicher als früher, aber ich werde deswegen nicht wütend, aber auch nicht traurig, sondern ich glaube, dass ich leichter damit erkenne, was wirklich zu tun ist, und das ist manchmal sehr schwer.

Beten Sie?

PERNER: Ja, ich bete. Ich bete regelmäßig. Ich bete auch oft während der Therapien, und ich empfehle das manchen Klienten, dort, wo es passt. Ich weiß auch, dass es Gebete gibt, die ganz stark die Verbindung mit dem Großen Geist, dem Heiligen Geist ermöglichen und man das auch spürt. Manchmal sage ich meinen Klienten, Klientinnen: Überlegen Sie sich die vier Sätze, spüren Sie einmal, was sich da tut, wenn Sie das bewusst sprechen. Da sagen sie: Das habe ich gar nicht gemerkt. Da sage ich: Man muss sie in einer bestimmten Weise sprechen. Mir fallen solche Dinge zu. Wenn wir uns nicht so lange kennen würden, würde ich Ihnen das auch nicht so sagen, weil ich da sehr vorsichtig bin. Ich habe überhaupt kein Problem, über Sexualität zu reden, aber ich habe ein großes Problem, über Glauben zu reden, das ist für mich das Intimste überhaupt, da bin ich auch sehr verletzlich.

Als Therapeutin gefragt: Wie unterscheiden Sie das Beten, das Sie jetzt angesprochen haben, von Autosuggestion oder einer infantilen Wunscherfüllungsfantasie? So könnte man ja von außen betrachtet das Beten auch sehen.

PERNER: Ich denke, dass theoretisch diese Suggestivformeln hilfreich sein können. Meistens sind sie es nicht, meistens ist es ein Sich-selbst-Belügen. Aber es kann auch funktionieren.

Was wäre für Sie Beten? Wie würden Sie Beten charakterisieren, definieren, was verändert sich dabei in Ihrem Wesen?

PERNER: Wenn ich mich in den Zustand des Betens bringe, dann merke ich, wie sich mein Herz weitet, dass ich ganz anders atme und dass sich mein Körper vitalisiert. Ich habe auf einmal mehr Energie.

Das ist sehr schwer mitteilbar?

PERNER: Ich kann nur sagen: Ich bin dankbar. Für mich ist es eine Gnade.

Frau Doktor Perner, Ihr jüngstes Buch trägt den Titel „Kultur des Teilens". Sie wenden sich darin gegen eine Gesellschaft, die zunehmend von Spaltungen, von Trennungen, von Verwerfungen gekennzeichnet ist. Worauf gründet Ihre Hoffnung, dass nicht die egozentrischen Einzelinteressen in dieser Gesellschaft dominieren werden?

PERNER: Ich denke, egozentrische Einzelinteressen sind an und für sich nichts Schlechtes. Die hat jeder Mensch. Vielen ist es nicht bewusst, manche wehren sie ab und gehen in einen verlogenen Altruismus hinein. Aber grundsätzlich denke ich, ist es legitim, Einzelinteressen zu haben. Und nachdem wir alle miteinander verbunden sind, und wenn es auch nur die gemeinsame Atemluft ist, denke ich, müssen wir Raum und Zeit untereinander teilen. Was mir wichtig ist, ist die Kommunikation, da bin ich Mediatorin, dass wir vereinbaren: Wo ist der Punkt, wo jeder genug Raum für seine Einzelinteressen hat, ohne den anderen zu schädigen, ohne sich aber auch über den Tisch ziehen zu lassen.

Aber das schafft noch kein Mitgefühl und keine Solidarität, sondern zunächst einmal eine Abgrenzung.

PERNER: Ich denke, Mitgefühl wird zunächst dann entwickelt, wenn man selbst in seinen eigenen Gefühlen respektiert wird. Das muss ich lernen können. Und da sehe ich die große Problematik: Auf der einen Seite haben wir mediale Vorbilder, die kein Mitgefühl kennen, auf der anderen Seite steht die Überlastung durch diese dauernde Beschleunigung. Das macht es schwer, zu lieben. Wir müssten eigentlich als Kinder von unseren Eltern in der Gefühlssicherheit begleitet werden, also, was traurig ist, ist traurig, und ich darf weinen, weil mich das entgiftet, und es sollte nicht heißen: Reiß dich zusammen, heul nicht, ein Bub weint nicht, sei keine Heulsuse etc. Wenn ich mich selbst respektieren kann in meinen echten Gefühlen, dann kann ich auch leichter jemand anderen respektieren, und wenn ich dann auch die Sprache dazu habe, zu sagen: „Ich verstehe, wie es dir geht, aber bitte versteh, dass ich mich jetzt schütze, damit ich nicht angesteckt werde“, dann ist das für mich eine gelungene Kommunikation. Denn manchmal hält man es nicht aus, das kann man aber dem anderen sagen. Wir sollten wissen, was wir tun, damit wir Verantwortung übernehmen können.

JEAN VANIER

GRÜNDER DER „ARCHE“-GEMEINSCHAFT

„Meine Hoffnung ist das Herz der Menschen“

In seiner Jugend war Jean Vanier Kampfpilot auf einem Flugzeugträger. Fasziniert vom Evangelium quittiert er seinen Job, promoviert 1962 in Philosophie und lehrt als Professor an amerikanischen Universitäten. Durch seinen Freund Thomas Philippe lernt er geistig behinderte Menschen kennen. Er ist entsetzt von den katastrophalen Umständen, unter denen Tausende geistig Behinderte in staatlichen Institutionen zu leben haben, und gibt eine vielversprechende Karriere als Philosophieprofessor auf, um mit behinderten Menschen zusammenzuleben. 1964 entschließt sich Jean Vanier zu einem Experiment. Zusammen mit drei Behinderten gründet er 1964 eine christliche Lebensgemeinschaft, die erste „Arche“. Seither sind weltweit über 100 solcher Kommunitäten entstanden.

In unserer Welt zählen die intellektuellen und motorischen Fähigkeiten von Menschen, das andere scheint kaum Platz zu haben. Sie widmen ihr Leben Menschen mit geistigen Behinderungen. Als Sie vor knapp 35 Jahren die „Arche“ gründeten, haben Sie sich entschlossen, Ihr Leben mit jenen zu teilen, die am Rand stehen und die keine Bedeutung haben. Warum haben Sie das getan?

VANIER: Das ist eine lange Geschichte. Ich schloss mich 1942 der Marine an und wurde Offizier, mein letztes Schiff war ein Flugzeugträger. 1950 entschloss ich mich, wieder auszutreten, weil ich mich nicht dem Krieg widmen, sondern für den Frieden arbeiten wollte. Ich entdeckte die Evangelien und die Botschaft Jesu, studierte Philosophie und wurde nach meinem Doktorat Philosophieprofessor an der Universität von Toronto. Ein Priesterfreund war damals Kaplan in einer Institution für geistig behinderte Menschen. Er schrieb mir und lud mich ein, diese Menschen kennen zu lernen. Ich kam und entdeckte dort, dass diese Bedürftigen nicht nach Wissen dürsteten, sondern nach Gegenwart, nach Freundschaft und Liebe. Ihr Schicksal hat mich tief berührt, denn jeder kam zu mir und hat mir eine fundamentale Frage gestellt, entweder verbal oder auch durch Gesten und Berührungen: Liebst du mich? Möchtest du mein Freund sein? Wirst du wiederkommen, um mich zu sehen? Diese Menschen hungerten nach Beziehung, nach Freundschaft. Meine Philosophiestudenten waren hungrig nach Wissen, nach Karriere, nach Macht, Erfolg und gesellschaftlicher Anerkennung. Aber diese Menschen berührten mich auch durch eine Frage, die in ihren Gesichtern geschrieben stand: Warum bin ich so? Warum falle ich zu Boden? Warum kann ich nicht mit meinen Eltern leben? Ich besuchte zahlreiche Behinderteneinrichtungen und entdeckte eine Welt voll ungeheurem Leid. In einer Institution lernte ich Philippe kennen, der schwer geistig behindert war. Als Kind hatte er Enzephalitis, ein Arm und ein Bein waren gelähmt. Der zweite war Raphael, der als Junge Meningitis bekommen hatte. Dadurch verlor er seine Sprechfähigkeit und fiel dauernd hin, weil er sein Gleichgewicht nicht halten konnte. Ich lud diese beiden Männer, deren Eltern schon gestorben waren, ein, zusammen mit mir unter einem Dach zu leben. In einem kleinen Dorf im Norden Frankreichs kaufte ich ein altes Haus, in das wir einzogen. Dort entdeckte ich aus der Nähe den ungeheuren Schmerz dieser Menschen, die ihr ganzes Leben als wertlos, als schlecht betrachtet worden waren. Man hatte ihnen nie zugehört, sie wurden immer weggestoßen, sie wurden als Fehler und als Enttäuschung für ihre Eltern betrachtet. In diesem Haus lebten wir also zusammen, so fing die „Arche“ an und wuchs weiter.

In Ihren „Arche“-Gemeinschaften stehen die Seligpreisungen Jesu zentral im Mittelpunkt. Welche Bedeutung haben sie für das Leben, den Glauben, die gemeinsamen Hoffnungen und Sehnsüchte?

VANIER: Wir haben entdeckt, dass jeder Mensch – egal, welchen Glaubens – nach Liebe sucht, sich nach Wertschätzung seines Seins sehnt. Darum geht es auch in den Seligpreisungen. Denn es bedeutet, zu akzeptieren, dass du arm bist. Arm zu sein, bedeutet, anderen Menschen gegenüber verwundbar zu sein und nicht andere zu dominieren versuchen. Es braucht Verwundbarkeit, wenn man andere verstehen will. Ich glaube, dass es genau diese Verwundbarkeit ist, die uns hilft, den Sinn des Lebens und die Gegenwart Gottes in unserer Welt zu verstehen, dass Gott auch in den Kleinen und Ohnmächtigen unter uns verborgen anwesend ist. Die Seligpreisungen sind ein Weg, anstelle von Machtgier zu lernen, auf der Leiter herabzusteigen und sich dem Niedrigen und Kleinen zuzuwenden. Das große Problem unserer Welt ist der große Graben zwischen den Reichen und den Armen, zwischen den Gesunden und den Behinderten. Das wachsende Wegdriften der Reichen von den Armen ist immer der Anfang aller Gewaltausbrüche und Bürgerkriege, weil die einen zu viel und die anderen zu wenig zum Leben haben. Wenn wir Menschen mit Behinderungen aufnehmen, dann auch deshalb, weil wir diese Sehnsucht haben, diese Kluft zwischen reich und arm zu überwinden. Wir haben bemerkt, dass dies eine freudvolle Wirklichkeit ist, und wir entdecken dabei unsere eigene Menschlichkeit.

Wenn ich jetzt mit Ihnen spreche, kann ich Ihre Faszination spüren, wenn Sie von Menschen mit geistigen Behinderungen reden. Für jemanden, der solche Erfahrungen aber nicht gemacht hat, der sie nur aus Büchern oder von Erzählungen kennt, mag dies mitunter seltsam oder weltfremd wirken, weil man im Allgemeinen von geistig behinderten Menschen eher unangenehm irritiert ist und sie nicht verstehen kann. Wie haben Sie denn gelernt, ihre Sprache zu verstehen, ihre Zeichen und Gesten zu deuten?

VANIER: Zuerst sehe ich, dass Menschen durch die Liebe verwandelt werden. In unserer Gemeinschaft in Zimbabwe haben wir eines Tages einen kleinen Jungen aufgenommen, der eine schwere geistige Behinderung hatte. Man hatte ihn auf der Straße ausgesetzt, und er war dem Sterben nahe. Die Polizei fand ihn und brachte ihn in ein Spital, wo er drei, vier Jahre lang lebte.

Aber ein Spital ist keine Familie, dort werden Menschen medizinisch betreut, verpflegt und gewaschen. Als wir ihn damals gefunden haben, war er völlig verschlossen, körperlich in einer fötalen Position in sich gekehrt. Sehen Sie, wenn wir angstvoll sind, dann verschließen wir uns, um uns zu schützen. So war dieser Junge. Sein Gesicht, seine Arme, sein ganzer Leib war verschlossen, wie in Defensivhaltung. Die „Arche“-Gemeinschaft Zimbabwe nahm ihn auf. Als ich sie besuchte, sah ich diesen Jungen. Sein Gesicht war offen, er strahlte, er konnte seine Arme ausbreiten. Wenn Menschen geliebt werden, dann sind sie sicher. Sie wissen, dass jemand sie liebt, sie beschützt und für sie da sein wird. Das Geheimnis eines Kindes ist, dass es so schwach ist, dass es von allein nichts tun kann. Wenn es nicht geliebt wird, dann ist es in Todesgefahr. Verstehen Sie: Liebe ist nicht, etwas für Leute zu tun, ihnen Schokoladebonbons zu geben oder so etwas, Liebe bedeutet, jemandem zu offenbaren, dass er wertvoll ist, zu zeigen, wer er in der Tiefe seines Wesens ist. Liebe ist ein Offenbaren des Seins dadurch, wie wir Menschen anschauen, wie wir sie berühren, durch unsere Körperhaltung, durch unsere Stimme. Durch dieses Offenbaren helfen wir Menschen, in ihrer Sehnsucht zu leben. In vielen Behinderteninstitutionen habe ich erlebt, dass die Menschen dort eigentlich sterben wollen. Sie wollen nicht leben, weil sie nicht sehen können, wofür es sich lohnen würde. Da gibt es niemanden, der sie liebt, niemand will sie. Die anderen Menschen denken, diese Menschen bräuchten nur Nahrung und Kleidung, aber was sie wirklich brauchen, sind Liebe und Zuwendung, denn sie wollen einen Sinn in ihrem Leben entdecken. Liebe bedeutet also, ihren Sinn zu offenbaren, ihren Schmerz, ihr Leid und ihre Bedürfnisse zu verstehen, aufmerksam und sorgsam zu sein. Dann aber geht es auch darum, sie dazu zu ermächtigen, auf eigenen Beinen zu stehen, verantwortlich zu werden, ihr eigenes Leben zu haben, eine Wahl zu treffen. Alle behinderten Menschen, selbst die Schwerstbehinderten, können zumindest kleine Entscheidungen treffen, wenn man ihnen die Möglichkeit dazu eröffnet. Selbst wenn es nur die Auswahl zwischen verschiedenen Speisen ist oder was sie anziehen wollen: Sie sollen ihr Leben und ihren Leib selbst besitzen. Jeder natürlich nach seinen Möglichkeiten.

Was würden Sie sagen, wenn Ihnen jemand entgegnet: „Herr Vanier, Sie naturalisieren geistig behinderte Menschen, Sie vertrösten sie, Sie spiegeln ihnen eine Welt vor, die gar nicht existiert. Behinderte Menschen können gar nicht glücklich sein mit ihrem Schicksal. Und man muss angesichts der hohen finanziellen und psychosozialen Kosten, die sie verursachen, doch endlich ehrlich fragen, ob sich unsere Gesellschaft geistig Behinderte noch leisten soll." Was antworten Sie solchen Kritikern? Immerhin sind das ja Argumente, die in der Debatte um Eugenik im Zusammenhang mit dem australischen Ethiker Peter Singer laut geworden sind.

VANIER: Zuerst einmal: Die Geschichte hat immer wieder gezeigt, dass einige Menschen andere Menschen loswerden wollten, indem sie sie als wertlos bezeichneten. Im Hitler-Deutschland wollte man die Juden loswerden, in Ruanda wollten die Tutsis die Hutus loswerden, möglicherweise wollen die Juden in Israel die Araber loswerden und die Araber die Juden. Das ist die Geschichte der Unterdrückung von Menschen. Was heißt es also, menschlich zu sein? Meiner Ansicht nach heißt es zu lieben, sich nicht zu verschließen, sich nicht als Elite zu betrachten, die besser als andere wäre, sich zu öffnen, zu entdecken, dass jeder Mensch uns etwas zu geben hat. Wir sperren Menschen mit Behinderungen nicht in Gettos ein, weitab von der Gesellschaft. Wir schaffen Häuser, wo sie gemeinsam mit uns arbeiten und sich am Swimmingpool erholen können. Jeder Einzelne soll das erreichen können, was er kann. Manche, die mit uns leben, sind blind oder taub oder sie können nicht gehen, aber sie haben dieses kleine Geschenk, dieses Lächeln, diese Zärtlichkeit. Wir gehen davon aus, dass jede Person wichtig ist und dass jeder ein kleines Geschenk hat, das er der Menschheit geben kann. Das ist der Sinn unseres Lebens, und das ist unser Glaube. Ich meine, wenn jede Menschengruppe wichtig ist, dann arbeiten wir für den Frieden. Wenn wir sagen würden, eine Menschengruppe ist schlecht, dann werden wir den Krieg weiterführen.

Ich möchte noch genauer auf Ihren Glauben zu sprechen kommen. Sie kennen ja das Bibelwort „Durch seine Wunden sind wir geheilt". Sagt Ihnen das etwas für Ihr konkretes Engagement in den „Arche"-Gemeinschaften?

VANIER: Diese Worte von Jesaja verweisen auf den Messias, auf Christus. Das ganze Mysterium Jesu besteht darin, dass er die Gewalt in Zärtlichkeit und Vergebung verwandelt hat. Darin besteht das Kreuz Jesu. Fast jeder wurde ihm gegenüber gewalttätig, entweder aktiv oder passiv, indem man von ihm weglief. Sehen Sie, die Gefahr besteht darin, wenn man Gewalt erleidet, dass man sie wieder an andere weitergibt. Und die Frage lautet: „Wer sprengt die Ketten der Gewalt?" Ich glaube, die Schlüsselfrage für die Menschheit ist die Gewaltlosigkeit. Wie können wir Konflikte gewaltlos lösen? Mahatma Gandhi sagte: Du kannst nur gewaltlos sein, wenn du weißt, dass du gewalttätig bist. Gewalt ist eine Energie des Schutzes gegen jemanden, den wir als Gefahr für uns betrachten, eine Gefahr für meine Macht, meinen Einflussbereich usw. Die Gewaltenergie, die Menschen tötet, muss also verwandelt werden. Das ist die Frage der Menschheit. Diese Frage ist auch wesentlich für uns in der „Arche". Viele Menschen, die zu uns kommen, sind gewalttätig. Sie können nicht in Spitälern bleiben. Sie verletzen sich selbst. Oft schlagen sie mit ihrem Kopf auf den Boden oder gegen die Wand, weil sie sich selbst hassen. Da ist zu viel Seelenschmerz. Was man angesichts dieser Situation tun kann, ist, ihnen zu helfen, zu entdecken, dass sie wunderbar sind, nicht einfach die Gewalttätigkeit stoppen, sondern ihnen offenbaren, dass sie wunderbare Menschen sind.

Wo aber finden Sie diese Schönheit und diesen Wert, von dem Sie sprechen?

VANIER: Bei manchen Menschen, die wir aufnehmen, sieht man das nicht auf den ersten Blick. Es ist dann unser Glaube. Ich glaube, dass sie wunderbare Menschen sind. Als sie geboren wurden, waren sie sehr schön, als sie aber abgelehnt wurden, dann verschlossen sie sich. Sie entwickelten Depressionen oder

Aggressionen gegen sich selbst oder andere, weil sie niemand geliebt hatte. Das ist aber ein Verteidigungsmechanismus. Wenn wir mit Menschen zusammen sind, müssen wir tiefer ansetzen als die Gewalt. Ich habe einmal einen Mann im Gefängnis besucht, der ein siebenfacher Mörder war. Als ich in seine Zelle kam, war ich erschrocken, wie kalt er war, seine Augen waren kalt, sein Körper war kalt. Man konnte kaum eine Emotion bei ihm sehen. Aber man wird nicht einfach so. Bei diesem Mann konnte man sehen, dass er als Kind gehasst worden war, vielleicht schon im Mutterleib und dann als Baby. So hat er Barriere um Barriere aufgebaut, um sich selbst zu schützen. Und er hat seine Gefühle getötet, weil der Schmerz des Nicht-geliebt-Werdens zu viel für ihn war. Ich will damit nicht sagen, dass der Mann nicht bestraft werden und im Gefängnis sein sollte, aber wir müssen verstehen, was hier passiert ist. Und wir müssen solchen Menschen sehr gute psychiatrische und psychologische Hilfe geben, dass diese Menschen hinter allen Ruinen ihrer Psyche und ihres Lebens entdecken können, dass darunter etwas Wertvolles verborgen ist. Wir können nur menschlich in unserer Gesellschaft arbeiten, wenn wir jeden Menschen als wertvoll und wichtig anerkennen.

Was gibt Ihnen angesichts dieser Gebrochenheit eine Hoffnung über den Tod hinaus? Worin bestehen Ihr Engagement und die Kraft Ihres Glaubens?

VANIER: Meine Hoffnung liegt in dem menschlichen Herz. Wir haben viele verschlossene Menschen erlebt, wie dieser kleine Moses, oder Taube und Blinde, Menschen, die zunächst nichts anderes wünschen, als zu sterben. Aber wir haben auch erlebt, wie sich diese Menschen gewandelt haben, wie sie sich aus Verzweiflung und Depression zu sich selbst entwickelt haben, wie sich ihre Todessehnsucht in eine Lebenssehnsucht verwandelt hat. Auch die Assistenten, die mit ihnen leben, kommen zunächst aus einer Welt der Konkurrenz, des Gewinnes und der Gewalt, und in kleinen Schritten entdecken sie, dass es einen anderen Weg gibt, den Weg des Zuhörens, den Weg der

Zärtlichkeit, des Aufmerksam-Werdens für das eigene Verwundet-Sein. Meine Hoffnung ist das Herz der Menschen. Das kann man sogar bei einem Banker sehen, der mächtig ist, der Geld anhäuft, damit er noch mehr Geld machen kann. Auch in ihm steckt ein kleines Kind, ein verborgenes Herz. Auch dieser Banker kann sich wandeln durch etwas, was in seinem Leben passiert, sei es eine schwere Krankheit oder der Tod eines seiner Kinder. Wir können verwandelt werden, von Verzweiflung, Hass und Gewalt hin zur Offenheit und Liebe. Ich glaube, dass das der Weg des Evangeliums ist. Wir können es nicht allein tun. Wir brauchen dazu eine Macht, die schon in uns wohnt, den Hl. Geist, auf den wir aber selten hören. Das ist die Gegenwart Gottes, die in jedem Menschen zu finden ist. Diese Gegenwart Gottes kommt in bestimmten Menschen eruptiv zum Vorschein, vielleicht in tragischen Momenten, vielleicht durch Schicksalsschläge oder durch einen Krieg. Aber in diesen Momenten kann jeder Mensch sehen, dass es da ein Licht gibt. Wesentlich ist, dass wir auf dieses Licht vertrauen. Dieses Licht ist ein Licht der Liebe, ein Licht der Zärtlichkeit, die Entdeckung, dass wir nicht wunderbar sind, weil wir Dinge tun, sondern weil wir ein Herz haben und uns öffnen können. Wenn Menschen diese Offenbarung entdecken, dann beginnen sie, sich zu verwandeln.

DAVID STEINDL-RAST

BENEDIKTINERMÖNCH

„Durch jede Tür kann man zu diesem Absoluten kommen"

Einer der bekanntesten Mystiker der Gegenwart ist David Steindl-Rast. 1926 in Wien geboren, ging er nach seinem Psychologie- und Kunststudium in die Vereinigten Staaten. Im benediktinischen Reformkloster Mount Saviour widmete er sein Leben dem Gebet und der Arbeit. Nach zwölf Jahren philosophischer und theologischer Ausbildung engagierte er sich mit vatikanischer Erlaubnis für den Dialog zwischen Christentum und Zen-Buddhismus. Mehrere Jahre ließ er sich in Zen-Klöstern in östlicher Meditationspraxis unterweisen. Er war überzeugt davon, dass diese so unterschiedlichen Religionen sich auf einem gemeinsamen Erfahrungsgrund begegnen könnten. In über hundert Ländern der Erde hat Bruder David Menschen in Meditation und Gebet unterrichtet. Er wird als in der Tradition tief verwurzelter Grenzgänger gesehen, als einer, der vermittelt zwischen Glaube und Naturwissenschaft, Alltag und Mystik, Christlichem und Nichtchristlichem.

Bruder David, auf allen Kontinenten haben Sie in Hunderten Vorträgen und Einkehrwochen zu Menschen gesprochen. Wo Sie auftreten, sammeln sich Menschen aus allen Religionen. Da entsteht ein Raum der Aufmerksamkeit. Eigentlich sind Sie nur ein einfacher Benediktinerbruder geblieben. Wie erklären Sie sich die Faszination Ihrer Mönchsexistenz?

STEINDL-RAST: Darüber habe ich mir eigentlich noch keine Gedanken gemacht. Ich glaube, worauf es ankommt, ist die menschliche Beziehung und nicht so sehr der Beruf oder der Stand oder was man innerhalb des Klosters ist.

Das ist eine sehr bescheidene Antwort. Aber es kommen doch sehr viele Leute zu Ihnen mit der Sehnsucht, etwas zu erfahren, was ihnen offensichtlich fehlt.

STEINDL-RAST: Viele Menschen kommen zu einem Mönch – zu mir oder zu anderen Mönchen –, weil sie oft sogar von der Kirche enttäuscht sind, aber innerhalb der Kirche das spirituelle Erbe in den Klöstern noch getragen fühlen; sie wissen, dass es dort noch lebendig ist.

Was verstehen Sie denn unter dem christlichen Erbe?

STEINDL-RAST: Im christlichen Bereich meine ich damit das, was Jesus Christus uns gebracht hat. Das ist das Vertrauen in Gott als liebenden Vater, dessen Liebe wir nie verlieren können; der Gedanke, dass Gott uns bedingungslos liebt; dass wir uns auf Gott verlassen können. Das ist das Zentrale.

Sie haben ursprünglich Anthropologie, Linguistik und Kinderpsychologie studiert, haben in Psychologie bei Professor Rohracher promoviert, gehörten auch einer Meisterklasse für Malerei an der Kunstakademie in Wien an. Wann und warum haben Sie den Mönch in sich entdeckt?

STEINDL-RAST: Ich bin in Wien während des Zweiten Weltkriegs aufgewachsen. Wir haben darüber nicht viel nachgedacht, aber für uns war es unvorstellbar, dass wir über zwanzig Jahre alt werden könnten. Alle unsere Freunde mussten einrücken, wenn sie siebzehn Jahre alt waren, und ein Jahr später waren sie tot. Also haben wir das für uns selber erwartet. Ich musste auch einrücken war etwas weniger als ein Jahr beim deutschen Militär, bin mit heiler Haut davongekommen, und dann war plötzlich der Krieg aus. Ich war in Salzburg mit einer Freundin und vielen Freunden, da war Musik, und alles war herrlich. Das Leben war plötzlich vor uns, und da ist mir ganz klar geworden, dass wir eine so glückliche Jugend hatten, vorher, während des Krieges, weil wir den Tod immer vor Augen hatten. Diesen Satz – den Tod allzeit vor Augen zu haben – hatte ich in der Regel des heiligen Benedikt gefunden, die ich mehr oder weniger zufällig zu der Zeit gelesen hatte. Und das habe ich mit dem Mönchsleben verbunden, und daher war mir dann eigentlich ganz klar, dass, wenn mein Leben diese Intensität behalten sollte, ich den Tod allzeit vor Augen haben müsste. Das habe ich mit dem mönchischen Leben verbunden. Aber ich wollte normal leben. Und bin dem sieben Jahre lang davongelaufen. Darum habe ich auch ein Studium nach dem anderen gemacht und immer wieder ein Alibi gefunden. Schließlich bin ich dann nach Amerika gegangen, weil meine Familie schon drüben war, aber jedenfalls auch, weil man nicht erwartet, in Amerika ein Kloster zu finden. Ich habe es dann aber doch sofort gefunden, nach wenigen Wochen.

Aber Sie hätten auch „die richtige Frau" finden können.

STEINDL-RAST: Ja, ich habe immer gesagt: Ich nehme, was immer zuerst kommt, das richtige Kloster oder die richtige Frau, und den Klöstern habe ich nicht sehr viel Chancen gegeben. Aber ich war weniger als 24 Stunden dort in dem Kloster, und es war einfach ganz klar: Das ist mein Platz. Ich habe dann angesucht und wurde aufgenommen und bin jetzt schon ein halbes Jahrhundert dort in Mount Saviour im Staat New York. Und das war sehr gut für mich, denn sonst wäre ich wahrscheinlich ein sehr engstirniger Gesetzesmensch geworden.

Was hat Sie denn weich gemacht, was hat Sie lebendig bleiben lassen?

STEINDL-RAST: Was dazu beigetragen hat, war der Umstand, dass ich außerhalb des Klosters sehr viele Kontakte hatte. Ich wurde vielem ausgesetzt, dem Mönche normalerweise nicht ausgesetzt werden. Z. B. wurde ich in den sechziger Jahren – da war ich schon zwölf Jahre oder so im Kloster – ein paar Mal im Jahr an Universitäten geschickt, um dort Vorträge über das mönchische Leben zu halten. Das hat die Studenten interessiert. Und zu der Zeit sind dann plötzlich von überall her Mönche aufgetaucht, hinduistische Mönche und buddhistische Mönche, und ich musste mich mit der Frage auseinandersetzen: Sind das Mönche in unserem Sinn, in welcher Weise sind das Mönche? Da habe ich angefangen, darüber ein bisschen zu lesen. Eines der ersten Bücher war von DT Suzuki „The Training of a Zen Buddhist Monk" (Die Ausbildung eines Zen-Mönchs), und ich war erstaunt, denn die Ausbildung war genauso wie unsere Ausbildung, sogar in kleinen Details, etwa, dass man die Schuhe, wenn man sie auszieht, parallel stellt. Das hat übrigens auch Merton in seiner letzten Rede in Bangkok gesagt, da hat er auf das mönchische Leben hingewiesen als „einen immerwährenden Instinkt des menschlichen Herzens". Die, die diesen Instinkt teilen – das ist mir dann klar geworden –, sprechen dieselbe Sprache. Dadurch bin ich in den Dialog mit anderen Religionen hineingekommen.

Was ist denn für Sie persönlich im Glaubensleben entscheidend? Sie haben einmal gesagt, dass es darum ginge, aus dem Herzen heraus zu leben. Das sei eigentlich der Kern der Spiritualität.

STEINDL-RAST: Das Entscheidende ist für mich das große Du, vor dem wir als Ich stehen – Ferdinand Ebner und Martin Buber haben mich in dieser Hinsicht sehr beeinflusst –, und so erlebe ich eben, dass ich mich Ich nur nennen kann, weil ich zuerst vor einem Du stehe. Der amerikanische Dichter e. e. cummings drückt es so aus: „I am through you so I" / „Ich bin durch dich so ich", so, als ob das eine Eigenschaft wäre. Das erleben wir in zwischenmenschlichen Beziehungen, und das erlebt, soweit ich das sehen kann, jeder Mensch, ob wir dieses große Du jetzt „Gott" nennen oder sonst irgendetwas oder überhaupt nicht benennen. In dieser Hinsicht gibt es gar keine Atheisten, es gibt nur Menschen, die das nicht „Gott" nennen wollen. Und da haben sie oft Recht, denn das Wort „Gott" wurde missbraucht. Aber das Innerste meines Glaubenslebens ist, vor diesem großen Du, vor diesem Gegenüber zu stehen und mich dem anzuvertrauen, mit dem im Dialog zu stehen – sogar das kann man. Das ist das Innerste des Glaubens. Und das ist das Gleichbleibende. Vieles andere ändert sich im Lauf des Lebens.

Was würden Sie denn einem Agnostiker entgegnen, der

sagte: Gut, Sie müssen das als Mönch für wahr halten, Sie müssen ja ein Gegenüber annehmen, eine metaphysische Realität. Wer garantiert Ihnen, dass das nicht eine Vorstellung ist, die Sie sich sozusagen vor das Nichts stellen, das da eigentlich ist? Und Sie halten das nicht aus.

STEINDL-RAST: Ich habe große Sympathien für Agnostiker, habe agnostische Freunde und habe damit eigentlich kein Problem. Denn wir können von diesem großen Gegenüber auch als Nichts sprechen, denn es ist nicht etwas. Buddhisten sprechen auch von dem großen Nichts, und wenn wir sie nicht in die Enge treiben und wenn wir in einem freundschaftlichen Gespräch mit ihnen stehen, können sie zugeben: Ja, damit meinen wir, was du mit Gott meinst.

Manche Menschen missverstehen das als Nihilismus.

STEINDL-RAST: Das ist alles eher als Nihilismus. Es ist nicht ein leeres Nichts – Buddhisten sprechen vom Samen, von der unbegrenzten Möglichkeit, aus der alle Wirklichkeit entspringt, und in diesem Sinn ist das sogar eine ganz wichtige Korrektur für unser christliches Gottverständnis, dass Gott nicht, so wie wir uns das halt auch vorstellen, der alte Mann mit dem Bart ist, sondern dass Gott jenes Gegenüber ist, das zugleich alles ist und nichts, Fülle und nichts.

Sie gelten als wichtiger Brückenbauer zwischen Gläubigen und Ungläubigen, zwischen Christen und Buddhisten, zwischen Naturwissenschaft und Glaube. Welche Rolle spielt für Sie die christliche Religion im Konzert der Religionen? Eine absolut ausschließliche oder ein Angebot unter vielen im Supermarkt?

STEINDL-RAST: Ausschließlichkeit und Religion sind unvereinbar, obwohl in der Praxis die religiösen Institutionen alle Ausschließlichkeitsansprüche stellen. Je stärker man diesen Anspruch stellt, umso mehr gesteht man seine Schwäche ein.

Könnte man nicht auch sagen: Es muss sich jede Religion, die sich ernst nimmt, in gewisser Weise absolut setzen?

STEINDL-RAST: So würde ich das nicht ausdrücken. Ich würde sagen, dass jede Religion uns Zugang gibt zum Absoluten. Und daher kommt auch dieses Missverständnis. Aber die Institution, das Drum und Dran der Religion, ist nur Tür, ist nur Zugang zu dem Absoluten. Durch jede Tür kann man zu diesem Absoluten kommen. Es gibt günstigere Türen und ungünstigere Türen, größere, kleinere, engere, bessere. Für mich ist das Christentum meine Tür. Ich wurde einmal in einem Dialog mit einem Buddhisten gefragt: Stell dir einmal vor, dass alles Christliche einfach falsch ist. Um des Dialogs willen habe ich natürlich gesagt: Ja, das will ich tun, und habe mich eine Minute in Stille darum bemüht und musste dann zugeben: Das kann ich einfach nicht. Es ist nicht falsch für mich, es ist mein Zugang, und ich habe das große Glück gehabt, viele Menschen anderer Religionen zu treffen, die durch eine andere Türe Zugang zu derselben Wirklichkeit haben, zu der wir durch das Christentum Zugang haben.

Was würden Sie sagen, ist das Spezifische, das wir Christen haben?

STEINDL-RAST: Das Spezifische, das wir Christen haben und das wir zu einem hohen Grad mit Juden und Muslimen gemeinsam haben, ist das Wort. Wir gehören den Wortreligionen an. Das Wort ist Fleisch geworden, Gott spricht zu uns. Was wir nicht so entwickelt haben, ist die Stille, das Schweigen, die Leere, von der wir gerade gesprochen haben. Darin versenkt sich der Buddhismus. Einer meiner buddhistischen Lehrer wollte immer über das Christentum hören. Wenn ich dem von unserer Tradition erzählt und erklärt habe und wir zu einer Stelle kamen, wo wir sagen müssen: „Das ist ein Mysterium, ein Geheimnis, Worte können das nicht weiter fassen", da hat er sich endlich zu Hause gefühlt, und wenn er mir etwas über den Buddhismus erklärt hat, ist das oft mitten im Satz abgebrochen, er hat zu lachen angefangen und gesagt: „Ich rede schon wieder, ich bin Christ geworden." Das Wort gehört besonders uns Christen an, die Stille gehört den

Buddhisten an. Die dritte große Weltreligion, der Hinduismus, ist das Verstehen. Und das Verstehen verbindet das Wort und das Schweigen. Wenn ich mich vom Wort ganz tief in das Schweigen führen lasse, dann verstehe ich. Und das wahre Wort, das wirklich verstehende und verständliche Wort muss wieder aus dem Schweigen kommen. Es ist also eine Art Rundbewegung vom Schweigen ins Wort, vom Wort ins Schweigen. Dieser „Rundtanz der Trinität", wie das kappadozische Kirchenväter schon im vierten und fünften Jahrhundert genannt haben, ist ganz trinitarisch, das können wir als Christen völlig verstehen.

Gilt hier der Satz, den Sie einmal geschrieben oder gesagt haben: „Die Religion des Herzens ist das Herz jeder Religion"?

STEINDL-RAST: Dieser Satz steht mir sehr nahe. Das Herz hat eben diese Dimensionen: die Dimension des Schweigens, die Dimension des Wortes und der Antwort, dadurch auch der Verantwortung, und des Tuns, durch Verstehen. Denn wir verstehen nur, wenn wir tun. Das sind auch die drei großen Bereiche des Gebetes: das Gebet der Stille, das Gebet des Wortes – des Hinhorchens, der Schriftlesung, der Lesung, jedes Ding ist Wort, das zu uns spricht – und das Gebet des Tuns. Im Tun, im Gutestun, im Tun aus der Liebe heraus verstehen wir die Liebe Gottes, die in uns und durch uns handelt.

Von den ersten Christen und auch durch alle großen Zeiten hindurch wird berichtet, dass sie sich unterschieden haben durch ihre Freude, durch ihre Ausstrahlung, durch ihre Liebe. Welchen Zugang finden Sie zu dieser Frage?

STEINDL-RAST: Die Freude kommt aus dem Gefühl der Zugehörigkeit. Die Trostlosigkeit unserer Welt, auch wo es äußerlich nicht so trostlos aussieht, kommt aus der Vereinzelung, aus der Isolation, und die Freude kommt immer, auch im gemeinsamen Leiden, aus der Gemeinschaft, aus der Zugehörigkeit. Für mich bedeutet es sehr viel, als Christ mit Menschen in der ganzen Welt zusammenzugehören, besonders mit den Armen, denn die Mehrzahl der Christen sind ja Arme, und die große Freude zur Zeit Jesu war die, dass alle, die Ausgestoßenen, die Sünder, die Armen, Tischgemeinschaft hatten und gemeinsam Heilung fanden. Und die letzte Heilung ist immer die Heilung von der Vereinzelung. Entfremdung ist das große Elend. Und die Kirche, wo sie wirklich noch lebendig ist, gibt Gemeinschaft.

Diese Erfahrung der Verbundenheit trägt Sie?

STEINDL-RAST: Ja, die trägt mich. Das ist eigentlich das Tiefste, und es ist nicht nur eine Verbundenheit mit Menschen, sondern es ist eine kosmische Verbundenheit, denn der kosmische Christus ist ja die letzte Gemeinschaft, der wir angehören. Dazu gehören sehr weitgehend die Tiere, die Pflanzen, der ganze Kosmos. Das trägt mich: die Zugehörigkeit und der Dialog mit dem kosmischen Christus.

POSTLUDIUM

DANKSAGUNG

Am Zustandekommen dieses Buches waren viele Menschen beteiligt, die üblicherweise – aber zu Unrecht – im Hintergrund verbleiben: Anneliese Kainer vom Styria Pichler Verlag für die umfängliche gute Betreuung, der Lektorin Anna Mirfattahi für eine aufmerksame Endredaktion, Herrn Schmölzer für das sorgfältige Korrektorat, Wolfgang Bahr, dem Chefredakteur von MEMO, seiner Vorgängerin Erika Haala sowie Marcel Kneuer für die Abschriften, Bruno Wegscheider und Alfred Hoffmann vom Styria Pichler Verlag für das Buch- und Text-Layout sowie dem ambitionierten Fotografen Emanuel Sprosec für seine Geduld sei herzlich gedankt.

Matthias Kapeller, dem Leiter der Pressestelle der Diözese Gurk-Klagenfurt, gebührt Dank als Ideengeber. Er hat Dietmar Sternad, Styria-Verlagsleiter, enthusiastisch auf die Fährte geführt, die am Ende dieses Buch ermöglichte.

Seitens des ORF muss unbedingt Hubert Gaisbauer gewürdigt werden, mit dem zusammen ich im Jahr 1997 diese monatliche Gesprächsleiste für die Ö1-Sendung „Erfüllte Zeit" erfunden habe. Für Tipps und kritisches Feedback schulde ich weiters Dank: Kurt Lauermann, dem Leiter der Hauptabteilung Religion im Radio, und natürlich meinen Kolleginnen und Kollegen, die vor und zusammen mit zahlreichen Hörerinnen und Hörern diese Gespräche von Anfang an mit kritischer Zustimmung begleitet haben.

Große Achtung und tiefen Respekt empfinde ich auch gegenüber allen Gesprächspartnerinnen und -partnern, deren Offenheit und Mut, sich auf Neues einzulassen, hier Frucht getragen hat. Zusammen mit ihnen durfte ich staunend, fragend, zweifelnd und lachend ein Stück des Weges gemeinsam gehen. Ohne ihre Bereitschaft, sehr Persönliches mit mir und damit auch mit einer breiten Öffentlichkeit zu teilen, wäre dieses Buch nie entstanden.

Johannes Kaup *Wien, im September 2004*

memo

bringt allmonatlich eine Nachlese an Sendungen der ORF-Abteilung Religion im Radio. Maßgeblich sind die Wünsche der Hörerinnen und Hörer. Die Reihe „Was glauben Sie?" wird lückenlos dokumentiert.

memo wird mit freundlicher Genehmigung der ORF-Abteilung Religion im Radio herausgegeben vom Medienreferat der Österreichischen Bischofskonferenz, dem Evangelischen Presseverband und dem Verein zur Förderung christlicher Medienarbeit (Club M).

memo kann sowohl im Abonnement als auch als Einzelheft bezogen werden.

Bestelladresse

Medienreferat der Österreichischen Bischofskonferenz
Singerstraße 7/4/2
1010 Wien

Telefon: (+43 1) 513 15 47/18
Fax: (+43 1) 513 15 47/9
E-Mail: memo@oebk-medienreferat.at